Über den Autor:

Norbert Potthoff, geb. 1948, ist Kommunikationsdesigner, Maler, Autor und Experte zum Thema Scientology. Er war sieben Jahre lang Mitglied der Organisation, bis ihm 1988 der Ausstieg gelang. Seitdem versucht er in zahlreichen Veröffentlichungen und Vorträgen, die Methoden der Scientology-Organisation öffentlich bekanntzumachen und auf die gesellschaftlichen Gefahren hinzuweisen. Er ist als Ausstiegs- und Wirtschaftsberater tätig und war Initiator des 1. und 2. Wormser Scientology Tribunals 1993 und 1994.

Norbert Potthoff

Im Labyrinth
der Scientology

BASTEI LÜBBE TASCHENBUCH
Band 25 599

Limitierte, vollständige Taschenbuchausgabe

Bastei Lübbe Taschenbücher ist ein Imprint
der Verlagsgruppe Lübbe

Originalausgabe
© 1997 by Verlagsgruppe Lübbe GmbH & Co. KG,
Bergisch Gladbach
Umschlaggestaltung: Manfred Peters
Titelfoto: Schuster Bildagentur, Oberursel
Satz: hanseatenSatz-bremen, Bremen
Druck und Verarbeitung: Cox & Wyman Ltd.
Printed in Great Britain
ISBN 3-404-25599-2

Sie finden uns im Internet unter
http://www.luebbe.de

Der Preis dieses Bandes versteht sich einschließlich
der gesetzlichen Mehrwertsteuer.

Meinen Töchtern Sandra und Helen gewidmet

Inhaltsverzeichnis

Vorwort

Endlich! Norbert Potthoff berichtet aus seinem Leben in Scientology. Wie oft wurde ich gefragt: »Wie ist Norbert Potthoff eigentlich zu Scientology gekommen? Wie ist er ausgestiegen? Was hältst du von ihm?!«

Nicht immer konnte ich alle Fragen beantworten, aber eines war sehr schnell klar: Norbert Potthoff war der erste, der Scientology verließ, der die Gesamtzusammenhänge über seine Erfahrungen in Kopenhagen erkannt hatte. Es ist wichtig, daß ehemalige Mitglieder dieser totalitären Organisation über ihre Erfahrungen berichten. Insbesondere ist es wichtig, daß es diejenigen tun, die wirklich etwas über die internen Strukturen und die Verhaltensweisen sowie die Indoktrination durch das Psychosystem Scientology erzählen können.

Gerade auch wegen seiner Offenheit — Norbert Potthoff schätzt seine eigene Rolle in dieser Organisation sehr differenziert ein — ist dieser Erfahrungsbericht so wichtig. Wie nur ganz wenige, gehört Norbert Potthoff zu denjenigen, die relativ schnell erkannt haben, daß er in ein **politisches** System geraten war. Sein Mut, die ersten wirklichen Insider-Berichte an die Öffentlichkeit zu tragen, den Anfeindungen standzuhalten, egal von welcher Seite sie kamen, hat vielen anderen Mut gemacht, ebenfalls diesen Weg in die Öffentlichkeit zu gehen. Schon deswegen gebührt ihm Dank.

Aber vor allem wird in diesem Erfahrungsbericht deutlich, wie sehr die schrittweise Vereinnahmung von Menschen durch die von Scientology angewandten Methoden und Techniken funktioniert. Und es kann jedem passieren. Das System Scientology in der gesamten Komplexität zu erfassen wird durch diesen Band möglich.

Alle, die wissen wollen, wie es passieren kann, daß jemand »da reingerät«, alle, die wissen wollen, warum man es nicht merkt, alle, die wissen wollen, wie ein Mensch zum Rädchen eines totalitären Systems werden kann, ohne zunächst Widerstand zu leisten, und schließlich alle, die wissen wollen, wie man sich wieder aus dieser psychischen Umklammerung löst, werden es auf eindringliche Art und Weise in diesem Buch erfahren.

Dank Norbert Potthoff ist die Aufklärungsarbeit über die Scientology-Organisation in der Bundesrepublik Deutschland in den letzten Jahren weiter vorangeschritten. Seine Beiträge und Stellungnahmen auf den verschiedenen Kongressen und Veranstaltungen machten es anderen leichter, auf die Gefahren hinzuweisen. Dafür schon gebührt ihm Dank, aber vor allem und auch gerade jetzt gebührt ihm Dank, all dies in einem Buch zusammenzufassen und damit einer noch breiteren Öffentlichkeit zugänglich zu machen.

Und vielleicht — wer weiß — liest doch das eine oder andere Mitglied von Scientology dieses Buch, erkennt, daß die vielleicht schon geheimen Zweifel an diesem System der Wahrheit entsprechen, und bekommt durch dieses Buch den letzten Anstoß, das menschenverachtende System der Unterdrückung, ebenso wie Nobert Potthoff und viele andere, zu verlassen.

Ursula Caberta
Leiterin der Arbeitsgruppe Scientology
Behörde für Inneres, Hamburg

Hamburg, im Januar 1997

Prolog

Scientology - die Machtmaschine

Die Scientology-Organisation ist seit vielen Jahren in den Schlagzeilen der Medien. Man nennt sich selbst »Kirche«, während die Kritiker von Sekte, Psychokult, Wirtschaftskonzern oder neuerdings sogar von einer politisch extremistischen Vereinigung sprechen.

Während meiner siebenjährigen Mitgliedschaft in Scientology habe ich all diese Aspekte kennengelernt. Den pseudoreligiösen Wahn wie auch wirtschaftliche Profitgier, ausgeklügelte Psychotechniken, die den Menschen manipulieren sollen, sowie die Machtstrategien des internationalen Managements.

Mein Aufstieg vom einfachen Mitglied ins Management von Scientology ließ mich Einblick gewinnen in Absichten und Ziele, die geflissentlich verschwiegen werden, die man selbst vor den meisten Mitgliedern geheimhält.

Zu welchen Taten ist Scientology fähig, worauf läßt man sich also ein, wenn man — wie ich — harmlos erscheinende Weiterbildungskurse belegt? Wie kann ein gebildeter Mann auf einen solchen Unsinn hereinfallen, wie kann sich ein intelligenter Mensch zum willenlosen Werkzeug abrichten lassen, ohne sofort zu protestieren?

Ich werde meinen Weg nachzeichnen und am Beispiel meiner damaligen Weggefährten die Gemeinsamkeiten darstellen, die so typisch für Scientology — und ihre Mitglieder — sind: Scientology als System des kollektiven Wahnsinns, trotz einiger individueller Unterschiede. Es ist ein geschlossenes Gesellschaftssystem mit Klassenunterschieden wie in jedem System der Welt: mit Armen und Reichen, Dummen und Schlauen, Herrschenden und Beherrschten.

Trotz meiner umfangreichen Kenntnisse über Scientology, trotz meines Wissens über die Aktivitäten vieler Scientologen im In- und Ausland ist dies in erster Linie ein sehr persönliches Buch. Ich will hier nicht andere enttarnen und bloßstellen, sondern erst einmal nur mich selbst. Aus Tagebuchaufzeichnungen und Gedächtnisprotokollen zusammengetragen, erzählt es meinen Weg in diesem System, sind es meine individuellen Erlebnisse und subjektiven Eindrücke. Aus diesem Grund sind die Namen aller anderen Beteiligten verändert.

Die teils komplizierten und verschlungenen Techniken der Bewußtseinskontrolle, die bei Scientology angewendet werden, habe ich so einfach und anschaulich wie möglich beschrieben. Ich habe versucht, nicht in Hubbards Sprache und Vorstellungswelt zurückzufallen — auch wenn das so gut wie unmöglich ist —, denn gerade die Sprache ist ein wirkungsvolles Mittel der Kontrolle und der Verschleierung, und Scientology ist ohne die charakteristische Sprache nicht zu beschreiben. Wie von George Orwell in seinem Buch »1984« beschrieben, verwendet auch Hubbard in Scientology NEUSPRECH und NEUDENK. Ein kurzes Glossar am Ende des Buches soll zur Verständlichkeit der scientologischen Vorstellungswelt und Sprache beitragen.

Trotz nicht zu leugnender individueller Unterschiede ist die große Gemeinsamkeit aller Scientologen die Überzeugung, ein unsterbliches Wesen, Thetan genannt, zu sein. Um diesen Thetan ranken sich die merkwürdigsten Gerüchte und Spekulationen. Auch hier will ich ein wenig Licht ins Dunkel bringen und angesichts der verschiedensten Katastrophen, in die gnostische Gruppen zu allen Zeiten der Menschheit getrieben wurden, vor einer möglichen Katastrophe warnen. In jüngerer Vergangenheit kennen wir die Beispiele vom Massenmord in Guyana, der Katastrophe von Waco, dem zynischen Giftgasanschlag der Aum-Sekte in Japan und dem Mord an den Mitgliedern der Sonnentempler in der Schweiz. Allen diesen Sektenanhängern erklärte man — rechtfertigend — den Tod als Übergang in eine neue Welt, in eine bessere Zukunft.

Gibt es in Scientology vielleicht vergleichbare Theorien, ist auch hier eine Katastrophe möglich? Die Antwort muß »Ja« lauten, denn der geheimnisvolle »Transfer« der Sonnentempler findet seine Entsprechung in der »Brücke zur völligen Freiheit« der Scientologen. Ron Hubbards Aufforderung, ihm über diese Brücke zu folgen, ist unmißverständlich. In Rons Journal Nr. 38 drückt er es etwa so aus: »Ich habe meinen Teil der Arbeit geleistet. Nun ist es an euch, es mir nachzutun. Ich warte auf euch auf der anderen Seite der Brücke.«

Mein damaliger Arbeitsvertrag bei Scientology über die »nächsten Millionen Jahre« ist daher wörtlich zu verstehen. Er beinhaltete die Verpflichtung, als Thetan, also ohne Körper, in ferner Zukunft zu erreichenden Heimatgalaxie den gleichen Dienst zu verrichten wie hier auf der Erde.

Dieses Buch ist auch eine unmißverständliche Warnung an alle Scientologen, es nicht zu einer neuen Katastrophe kommen zu lassen. Bei den Sonnentemplern waren es

»nur« dreiundfünfzig Tote. Aber wie viele der rund zehn Millionen Scientologen wären eines Tages bereit, als *Thetan* ihrem Meister Hubbard in die Unsterblichkeit zu folgen?

Commodore L. Ron Hubbard starb am 24. Januar 1986, seine Nachfolge trat Captain David Miscavige an.

1

Der Persönlichkeitstest

Ihre Zukunft wird positiv sein

»Jetzt kannst du ja mal zeigen, wie gut du wirklich bist!«

Cordula lächelt mich herausfordernd an. Sie weiß, daß sie mit ihren Worten meinen empfindlichsten Punkt trifft, meinen Ehrgeiz. Nachdenklich schaue ich meine Frau an. Die Oxford-Kapazitäts-Analyse! Warum besteht sie so hartnäckig darauf, daß wir diesen Persönlichkeitstest bei Scientology machen? Am liebsten möchte ich den Testbogen mit seinen 200 Fragen einfach in den Papierkorb werfen.

»Warum zögerst du?« setzt Cordula nach. »Du warst es doch, der so begeistert von den Weiterbildungsmöglichkeiten bei Scientology geschwärmt hat, und jetzt willst du dort nicht einmal eine kostenlose Persönlichkeitsanalyse durchführen lassen? Wenn du wirklich so gut bist, wie du immerzu behauptest, dann kannst du doch dem Ergebnis mit Gelassenheit entgegenblicken.«

Sie hat mich in der Zwickmühle und sie weiß es. Sie, die sonst immer zaudert und zögert, die meinen Ehrgeiz im Beruf ablehnt, die vom trauten Familienglück in einer problemfreien Welt träumt, will mich plötzlich voller Tatendrang und Neugier überholen und mich als feige abstempeln? Das kann ich nicht so einfach hinnehmen.

»200 Fragen sind eine ganze Menge, findest du nicht? Aber gut, ich werde darüber nachdenken.«

Cordula erhebt sich. Lächelt sie etwa siegessicher? »Ich fahre schon mal nach Hause, du hast ja noch zu arbeiten. Aber Frau Neumann möchte, daß ich die Testbögen morgen mit in den Nähkurs bringe. Am Sonntag sind wir dann zur Testbesprechung nach Düsseldorf eingeladen.«

Irritiert schaue ich hinter ihr her. Irgendwie ist mir plötzlich nicht ganz wohl bei dem Gedanken. Was mochten die beiden Frauen ausgeheckt haben? Es ist schon seltsam, daß sich Cordula so unvermittelt für Scientology zu interessieren beginnt, nachdem ich die Lust daran verloren habe.

Nein, beweisen muß ich eigentlich niemandem etwas. Flüchtig geht mein Blick über die Testfragen, und noch immer sagt mir mein Instinkt, daß ich sie einfach in den Papierkorb werfen sollte.

Kauen Sie an Fingernägeln? Machen Ihnen Mißerfolge für gewöhnlich nichts aus?

Nein, ich verspüre nicht die geringste Lust, diese seltsamen 200 Fragen zu beantworten.

Unschlüssig, wie ich mich entscheiden soll, sitze ich mit meinen knapp 33 Jahren in meiner Werbeagentur und denke nach. Der Weg nach oben erwies sich als länger und beschwerlicher als erwartet, aber es ging voran. Nicht mit, sondern trotz meiner Frau war ich Stück für Stück vorangekommen. Cordula hatte eigene berufliche Vorstellungen entwickelt, die mit dem Aufbau einer Werbeagentur nicht viel zu tun hatten. Sie hätte mich lieber als Lehrer für Kunst und Design gesehen, so wie es ihr Vater schon war, mit geregelter Arbeitszeit, ausreichend Ferien und Anspruch auf Pension. Deshalb war sie eher geneigt, meine Arbeit zu behindern und zu boykottieren, statt sie zu fördern.

Es sind einige Entwurfsarbeiten für den nächsten Tag vorzubereiten. Cordulas Worte »zeig mal, wie gut du wirklich bist« haben ihre Wirkung jedoch nicht verfehlt. Der Ehrgeiz hat mich gepackt, und anstatt wie geplant weiterzuarbeiten, beantworte ich die 200 Fragen des Tests. Was kann daran schon gefährlich sein? Der Test ist kostenlos, am Sonntag wird es eine Testbesprechung geben, und danach werde ich zur Tagesordnung zurückkehren. Ich weiß nicht viel über Scientology, aber ich bin der festen Überzeugung, daß mich niemand in etwas hineinziehen kann, was ich nicht selbst will. Doch das ungute Gefühl bleibt. Welche Rolle spielt Hanne Neumann, wie hat sie es erreicht, Cordula so für Scientology zu interessieren? Was weiß ich denn über diese Familie, die sich so auffällig um uns bemüht? Es ist erst wenige Wochen her, daß ich diese Familie Neumann kennengelernt habe.

»Mein Name ist Neumann von der Firma LIFE-Marketing. Wir suchen einen versierten Designer für die Gestaltung einer Firmenkonzeption.«

Die Stimme am Telefon klingt freundlich und kompetent. Ludwig Neumann formuliert seine Erwartungen klar und deutlich, wie es nur wenige Interessenten tun, und wir vereinbaren sofort ein Informationsgespräch für den nächsten Tag. Gespannt fiebere ich dem Präsentationstermin entgegen und ich werde nicht enttäuscht.

Dr. Neumann begrüßt mich zuvorkommend und bittet mich ins Haus. Seine große, imposante Erscheinung strahlt Ruhe und Zuversicht aus, und mit seinen weißen

Haaren wirkt er sehr seriös und würdevoll. Bei der Begrüßung fällt mir wieder seine angenehme Stimme auf, die ich schon vom Telefon her kenne.

Er führt mich in einen großen Wohnraum und bittet mich, einen Moment zu warten. So habe ich Zeit, mich mit der Umgebung vertraut zu machen. Mein Blick fällt durch ein großes Fenster auf einen parkähnlichen Garten. Mit einer solchen grünen Oase, praktisch noch in der Innenstadt von Krefeld, habe ich nicht gerechnet. Die Einrichtung und die Bilder an den Wänden zeugen von Geschmack und Wohlstand.

Nach einigen Minuten kehrt Herr Neumann in Begleitung einer Frau zurück, die sich als Hanne Neumann vorstellt. Sie ist klein und brünett, wirkt sehr lebendig, und auch sie zeigt ein strahlendes Lächeln, das mich gleich für sie einnimmt. Dieses Ehepaar gefällt mir auf Anhieb. Den Gedanken, daß sich auch andere Bewerber um diesen Auftrag bemühen könnten, verwerfe ich gleich. Ich bin hier, um diesen Auftrag zu bekommen.

»Wir haben in den Vereinigten Staaten eine Lizenz für Stoffverkauf und Nähkurse erworben. Dafür benötigen wir ein ansprechendes Werbekonzept, eine Imagekonzeption und eine Strategie, um in Deutschland Unterlizenzen zu verkaufen«, wird mir erklärt. »Wir haben natürlich auch schon verschiedene Überlegungen angestellt und wollen das Projekt STOFF UND NÄHEN nennen. Können Sie uns dazu Vorschläge machen?«

Es entwickelt sich sofort ein lebhaftes Gespräch über Werbung und Design, und beide folgen meinen Ausführungen mit Interesse und großer Aufmerksamkeit. Die Fragen, die sie mir stellen, sind klar und präzise, und als ich nach etwas mehr als einer Stunde wieder nach Hause fahre, habe ich nicht nur den Eindruck, einen neuen Auftrag zu bekommen, sondern bin mir sicher, Freunde gefunden zu haben.

Es dauert dann auch nur zwei Tage, bis Dr. Neumann mir mitteilt, daß man sich für mich entschieden hat.

»Ach, sind Sie auch Scientologe?«

Hanne Neumann sieht mich interessiert an, als ich von meiner Tochter erzähle und sage, daß ich sie bereits vor der Geburt gekannt habe.

Unsere erste Präsentation ist jetzt nach zwei Wochen erfolgreich abgeschlossen und miteinander plaudernd trinken wir Kaffee.

Bereits während der Schwangerschaft hatte ich einen innigen Kontakt zu meiner Tochter Sandra, erzähle ich weiter und schaue Hanne verständnislos an, denn ihre Frage gibt für mich keinen Sinn.

Lächelnd bricht sie das Thema ab, als ich nachhake, und so erfahre ich nicht, was ein Scientologe ist. Das Wort klingt irgendwie wissenschaftlich und philosophisch, und wenigstens Dr. Neumann bemüht sich noch um eine Erklärung: »Scientology ist eine angewandte religiöse Philosophie, mit der man Probleme des Lebens und des Denkens lösen kann.«

Mehr kann ich ihnen an diesem Tag nicht entlocken, aber ich habe den Eindruck, daß die Ruhe, Gelassenheit und Klarheit, die beide ständig zeigen, irgendwie mit »Scientology« zusammenhängt.

Darüber muß ich unbedingt mehr erfahren, denn dieses Wissen könnte auch für mich sehr wertvoll sein, und so nutze ich die nächste Gelegenheit nachzufragen. Merkwürdigerweise bekomme ich jedoch nur ausweichende Antworten. So dauert es nicht lange, bis ich fast vor Neugier platzte, denn immer wieder bekomme ich dieses Verhalten zu spüren: knappe Antwort und dann Rückzug. Erst viel später erfahre ich, daß dies eine ausgeklügelte Strategie der Scientologen ist. Man nennt es *reach and withdraw*, Hinlangen und Zurückziehen, eine Methode, Menschen vor Neugier fast platzen zu lassen. Nachdem meine Fragen immer drängender werden, nimmt Ludwig Neumann mich schließlich beiseite.

»Ich sehe, Sie wollen wirklich mehr über Scientology erfahren. Wir können Sie mit einem guten Freund bekannt machen, der vor einigen Monaten in Düsseldorf ein Studienzentrum für Scientology eröffnet hat. Wir kennen ihn und seine Frau seit vielen Jahren, und wir möchten Sie zu einem gemeinsamen Abendessen einladen. Dann sollen Sie alles über Scientology erfahren. Und bringen Sie ruhig Ihre Frau mit.« Neumann lächelt wie gewohnt und schüttelt mir die Hand. »Wir sehen Sie dann am nächsten Freitag.«

Endlich soll ich mehr erfahren! Zusammen mit meiner Frau treffen wir uns im Hause der Neumanns. Cordula ist von diesem Treffen zuerst nicht sonderlich begeistert, aber als ich ihr erzähle, daß Frau Neumann sich auch mit Bioanbau beschäftigt, ist sie einverstanden, denn Haus und Garten ist ein Thema, das sie interessiert.

Als wir ankommen, sind die beiden Scientologen bereits da und werden uns als Jens Lohse und Heike Opitz vorgestellt. Wir setzen uns zu Tisch, und ich habe Muße, mir die beiden etwas genauer anzuschauen, während Cordula, mit etwas mehr Kontaktfreude als ich ausgestattet, sofort ein Gespräch mit den Frauen beginnt. Jens Lohse macht eher einen ruhigen Eindruck und beobachtet mich ebenso neugierig wie ich ihn.

Er ist lang und mager wie ich selbst, hält sich aber gerade wie ein Besenstiel. Obwohl kaum älter als ich, ist er bereits fast kahlköpfig. Eigentümlich in seinem Gesicht ist der stark nach vorne geschobene Oberkiefer, der ihm in Verbindung mit einem ständigen Lächeln ein kaninchenhaftes Aussehen verleiht. Er wird mir als ehemaliger Generaldirektor eines Unternehmens vorgestellt, der sich jetzt hauptberuflich der Verbreitung der Lehre von Scientology widmet.

Heike Opitz ist eher klein mit rundlichen Formen. Sie ist Mitarbeiterin im Scientology-Center und zeigt ebenso wie ihr Begleiter ein Dauerlächeln, als sei die Welt ausgesprochen heiter. Ihrer Sprache ist die Herkunft aus Hessen deutlich zu entnehmen, während Lohse völlig dialektfrei spricht.

Nach der eher belanglosen Unterhaltung beim Abendbrot mit selbstgebackenem Brot und biologisch angebautem Gemüse haben zumindest meine Frau und Hanne Neumann ein gemeinsames Gesprächsthema: Haus, Garten und Gemüse. Mein Gespräch mit den Scientologen läßt sich nur schwer an, und jeder Versuch, philosophisch in das Thema einzusteigen, scheitert immer an irgendeiner Weisheit eines gewissen Herrn Hubbard, den ich als Philosophen nicht kenne. Banale Weisheiten, und langsam komme ich mir veräppelt vor. Zu offensichtlich läuft das Gespräch darauf hinaus, daß ich in Düsseldorf die Schriften dieses Herrn Hubbard studieren solle. Man sei nicht befugt, seine Weisheiten aus persönlicher Sicht zu interpretieren oder zu bewerten, sondern ausschließlich das Studium seiner Worte könne die notwendige Weisheit für den Einzelnen vermitteln.

Ich versuche, das Gespräch in eine andere Richtung zu lenken. Wenigstens Ludwig Neumann hat schon einmal etwas von Erich Fromm gelesen, und so entspannt sich zwischen ihm und mir eine Minimaldiskussion über »Sein und Haben«.

»Über Sein, Tun und Haben hat auch Hubbard etwas Wichtiges geschrieben«, wirft Lohse sofort ein.

Als ich nach dem Buchtitel frage, nennt er mir gleich ein ganzes Dutzend. Er sieht nun offensichtlich die Gelegenheit gekommen, endlich auf ein grundlegendes Werk von Hubbard hinzuweisen, die DIANETIK.

Bei mir verdichtet sich der Verdacht, an Vertreter eines amerikanischen Buch- und Kursklubs geraten zu sein und nicht an eine moderne Philosophenschule.

Ganz zufällig habe ihr Sohn noch zwei Exemplare dieses Buches auf dem Zimmer, erklärt nun Hanne. Statt der üblichen 15 Mark könnten wir es für 10 erwerben.

Der Sohn Steffen, genannt Sethos, ein breitschultriger, gut trainierter Riese von fast zwei Metern Länge, hat sich zu uns gesellt und holt sofort eilfertig ein Exemplar aus seinem Zimmer. Entsetzt betrachte ich es. Selbst die Bücher der Wachturmgesellschaft sind dagegen noch geschmackvoll gestaltet. Ein schrill gezeichneter Vulkan wird nur noch von dem kupfermetallicfarbenen Schriftzug DIANETIK überboten. Ich lehne dankend ab, lasse mich auch nicht von der Unterzeile überzeugen: »Die moderne Wissenschaft der geistigen Gesundheit«.

Unglücklicherweise haben die drei Frauen inzwischen ihre Sympathie füreinander entdeckt, und so zückt Cordula einen Zehnmarkschein und kauft das monströse Buch.

So kommen wir an das Buch, das ich eigentlich gar nicht haben möchte. Das Abendessen und das Gespräch mit den Scientologen hat mich ziemlich ernüchtert. Diese Scientologen sind niemals Philosophen, wie sie behaupten! Formeln und Phrasen sind ihre Stärken.

Hätte Cordula an diesem Abend nicht das Buch gekauft, wäre die ganze Angelegenheit womöglich für immer in der Versenkung verschwunden. Wie soll ich auch ahnen, daß ein Buchkauf bei den Scientologen etwas ganz anderes bedeutet, als ein Buch in einem Laden zu kaufen. Haben Scientologen erst einmal die Adresse eines Buchkäufers, kreisen sie unablässig um ihn herum wie die Geier, um mehr zu verkaufen. Man wird auf die Liste des wöchentlichen »Schlachtplans« (*battle plan*) gesetzt und selbst bei Desinteresse noch über viele Jahre mit Einladungen und Prospekten umworben. Scientologen geben so schnell nicht auf.

Nun hängt sich jedenfalls Hanne Neumann weiter an meine Frau, um ihr einen Nähkurs zu verkaufen und um den Kontakt zu vertiefen. Das gelingt ihr auch sehr schnell, denn Cordula strickt, häkelt und näht sehr gerne. Das allein stört mich auch nicht weiter, aber Hanne Neumann hat offensichtlich noch andere Absichten. Und so beginnt Cordula, DIANETIK zu lesen.

»Seit wann glaubst du solchen Unsinn?«

Lachend versuche ich, meiner Frau das Buch aus der Hand zu ziehen. Schon wieder so eine Phase, denke ich spöttisch und mustere sie kurz. Mit gerunzelten Brauen starrt sie fasziniert in das Buch, läßt sich weder ansprechen noch ablenken. Mal ist es Yoga, dann antiautoritäre Erziehung, denke ich genervt. Irgendwann auch einmal »Das geheime Seelenleben der Pflanzen«. Aber immer sind diese Dinge sehr wichtig für sie und wecken ihre missionarische Ader, alle Freunde und Bekannten, ebenso zu begeistern – aber das Interesse ist nie von langer

Dauer. Die längste Phase war wohl die mit dem Buch »Wie der Mensch auf den Hund kam« von Konrad Lorenz. Nun ist sie also beim »Unterbewußtsein und früheren Leben« angelangt, und dieses Mal bin ich sogar noch selbst schuld.

»Wenn es schon Wiedergeburt sein soll, dann fällt mir dazu etwas entschieden Besseres ein.«

Noch immer keine Reaktion! Nebenan schlafen unsere beiden Töchter. Fünf Kinder hatten wir für unsere Familie geplant, und nun sind schon fünf Jahre seit Helens Geburt vergangen.

Cordula ist auch nach zwei Geburten noch eine attraktive Frau. Vorsichtig taste ich unter der Decke nach ihr. Zu meiner Überraschung zieht sie sie energisch an sich und wehrt meinen Versuch fast barsch ab: »Nicht jetzt, ich lese noch.«

Etwas mürrisch rolle ich mich auf die Seite. Inzwischen ist nicht nur mein Interesse an Scientology verflogen, sondern auch meine Begeisterung für Familie Neumann. Nach einigen Wochen der Zusammenarbeit kommt mir die überschwengliche Freundlichkeit als zu aufdringlich vor, wohingegen Cordulas Freundschaft zu Hanne –, sie duzen sich bereits – immer tiefer wird.

Die plötzliche Dunkelheit schreckt mich aus meinen Gedanken. Nun ist es Cordula, die sich im Dunkeln an mich herantastet.

»Heh«, flüstert sie mir ins Ohr, »wie war das mit der Wiedergeburt zu verstehen, mein Herr?« Ihre zärtlichen Lippen küssen meinen Groll weg, und mit einem kleinen Plumps fällt ein Buch auf den Boden.

Später lausche ich ihren ruhigen Atemzügen. Wie ein Kind hat sie sich zusammengerollt, wie ein Kind denkt sie: leidenschaftlich, begeisterungsfähig und naiv. Ich liebe sie, obwohl wir so unterschiedlich sind, und unsere Unterschiedlichkeit von Jahr zu Jahr größer wird. Manchmal mache ich mir Sorgen darüber. Ob wir auch in den nächsten Jahren noch einen gemeinsamen Weg finden werden? Unsere Kinder verpflichten uns dazu. Je älter sie werden, desto mehr beginnen ihre Vorstellungen unser Leben zu beeinflussen, und die gemeinsame Verantwortung zwingt uns zu mehr Kompromissen. Ich sollte Cordulas Interesse ernster nehmen, überlege ich. Warum auch nicht? Frühere Leben, Wiedergeburt und diese Dinge interessieren mich auch, aber es sind schwierige, philosophische und religiöse Themen, mit denen man sich intensiv beschäftigen sollte.

Unvermittelt verspürte ich Lust auf eine Zigarette. Einmal ins Grübeln gekommen, ist an Schlaf nicht mehr zu denken. Vorsichtig löse ich mich von Cordulas warmem Körper, setze mich auf die Bettkante und taste nach meinen Zigaretten. Dabei stoße ich mit dem Fuß an etwas Hartes: DIANETIK, die moderne Wissenschaft der geistigen Gesundheit. Fast automatisch nehme ich das Buch auf und schleiche mich die Treppe hinab ins Wohnzimmer. Mein Hund folgt mir in der Hoffnung, es ginge noch einmal auf die Straße. Ich muß ihn enttäuschen. Als ich mich mit Buch und Zigaretten auf die Couch zurückziehe, rollt er sich brav zu meinen Füßen zusammen.

Die ersten Seiten lese ich fast gelangweilt. Ich weiß nicht mehr genau, an welcher Stelle eine fast hypnotische Wirkung einsetzt, jedenfalls beginnen meine Gedanken zu kreisen und zu kreisen. Hubbards Ideen vom neuen Menschen, seinen gegenwärtigen Störungen und Problemen, den Möglichkeiten, sie zu beseitigen, all das Berührt mich auf seltsame Weise. Kindheitserinnerungen werden geweckt. Trage auch ich ungelöste Probleme und

Eindrücke dieser Zeit in mir? Erst im Morgengrauen finde ich völlig verstört zurück ins Bett. Mit dem Gedanken, unbedingt mit Ludwig Neumann darüber sprechen zu müssen, schlafe ich dann schließlich ein.

Ich hasse es, kalt zu duschen, aber am nächsten Morgen müssen die verlorenen Stunden der Nacht mit einer gehörigen Aktivierung des Kreislaufs ausgeglichen werden. Schmunzelnd höre ich Cordula in der Küche singen, während ich mir mit dem Handtuch die Haut rot reibe. Die Nacht hat uns beide beflügelt. Interessiert betrachte ich mein Abbild im Spiegel: 33 Jahre alt, 1,86 Meter groß, blond, schulterlanges Haar, ziemlich schlank, muskulös an den Armen vom Badmintonspielen. Den Bart habe ich mir im letzten Sommer wachsen lassen. Während einer vierwöchigen Bergtour mit meinem Bruder auf Korsika hatte ich der morgendlichen Rasur endlich ade gesagt. Damals hatten Cordula und ich uns bereits etwas auseinandergelebt, aber die Flucht in die rauhe korsische Landschaft, die Ruhe bei den endlosen Wanderungen über die Berge brachten uns wieder auf das richtige Gleis. Wir hatten die kritische Phase überwunden, einen neuen Anfang gewagt. Nun ist auch der Winter vorbei, und in diesem Jahr werden wir gemeinsam einen schönen Urlaub machen. Zum ersten Mal müssen wir uns dann an den Schulferien orientieren, eine Einschränkung des Lebens durch schulpflichtige Kinder.

Die Gespenster der Nacht sind weggespült, und stimmungsvoll geselle ich mich zum Frühstück zur Familie in die Küche. Weder Scientologen, noch obskure Bücher können mir die Freude am Leben verderben. Die Arbeit für die Firma Neumann ist schließlich beendet, und erfahrungsgemäß werde ich sie für einige Monate nicht mehr sehen. DIANETIK scheint weit weg zu sein, und doch hat sich in der Nacht fast unbemerkt eine Frage in mir eingenistet: Gibt es die Unsterblichkeit?

In Zukunft werde ich oft zu hören bekommen, daß Lebenskrisen erst den Einstieg in Scientology verursachen, daß diejenigen gefährdet sind, die nach Halt suchen, weil sie sich im Leben nicht zurechtfinden. Natürlich gibt es in jedem Leben Krisen, aber man kann sie auch konstruieren oder einfach aufbauschen. Ich bin davon überzeugt, daß Scientology überwiegend Menschen sucht, die es im Leben weiterbringen wollen, die hochgesteckte Ziele verfolgen, aber oft nicht genau wissen, wie sie diese erreichen sollen. *Jung, schön und erfolgreich* könnte man einen der wichtigsten Slogans der Gegenwart nennen. Aber wer von uns wird schon mit einem goldenen Löffel im Mund geboren?

Ich bin glücklich verheiratet, habe zwei reizende Töchter und meine eigene Werbeagentur. Aber ich bin sehr ehrgeizig, will weiterkommen im Leben und meine Familie gut versorgen. Der Kontakt mit den Scientologen deutet auf keinerlei zukünftige Probleme hin. Es sind für mich erst einmal völlig normale Menschen, und auf der Suche nach einem spirituellen Führer bin ich keineswegs. Selbst bei Cordula ist das nicht der Punkt. Aber durch ihren Nähkurs entsteht ein intensiverer Kontakt zur Familie Neumann. Ich weiß nicht, welche Probleme dabei im einzelnen besprochen werden, aber offensichtlich ist es Hanne gelungen, Cordula von einem Persönlichkeitstest zu überzeugen.

So landet also an diesem Abend der Testbogen auf meinem Schreibtisch. Nachdem ich ihn nun schon ausgefüllt habe, ist klar, daß ich auch die Auswertung sehen möchte.

»Warum dürfen wir denn nicht mit?« Sandra und Helen maulen, weil sie an diesem wunderschönen Sonntag lieber mit uns einen Ausflug machen wollen. Statt dessen übergeben wir sie der Obhut der Großeltern.

»Wir werden rechtzeitig zurück sein, und dann grillen wir noch ein paar Würstchen im Garten«, verspreche ich ihnen. Cordula und ich haben nur einen kurzen Abstecher nach Düsseldorf zur Testbesprechung eingeplant. Neugierig darauf bin ich schon, aber keineswegs beunruhigt. Meine Stärken und Schwächen kenne ich selbst gut genug, dafür brauche ich eigentlich keinen Test. Von meiner Anlage her eher Künstler als Kaufmann, fällt mir das Verkaufen meiner Arbeit, besonders zu einem angemessenen Preis, eher schwer. Für einen geschickten Verhandlungspartner ist es zu leicht, mich im Preis zu drücken.

Neumann, selbst ein erfolgreicher Kaufmann, hat diese Schwäche schnell erkannt und speziell in dieser Hinsicht für Scientology geworben, aber auch das hat nicht gereicht, mich umzustimmen. Auch ohne Scientology werde ich mein Verhandlungsgeschick verbessern. Die Industrie- und Handelskammer bietet immer wieder Seminare zur Weiterbildung an. Ich muß mir nur einmal die Zeit nehmen, sie zu besuchen.

Noch immer ist mir allerdings unklar, welchen Ehrgeiz Cordula entwickelt haben mag, welche Erkenntnisse sie sich von diesem Test verspricht. Berufliche Weiterbildung ist für sie kein Thema. Sie hat nach wie vor keine Lust, in der Agentur mitzuarbeiten. Töpferkurse werden die Scientologen ja wohl kaum anbieten, und einen Nähkurs absolviert sie ja schon bei Hanne.

»Schön, Sie wiederzusehen.« Heike kommt strahlend auf mich zu und drückt mir die Hand. »Wir haben seit unserem Gespräch in Krefeld noch oft über Sie gesprochen. Ich war von Ihren Gedanken und Ansichten sehr beeindruckt und freue mich wirklich, daß Sie heute hier sind.«

Geschmeichelt lächle ich zurück und unterdrücke geflissentlich meine Gedanken, die in eine ganz andere Richtung gehen. Denn sie hat damals mit ihren scientologischen Ansichten keinen guten Eindruck bei mir hinterlassen, und noch immer bin ich unschlüssig, ob dieser Persönlichkeitstest denn die richtige Entscheidung ist. In mir regt sich ein Instinkt, der mir sagt, daß ich Gefahr laufe, in irgendeine Form der Manipulation hineinzugeraten. Aber wer will mich manipulieren? Die Scientologen oder etwa Cordula? Für beide Vermutungen fällt mir kein einleuchtender Grund ein, und so setze ich mich schließlich auf den angebotenen Stuhl. Immerhin ist diese Testbesprechung kostenlos, und noch ist keine Entscheidung gefallen.

»Nun, dann lassen Sie uns mal einen Blick auf Ihre Persönlichkeit werfen.«

Heike lächelt mich aufmunternd an. Aus einer Kladde zieht sie ein Blatt, auf dem ich die Fieberkurve meines Lebens erblicke. Ohne mir lange Zeit zu lassen, mich mit dem Kurvenverlauf vertraut zu machen, fährt sie auch schon fort: »Dies ist also das Ergebnis Ihrer Antworten. Verstehen Sie, dies ist nicht unsere Meinung über Sie, sondern eine wissenschaftliche Auswertung ihrer Meinung über sich selbst.«

»Da scheine ich ja in einigen Punkten keine allzu gute Meinung über mich zu haben«, werfe ich ein, mit einem Blick auf einige extrem tiefe Punkte der Kurve.

Heike lächelt, nickt und ignoriert meinen Kommentar. Unbeirrt fährt sie fort: »Die Punkte im oberen Bereich zeigen ein gutes Überlebenspotential. Aber sogar diese Punkte kann man mit Scientology höher bringen.«

Einigermaßen erleichtert stelle ich fest, daß etwa drei, vier Punkte tatsächlich weit oben liegen.

»Der mittlere Bereich hier, ist durchaus annehmbar, wenn keine Krise oder Schwierigkeiten hinzukommen«, fährt Heike eifrig fort. »Die niedrigen Werte dort sind es, die Ihre Probleme aufzeigen. Die wollen wir uns jetzt näher anschauen.«

Heike dämpft mit ihren Worten sofort meinen gerade aufkommenden Optimismus und spricht nun ganz sachlich über den Zustand meiner Persönlichkeit. Bin ich wirklich so nervös, wie die tiefen Punkte zu belegen scheinen? Meine Hände werden feucht und mein Mund trocken, während ich versuche, mir eine Verteidigung zurechtzulegen. Heike wirft mir kurze, aufmerksame Blicke zu, lächelt jedoch immer einfühlsam und gewinnend, sobald ich ihrem Blick begegne. Ahnt sie, was in mir vorgeht?

Sie stochert in meiner Persönlichkeit herum, treibt mich zu Erklärungen und Rechtfertigungen, die sie dann geschickt aufgreift – so findet sie alle nötigen »Beweise«, um mir meine tiefsitzende, verdrängte Lebenskrise vor Augen zu führen. Meine Verteidigung wird immer kümmerlicher, halbherziger, bis ich ihr schließlich zustimme, daß Heuschnupfen, nervöse Magenbeschwerden und eine Herzneurose keineswegs als Zeichen für ein glückliches Leben anzusehen sind. Ich bin bereit, ihr meine ganze Lebensgeschichte zu erzählen. Doch überraschenderweise ignoriert sie meine aufkommenden Tränen und wechselt abrupt zum letzten Teil der Kurve. Rasch schreibt sie über diesen Abschnitt »zwischenmenschliche Beziehung« und spricht von Kommunikation und Verantwortung. Die Kurve fällt hier noch tiefer als im ersten Teil, bei zwei Punkten etwa bis minus 100.

»Gute Kommunikation ist das Salz in der Suppe des Lebens. Ihre Kommunikationsprobleme lassen Sie zum Außenseiter der Gesellschaft werden«, erklärt Heike forsch.

Sofort ist meine Kampfbereitschaft wieder da. Um festzustellen, daß ich ein Außenseiter der Gesellschaft bin, braucht man keinen Test. Mit meinen langen Haaren, meiner Arbeit als Künstler und Designer und meiner Unangepaßtheit bin ich schnell als freiwilliger Außenseiter zu erkennen. Ich lehne mich zurück, fühle mich wieder sicher. Niemand braucht mir als Kommunikationsexperten etwas über Verantwortung und Kommunikation zu erzählen!

Heike zieht wie schon zuvor eine Gedankenschleife nach der anderen, um meine Zustimmung zu gewinnen. Doch je mehr sie bohrt, desto stärker werden nun meine Gegenargumente. In meinem Fachgebiet macht mir so schnell niemand etwas vor. Rhetorisch geschickt biete ich ihr Paroli, lasse ihre Kompetenz an meiner eigenen scheitern. Zuwenig Freunde? Nein, ein paar Freunde reichen völlig aus. Mißverständnisse? Nein, man kann im Leben nicht erwarten, von allen Menschen verstanden zu werden.

»Aber haben Sie nicht manchmal das Gefühl, daß Ihre Frau Sie einfach nicht versteht?«

Zugegeben, welcher Mann kennt das nicht? Cordula könnte sich wirklich mehr Mühe geben, die Probleme und Herausforderungen meiner Arbeit zu verstehen. Aber wir haben uns arrangiert, und ich muß da eben alleine durch.

Heike lehnt sich zurück. Triumphierend schaue ich sie

an, freue mich darüber, meine Position behauptet zu haben. Gibt sie nun auf? Sie schweigt und sieht mich milde lächelnd an. Fast tut sie mir leid. Da führt sie mit mir eine kostenlose Testbesprechung durch und ich mache mir einen Spaß daraus, mit ihr die rhetorische Klinge zu kreuzen. Ihr Pech, wenn sie nicht gut genug ist. Aber ich will nicht undankbar sein und werfe ihr wieder den Ball zu: »Was würden Sie mir nun also raten?«

Heike wippt langsam auf ihrem Stuhl, scheint nachzudenken. Sofort ist sie mir wieder sympathischer, auch wenn ihre amerikanisch wirkende Verkaufsstrategie mir unangenehm und unangemessen vorkommt. Das Problem ist nicht, daß ich mich weigere, an mir zu arbeiten. Ganz im Gegenteil, Weiterbildung und unablässig an sich zu arbeiten, gehörten durchaus zu meinem Lebenskonzept. Niemand ist so gut, daß er nicht noch besser werden könnte. Und mit der vagen Hoffnung, bei den Scientologen einen praktischen Ansatz zu finden, wie etwa den Kurs über die Vorhersagbarkeit menschlichen Verhaltens, war ich ja nach Düsseldorf gekommen. Aber einen Kommunikationskurs wollte ich mir nicht aufschwatzen lassen. Dafür hatte sie mir auch keine überzeugenden Argumente geliefert.

»Wissen Sie, Herr Potthoff«, fährt Heike nun fort, »irgendwie geht es doch im Leben immer um Verständigungsprobleme. Die können selbst zwischen guten Freunden auftreten, ja in besonderem Maße mit dem Ehepartner. Das wissen Sie natürlich selbst am besten, nicht wahr? Denn Ihre Frau, das zeigt ihr Test, hat große Probleme mit der Kommunikation.«

Fast kichere ich. Meine geliebte, unkonzentrierte Cordula! Sie lebt in einer ganz anderen Welt als ich – versteht kaum, was ich mache und sage, versucht, jedem

Problem auszuweichen — als wenn man Problemen ausweichen könnte — und fühlt sich von aller Welt falsch verstanden. Sie hat Angst vor jeder Veränderung und meidet jede Herausforderung. Das hätte ich Heike auch ohne Test erzählen können. Sicher, Cordula täte ein wenig Kommunikationstraining schon gut.

»Warum helfen Sie also nicht ganz einfach ein wenig Ihrer Frau, machen mit ihr gemeinsam den Kurs und entdecken dabei am Ende vielleicht auch noch etwas Nützliches für Ihren Beruf?«

Dieser Gedanke, so finde ich, ist gar nicht übel. So ganz habe ich den Gedanken immer noch nicht aufgegeben, Cordula ein wenig aus ihrer Heimidylle herauszulocken. Ich muß auf jeden Fall verhindern, daß unsere Entwicklung zu unterschiedlich verläuft.

»Na schön, unter der Voraussetzung, daß meine Frau mitspielt, bin ich einverstanden.«

Heikes Taktik in der Testbesprechung wäre beinahe nicht aufgegangen. Im ersten Teil der Testbesprechung rennt sie praktisch offene Türen ein. Einige Jahre zuvor habe ich bereits erste Therapieerfahrungen gesammelt, und so bin ich durchaus bereit, DIANETIK-Auditing, von dem ich ja bereits gelesen habe, auszuprobieren. Ein wenig Vergangenheit aufzuarbeiten, in die Tiefen des Unterbewußtseins einzutauchen, erscheint mir durchaus reizvoll.

Selbst eingefleischte Skeptiker sind bereit zuzugeben, daß die Welt noch viel zu wenig über den menschlichen Geist weiß. Grenzwissenschaften wie Okkultismus, Spiritismus, Parapsychologie, Psifähigkeiten, Psychochirurgie, Telepathie, Hypnose, Schwarze und Weiße Magie oder Reinkarnation beschäftigen nicht nur die New-Age-Bewegung, sondern auch viele Menschen, die von sich sagen, sie stünden mit beiden Beinen fest auf dem Boden. Irgendwie erscheint in der heutigen Zeit alles machbar, und niemand kann alles wissen. Das verborgene geistige Potential durch neue Techniken des Geistes nutzbar zu machen, ist nicht nur Thema bei den Scientologen. Niemand wird gezwungen, irgend etwas zu glauben.

Aber auf Heikes Kommunikationstraining habe ich nicht die geringste Lust. Das, so scheint mir, hat zuviel mit den starken Seiten meines Berufslebens zu tun, an deren Verbesserung von außen ich nicht interessiert bin.

Erst viel später wird mir klarwerden, daß ich es Heike ziemlich schwer gemacht habe, an mich heranzukommen. Sie stand unter dem Druck, zwei Kommunikationskurse zu verkaufen. Darauf liefen dann auch ihre Bemühungen hinaus. Dabei erfährt schon ein Anfängerscientologe, daß es ein schlimmer Fehler ist, über die Realität eines anderen Menschen hinwegzureden. Aber Heike hatte keine andere Wahl. Scientology vermeidet beim Einstieg Konfrontation und Konflikte. Sehr einfühlsam geht man am Anfang auf die tatsächliche Lebenssituation ein und läßt durchaus noch eine kritische Haltung zu. Jeder darf und soll selbst überprüfen — so wird immer wieder versichert —, ob ihm Scientology persönlich weiterhilft: *Wahr ist das, was du selbst als wahr erkennst.* Im Scientology-Jargon spricht man davon, in dieser Phase aus *rohem Fleisch* einen Scientologen machen zu müssen.

Der scientologische Persönlichkeitstest hat eine wichtige Abholfunktion. In einer geschickt aufgebauten Testbesprechung geht es keinesfalls um eine Analyse von Stärken oder Schwächen, sondern nur darum, aus zugegebenen Schwächen für Scientology Kapital zu schlagen. Wird eine Schwäche oder eine Unsicherheit eingestan-

35

den, soll der Testbesprecher dafür sorgen, daß dieses plötzlich als alles entscheidendes Lebensproblem gesehen wird. Man geniert sich auch nicht, dem einen oder anderen Testkandidaten eine akute Selbstmordgefährdung zu bescheinigen.

Grundsätzlich ist die Testbesprechung daraufhin angelegt, etwas zu verkaufen, entweder Training oder Auditing. Aber die junge Gruppe in Düsseldorf war zu diesem Zeitpunkt noch nicht in der Lage, preiswertes Auditing für Einsteiger anzubieten. Das professionelle Auditing für mehrere hundert, wenn nicht gar tausend Mark hätte mich damals mit Sicherheit abgeschreckt. Heike ahnte das. Also versteifte sie sich auf den Kurs, den sie damals preiswert für 250 Mark anbieten konnten. Mit dem Trick, ich könne meiner Frau helfen, bekam sie gerade noch rechtzeitig die Kurve. Andernfalls wäre auch der zweite Versuch, mich an das System Scientology zu binden, fehlgeschlagen, und dann wohl endgültig!

2

Vom Skeptiker zum Einsteiger

Entdecken Sie Ihr wahres geistiges Potential

»Möchten Sie einen Kaffee?«

Wäre ich bei Esoterikern gelandet, hätte man mir jetzt sicher irgendeinen duftenden Kräutertee angeboten, und insgeheim rechne ich noch damit, gleich Menschen mit weißen, wehenden Gewändern aus einer dieser Türen heraustreten zu sehen. Die Frau, die mir freundlich einen Kaffee anbietet, sieht allerdings nicht so aus. Passend zu ihren schwarzen, halblangen Haaren trägt sie ein schwarzes, enganliegendes Kleid. Ihre blasse Haut wirkt dadurch noch heller und fast durchscheinend. Sie ist groß und fast mager. Haltung und gelassene Spannung ihres Körpers erinnern mich an eine Katze.

»Ich bin Beate. Meinen Mann Jens kennen Sie ja bereits.« Ihre Augen ruhen mit seltsamer Intensität auf meinem Gesicht. Nur die nadelkopfgroßen Pupillen geben ihrem Blick auch gleichzeitig etwas Stechendes. Ein zartes Lächeln umspielt ihre Lippen und läßt ganz reizende Grübchen auf ihren Wangen erscheinen. Wie bei einem Magneten gibt es bei ihr eine anziehende und eine abstoßende Seite, denke ich unwillkürlich.

Beate führt mich zu einer kleinen Küche und macht mir eine Tasse Malzkaffee. Also doch bio-dynamisch, stöhne ich innerlich. Bei meinem Kaffeekonsum von mehr als drei Litern pro Tag ist Kinderkaffee eine Zumutung. Aber Beate hat in ihrer Art etwas Zwingendes, so daß ich den Kaffee ohne Protest annehme. Sie ist von einem anderen Kaliber als Jens oder Heike, das merke ich gleich, aber ich weiß sie noch nicht einzuordnen.

Eher gelangweilt, schlendere ich anschließend mit meinem Kaffee über den langen Flur des Zentrums. Mit den Gedanken bin ich längst wieder bei meiner Arbeit in Krefeld, denn ich kann mir kaum vorstellen, daß Cordula hier einen Kurs belegen möchte. Neugierig betrachte ich an der Wand aufgehängte Briefe. ERFOLGSBERICHT steht über jedem. Ein Klaus, ein Guido, eine Marion, sie alle berichten überschwenglich von irgendwelchen Kursen, von phantastischen Gewinnen, und ihr Dank gilt der Kursleiterin Beate und L. Ron Hubbard. Typisch amerikanisch, denke ich achselzuckend und nehme mir vor, mich nach diesem Hubbard endlich einmal genauer zu erkundigen.

»Kann ich auch so einen Kaffee haben?« Cordula steht mit geröteten Wangen vor mir. »Das ist Muckefuck«, erkläre ich geringschätzend. »Hier, trink meinen aus, dann können wir fahren.«

Cordula nimmt meine Tasse dankbar entgegen. Heike scheint sie beim Persönlichkeitstest ganz schön rangenommen zu haben.

»Heike möchte uns noch sprechen. Sie sagt, du bist damit einverstanden, daß wir hier einen Kurs machen.«

Erstaunt nehme ich Cordulas Begeisterung zur Kenntnis. Also doch! Jetzt hilft nichts mehr, nun muß ich in den sauren Apfel beißen. Andererseits, ob ich nun hier oder bei der IHK einen Kurs belege, bleibt sich gleich.

Heike nimmt uns wieder freundlich in Empfang und

reicht uns zwei Einschreibeformulare. Für jeden macht das 250 Mark, Kursmaterial extra. Bezahlt werden muß im voraus, und Heike nimmt dankend meinen Scheck entgegen. Damit ist der erste Teil der Formalitäten abgeschlossen. Nun kommt Heike zu den Regularien.

»Kurszeiten sind von sieben bis um zehn Uhr abends, und am Wochenende beginnen wir bereits um zehn Uhr morgens. Wann möchten Sie studieren?«

»Ich habe nur den Mittwochabend frei. Montag Badminton, Dienstag Teestube, Donnerstag Badminton, und das Wochenende ist reserviert — für die Familie und um Arbeitsrückstände aufzuarbeiten.«

Heike schüttelt entschieden den Kopf. »Nein, das geht leider nicht. Wenn Sie nur einmal in der Woche studieren und trainieren ist das völlig wirkungslos. Sie müssen schon mindestens dreimal, besser sogar viermal da sein.«

Cordula und ich schauen uns betreten an. Damit hatten wir beide nicht gerechnet. Nach einigem Hin und Her einigen wir uns dann schließlich auf drei Tage. Es soll ja nur für zwei oder drei Wochen sein. Die Großeltern werden dann die Kinder betreuen.

Auf einen Schlag hat Scientology einen ganz massiven Platz in unserem Leben eingenommen.

Mit etwas gemischten Gefühlen fahre ich nach Hause. Cordulas merkwürdiger, mir zu plötzlich kommender Ehrgeiz macht mich nach wie vor nachdenklich. Ich habe den Eindruck, daß da irgend etwas hinter meinem Rükken ausgeheckt wurde. Wachsamkeit scheint geboten, und so werde ich mich auf meine Erfahrung verlassen müssen. Gewohnt, auch oftmals von meinen eigenen Kunden über die wahren Hintergründe von Schwierigkeiten in der Firma getäuscht zu werden, habe ich eine ausgeprägte Aufmerksamkeit und Beobachtungsgabe entwickelt. Das sollte mich auch hier vor unliebsamen Überraschungen schützen können, denke ich.

»Hab' schon gehört, Ihr seid jetzt bei den Dianetikern.«
Manfred Petri umarmt mich kurz und zieht mich in sein Büro. Manfred ist Pfarrer und wir treffen uns jeden Dienstag in der Teestube seiner Pfarrei. Mit ihm verbinden mich unzählige Diskussionen über den Sinn des Lebens, meist bis in den frühen Morgen, während die Frauen über Kinder, Häkeln, Zucchinianbau und Marktpreise diskutieren. Ich bin zwar immer leicht geneigt, solche Themen ins Lächerliche zu ziehen, aber im Grunde ist es mir egal, worüber sich andere unterhalten, solange man mir meine eigenen Themen läßt und solange ich dafür Gesprächspartner finde.

Als ich das erste Mal mit zur Teestube fuhr, war ich ziemlich entsetzt über die Vielzahl der Teevariationen. Als Anhänger einfacher und starker Genüsse wie Espresso, starken, schwarzen Kaffee ohne Zucker und unverdünnten Whiskey kann ich Tee mit Kirsch- oder Vanillegeschmack und den vielen anderen Fruchtvariationen immer noch nichts abgewinnen, aber mit Manfred habe ich einen gleichwertigen Gesprächspartner gefunden, mit dem mir auch die Teestube zur lieben Gewohnheit geworden ist.

Etwas verständnislos schaue ich ihn an: »Was meinst du mit Dianetikern?«

Manfred angelt ein Buch von seinem überquellenden Schreibtisch. DIANETIK, die moderne Wissenschaft der geistigen Gesundheit. Schon wieder dieser schrille Titel!

»Hier, von diesem Hubbard. Cordula hat es mir vor

ein paar Tagen verkauft. Heute morgen rief sie an und erzählte mir, daß ihr das jetzt in Düsseldorf studiert.«

»Nun ja, wir haben dort einen Kurs angefangen, aber dabei geht es eigentlich um Kommunikationstechniken. Morgen ist unser erster Abend. Ich weiß selbst noch nicht so genau, was wir da machen werden. DIANETIK hat mich mal kurz interessiert, aber ich weiß nicht, ob mich das weiterbringt.«

Manfred scheint sich dagegen schon intensiv mit DIANETIK auseinandergesetzt zu haben. Gespannt auf seine Meinung stachele ich die Diskussion weiter an: »Nehmen wir zum Beispiel mal Hubbards Behauptung, das dynamische Prinzip des Daseins sei das Überleben. Er nennt das Axiom eins. Er fordert gutes Überleben, aber ich frage mich, wer denn darüber entscheiden soll, was gutes oder schlechtes Überleben ist? Wir können doch nicht einfach Darwins Evolutionstheorie auf die Menschheit übertragen und sie zum Bestandteil der sozialen Wirklichkeit machen. Grauenhaft! Sozialdarwinismus hat uns schon den Bolschewismus und den Nationalsozialismus beschert. Die wußten angeblich auch genau, was für den Einzelnen richtig ist.«

Manfred nickt: »Du hast schon recht, das sehe ich auch so. Aber spätestens die Grünen haben uns doch gezeigt, daß unsere Gesellschaft auch in viele Sackgassen hineingelaufen ist. Wir können die Erde nicht weiter hemmungslos ausbeuten, noch dazu auf Kosten der Mehrheit der Menschen, und so tun, als gäbe es keine Verantwortung für die Zukunft. Ich finde schon, daß vernünftiges Handeln gefragt ist, und Hubbard zeigt da interessante Ansätze, warum wir aus bestimmten Mustern nicht herauskommen.« Er grinst mich wissend an. »Hast du dich noch nie gefragt, warum du bestimmte

Dinge immer wieder tust, obwohl dir dein Verstand sagt, daß es falsch ist?«

»Du solltest doch als Priester am besten wissen, daß Irrtum und Schuld Bestandteile des Lebens sind«, gebe ich zurück. »Wir haben doch bei unseren Freunden der 68er Zeit immer wieder erlebt, wie schnell verengte Sichtweisen und der fanatische Glaube an eine bestimmte Wahrheit zu Intoleranz und schließlich zum Terror führen können. Seitdem habe ich Angst vor Utopien. Umerziehungslager hatten wir zur Genüge, und wir wissen beide, daß dies mit Sicherheit der falsche Weg war und ist.«

Doch Manfred bleibt stur. »Gerade deshalb glaube ich ja, daß Hubbard einen interessanten Ansatz gefunden hat. Weil nicht mehr das zwangsweise Umerziehen stattfinden soll, sondern jeder in Einzelgesprächen, diesem Auditing, seine Fehler einsehen und sich aus freien Stücken ändern kann. Die Psychologie hat uns in den letzten Jahrzehnten bemerkenswerte Informationen über den Menschen geliefert. Aber wir sind leider so verkrustet und stecken so fest in politischen und gesellschaftlichen Zwängen, daß wir gar nicht bemerken, wo sich neue Chancen auftun. Den Grünen, zum Beispiel, wird noch immer keine Regierungsverantwortung zugetraut. Der Mensch muß aber wieder lernen, im Einklang mit der Natur zu leben.«

»Also Hubbard und die Grünen möchte ich eigentlich nicht in einen Topf werfen. Das eine ist Philosophie, wenn du willst, das andere ist Politik. Solange sich die Politik demokratisch für bestimmte Ziele einsetzt, ist dagegen nichts einzuwenden. Manche Philosophen entwerfen aber das Bild eines idealen Menschen und vergessen dabei, daß es diesen nicht gibt und nicht geben kann.

Allzuschnell muß dann eine totalitäre Utopie entwickelt werden, um den Menschen doch noch gefügig zu machen — natürlich nur zum Wohle aller. Na, ich danke!

Hast du dir denn dieses Auditing, dieses Gesprächsverfahren einmal genauer angesehen? Wenn ich das richtig verstanden habe, wird das Unterbewußtsein von Hubbard als reaktiver Verstand bezeichnet. Für ihn ist es wie eine defekte Rechenmaschine, die repariert werden muß oder, anders ausgedrückt, es besteht seiner Meinung nach aus fehlerhaften Computerdateien, die man einfach löschen kann. Diese berühmte Cleartaste, die alles auf Null stellt — und so nennt er auch seinen neuen Menschen: einen CLEAR.

Also ich kann mir beim besten Willen nicht vorstellen, nur eine Datenaufzeichnungsmaschine zu sein, der man beliebig neue Daten eingibt und nichtgewünschte, fehlerhafte löscht.« Herausfordernd funkele ich Manfred an.

»Ja schön, jetzt hast du die negativste Möglichkeit formuliert. Aber stell dir einen Mann vor, der als Kind von einem Hund gebissen wurde und dann sein Leben lang vor allen Hunden Angst hat. Dem könnte man doch helfen, das Problem zu lösen. Oder jemanden mit Migräne, Angst vor Spinnen oder einem ähnlichen Trauma.«

»Vorausgesetzt, der Verstand funktioniert tatsächlich so, wie Hubbard es beschreibt. Das muß ja wohl erst noch bewiesen werden.«

»Wenn du es nicht ausprobierst«, trumpft Manfred auf, »wirst du es nie erfahren.«

»Nein danke, als Laborratte bin ich mir zu schade.«

»Also, du bist trotz deiner langen Haare manchmal furchtbar konservativ. Wer sich selbst treu bleiben will, muß in Bewegung bleiben. Auch Gott ist keine fest definierte Größe.«

Manfred gibt sich wieder kosmopolitisch, für einen Priester, der an feste Glaubensgrundsätze gebunden sein sollte, fast ketzerisch in den Ansichten.

Für mich ist DIANETIK zu diesem Zeitpunkt eine seltsame Utopie von einer neuen Gesellschaft, die nur durch gezielte Veränderung des einzelnen Menschen erreicht werden kann. Der neue Mensch, ein CLEAR, soll sich wie ein Phönix aus der Asche menschlichen Elends emporschwingen und eine neue Gesellschaft begründen, die von einer Elite von Wissenschaftlern geleitet und unterwiesen wird — nichts für mich.

»Das ist der alte Streit, ob eine qualifizierte Minderheit das Recht hat, den angeblich richtigen Weg zu erzwingen«, halte ich ihm entgegen. »Wenn du von Bewegung sprichst, dann kann ich das nur im Einklang mit meinem bisherigen Leben tun. Ich glaube nach wie vor an Gott und an meine lebendige Phantasie. Nenn das von mir aus ruhig konservativ.«

Ich merke, daß sein Vorwurf mich getroffen hat. Ich und konservativ? Damit kann ich ganz und gar nicht übereinstimmen. Schon als Kind wurde mir ein Hang zur Spökenkiekerei nachgesagt. Meine Mutter hielt es mir immer wieder vor. Spökenkieker, das ist ein westfälischer Ausdruck für Menschen, die Traumgesichter haben, still und verschlossen sind und von Ahnungen geplagt werden. In meiner überschwenglichen Phantasie erträumte ich Geschichten, die ich auch vor dem Einschlafen immer wieder heraussprudelte. Mein aufmerksamster Zuhörer war dabei mein älterer Bruder, mir sonst in allem überlegen, aber auch die Eltern standen oft hinter dem Schlafzimmervorhang und hörten amüsiert zu. Meiner Furcht vor engen Räumen und der Dunkelheit versuchte ich ebenfalls mit meinen phantastischen Geschichten zu entfliehen. In einem zerbombten Deutschland, in der Not der Nachkriegszeit, zwischen Trümmern ohne Spielzeug, da mag mir die Phantasiewelt die einzige Möglichkeit gewesen zu sein, der tristen Realität zu entfliehen.

Im Jahr der Währungsreform, 1948, kam ich in Uerdingen am Rhein zur Welt. Meine Eltern sagten immer wieder, dies sei das härteste Jahr gewesen. Selbst in den Kriegsjahren hätte man nicht so hungern müssen. Der Arzt bot meiner Mutter einen Schwangerschaftsabbruch an, obwohl sie bereits im fünften Monat war. Er kannte sie von Kind an und machte sich Sorgen um sie. Mutter ging in die nächste Kirche, um darüber nachzudenken. Danach entschied sie, auch ein zweites Kind durchbringen zu können. Aber ich hatte bereits fünf Monate die Nahrung mit meinem Bruder teilen müssen, der von meiner immer noch ahnungslosen Mutter noch gestillt worden war.

So kam ich klein und mager in eine Welt, die noch vom Krieg aufgerissen war. Aufgerissen und zerschossen waren auch die vielen Pläne meiner Eltern. Mein Vater arbeitete als Schlosser, während seine Brüder unter Tage fuhren. Er wollte schon immer höher hinaus, sagte seine Mutter, denn eigentlich plante er, Flugzeuge zu konstruieren, doch der Krieg hatte seine Ausbildung jäh unterbrochen. Seine westfälische Kargheit machte ihn in Verbindung mit den Erlebnissen an der Front für den Rest seines Lebens zu einem eher schweigsamen Menschen. Nationalsozialisten hatten ihn mit vaterländischen Parolen in einen grausamen Krieg getrieben und ihm damit Phantasie und Glauben für immer ausgetrieben.

Meine Mutter bildete in der Ehe und Familie das charakterliche Gegengewicht. Ihre Fröhlichkeit war gepaart mit rheinischem Leichtsinn, immerwährender Gesprächsbereitschaft und einer alles umschlingenden Mutterliebe. Sie brachte mir bei, auch unter schwierigsten Umständen auszuharren und durchzuhalten. Mit ihrer Lebenshaltung war sie eine ideale Krankenschwester, die ihren Beruf über alles liebte. Ihr Jugendtraum war, als Ärztin bei Albert Schweitzer in Afrika zu arbeiten, aber sie war dann ebenso stolz darauf, als Ehefrau und Mutter Opfer bringen zu dürfen.

Es war nicht leicht, mit Eltern zu leben, die ihre Träume nie verwirklichen konnten.

Als Kind vertrieb ich mir die Zeit vor dem Einschlafen mit allerlei Spielen, wenn ich nicht gerade meinem Bruder phantastische Geschichten erzählte. So wurde ich zum Beispiel nie müde, mit den Fingerspitzen auf die Augäpfel zu drücken, um diese herrlichste aller Farbwelten zu erleben. Je dunkler es war, um so explosiver und vielfältiger wurden diese Farbkaskaden. Vielleicht war dies meine Antwort auf die Angst vor der Dunkelheit. Ich konnte dem Dunklen mit Farben entgegentreten, sie immer wieder besiegen. So entwickelte ich früh eine Leidenschaft für Licht, Farben und Kreativität. Spielzeug war rar und nur Papier und Farbkreiden gab es im Überfluß. So begann ich früh, diese Farben auf Papier zu bannen.

Neugierig und wissensdurstig wie ich war, begann die Schulzeit völlig problemlos. Mit überdurchschnittlichen Leistungen war der von den Eltern gewünschte Wechsel auf die höhere Schule eigentlich reine Formsache. Das Schulgeld war gerade abgeschafft worden und damit auch finanziell keine weitere Einschränkung nötig.

Auf dem Gymnasium spalteten sich meine Interessen und Fähigkeiten rasch. Deutsch, Kunst, Biologie, Geometrie und Physik lagen mir sehr, während Algebra, Latein und Französisch für Durchhänger sorgten. Kurz vor dem Abitur wechselte ich entschlossen zur Fotografie und Grafik. Ich wollte endlich etwas Praktisches und Kreatives machen.

Der Geist der 68er Jahre erfaßte auch mich, und so verweigerte ich angesichts eines schrecklichen Vietnamkrieges den Wehrdienst und trat, wie alle meine Freunde, aus der Kirche aus.

Ruhelos begann ich die verschiedensten Ausbildungen: Siebdrucker, Maler, Bildhauer...Die Ersatzdienstzeit in einem Krankenhaus unterbrach für 18 Monate meinen Tatendrang, und schließlich landete ich in der Werbung, nachdem Ehe und Kind nach mehr Seßhaftigkeit und Sicherheit verlangten.

Die siebziger Jahre gehörten einer kreativen und aufbegehrenden Jugend, und so gründete ich mit knapp 25 Jahren meine eigene Werbeagentur. Meine Frau Cordula hatte ich beim Fotografieren kennengelernt. Wir waren beide 21, als wir heirateten.

Nachdem unsere erste Tochter 1972 tot auf die Welt gekommen war, hatte Cordula jegliche Lust und all ihren Ehrgeiz am Berufsleben verloren, und so versuchte ich allein, die Werbeagentur weiter aufzubauen, um auf die Sonnenseite des Lebens zu kommen. Aber das erwies sich als ziemlich problematisch. Wegen meiner künstlerischen Ader machten mir die Finanzen und das kaufmännische Handeln schon immer Schwierigkeiten. Immer wieder wurde ich von gewitzten Geschäftsleuten im Preis gedrückt, so daß es mir nur selten gelang, meine Honorarforderungen auch durchzusetzen.

Zu Beginn des Jahres 1981, als ich die Familie Neumann kennenlernte, gingen die Geschäfte nicht sonderlich gut, aber das war normal. Die Arbeit in meiner Werbeagentur litt unter starken Auftragsschwankungen, wobei meist der Winter schlecht verlief. Wie schon seit Jahren nutzte ich diese Monate dann für meine künstlerische Arbeit. Kunst war für meine Frau ein teures, unproduktives Ärgernis, und wenn unsere Ehe kriselte, dann immer im Winter. Natürlich hätte ich mich auch in dieser Zeit um neue Aufträge kümmern können, doch im Bewußtsein, daß — übers Jahr gesehen — alles wieder ausgeglichen sein würde, nahm ich mir diese Auszeit für meine eigentliche Leidenschaft, die Kunst.

Ebenso verlief auch unsere Ehe, aufs Jahr gesehen, ziemlich harmonisch, und das jetzt schon im zehnten Jahr. Unsere zweite Tochter, 1974 geboren, war bereits eingeschult, entwickelte sich als aufgewecktes Mädchen zu unserer vollsten Zufriedenheit. Meine Anwesenheit bei der Geburt, sie praktisch mit zur Welt gebracht zu haben, war ein Erlebnis, das unserer Beziehung nur gut tat. Nach dem Tod unseres ersten Kindes lag die Trauer darüber wie ein dunkler Schatten über meinem Leben. Auch diese Geburt hatte ich miterlebt, und der Schmerz, mein totes Baby auf den Armen getragen zu haben, hatte sich tief in mir eingegraben. Unsere Freunde ließen ihre Kinder abtreiben, während wir, die wir uns so sehr ein Kind gewünscht hatten, plötzlich hilflos in einem leeren Babyzimmer standen. Cordula verdrängte den Schmerz, wollte nicht darüber reden. Sie hatte durch die Narkose ihr Kind nie gesehen, was ihr den Abschied vielleicht leichter machte. Aber ich hatte es mir nicht nehmen lassen, mein Kind selbst aufzubahren, es eigenhändig unter Tränen durch die langen Flure des Krankenhauses zu tragen, bis zur Leichenhalle. Meine Tochter, eingewickelt in einen blauen Sack, als sei sie ein Stück Müll! Unbestritten war dies eine Lebenskrise, die ich kaum verarbeiten konnte und vielleicht auch nie vollständig verarbeitet habe.

Trotzdem dürfen solche Belastungen und Erschütterungen einen nicht anfällig machen, auf verlockende Bewältigungsangebote einzugehen, und doch tun sie es. Nicht nur bei mir, wie ich später feststellen konnte.

Nach Sandras Geburt schien dann wieder die Sonne in unserem Leben. Zu diesem Zeitpunkt befand sich die Werbeagentur und das Fotoatelier noch zu Hause in einem Anbau. Dadurch hatte ich viel Zeit für unser Kind, konnte meine geschwächte Frau versorgen und meine Pflegeerfahrung aus dem Zivildienst im Krankenhaus sinnvoll nutzen.

1974 war allerdings auch das Jahr der ersten Ölkrise. Der Wind an der Geschäftsfront wehte heftiger, und ich erlebte den ersten großen finanziellen Verlust durch den Konkurs meines wichtigsten Kunden. Ich versuchte, in die Offensive zu gehen, mietete ein größeres Atelier in der Stadt und kämpfte um jeden Auftrag. Ich geriet auf einen Schlingerkurs, nicht nur geschäftlich, sondern auch privat. Durch die Trennung von Privat- und Geschäftsräumen war ich für Frau und Kind nicht mehr jederzeit erreichbar. Zusätzlich machte ich meine erste große Einzelausstellung als Künstler. Die Quittung war ein Kreislaufkollaps nach der Vernissage. Es war einfach alles zuviel geworden. In der Folge stellte ich die künstlerische Arbeit erst einmal hintenan. Keine Ausstellung mehr, forderte Cordula.

Helen, zwei Jahre später geboren, war unser Sorgenkind. Unruhiger, lauter und zarter als Sandra, hatte sie von Geburt an Probleme mit der Hüfte und der Nahrungsaufnahme. Sie hatte oft Schmerzen und schrie. So trug ich sie oftmals bis in den Morgen auf dem Arm durch die Wohnung, weil sie nur so schlafen wollte. Aber wenn sie lachte, dann war ihr Lachen schelmisch und ansteckend. Ich nannte sie nur Mickymaus. Der Tod unserer ersten Tochter war langsam in Vergessenheit geraten. Um Cordula bei der Arbeit mit Helen zu entlasten, kümmerte ich mich mehr um Sandra. Sie war schon alt genug, daß ich sie die Agentur mitnehmen konnte.

Vor diesem Hintergrund war ich bestimmt nicht geneigt, mich kopfüber in ein Abenteuer zu stürzen. Aber ich wollte beruflich endlich die entscheidenden Schritte nach vorn tun. Wollte ich Dr. Neumann Glauben schenken, dann konnte mir Scientology dabei systematisch helfen.

3

Vom Einsteiger zum Scientologen

Ich hatte phantastische Gewinne

»Hallo zusammen!« Beate sitzt wie eine Lehrerin vor ihrer Klasse, und ich fühle mich zurückversetzt in meine Schulzeit. Man nennt uns jetzt Studenten, ein würdevoller und aufwertender Begriff. Auf die Frage, was wir denn in Düsseldorf machen, können wir unseren Freunden dann antworten, daß wir studieren, und uns ihrer Bewunderung sicher sein.

Der Begriff Klasse ist eigentlich übertrieben, denn außer Cordula und mir ist nur eine weitere Frau da. Sie hat sich unmittelbar nach Beates Begrüßung Kopfhörer aufgesetzt und lauscht mit halb geschlossenen Augen. Manchmal lacht sie laut auf. Es scheint ein sehr witziges Band zu sein. »Lernen mit Freude« steht auf einem Plakat an der Wand. Der Kursraum ist hell und freundlich. Er bietet Platz für etwa 20 Studenten. Die weißen Tische und einfachen, braunen Klappstühle wirken jedoch nicht gerade modern. Wie überall ist auch hier der Boden dunkelbraun und die Wände sind weiß. Eine große Fensterfront gibt den Blick frei auf den Düsseldorfer Großstadtverkehr, drei Etagen unter uns. Ein einziges Wandregal, unverkennbar aus dem gleichen Möbelhaus wie Tische und Stühle, ist vollgepackt mit großformatigen grünen und roten Büchern. Der Name des Autors glänzt in goldener Schrift auf dem Buchrücken — L. Ron Hubbard. Außer zwei Plakaten hängt noch ein Bild an der Wand. Effektvoll fotografiert, zeigt es den Philosophen und Wissenschaftler Hubbard in Denkerpose. Seine ungeheure Kompetenz und Klugheit ist allgegenwärtig, nicht nur in Zitaten, sondern auch auf den überschwenglichen Erfolgsberichten der Studenten, die ich schon am Sonntag gesehen hatte.

»Seid ihr einverstanden, daß wir uns duzen? Es ist in Scientology üblich und erleichtert den Umgang miteinander.« Beate kommt zu uns und erläutert uns die Kursregeln. »Kein Problem«, antworte ich.

Nicht essen, trinken oder rauchen. Ziemlich hart für mich als Kettenraucher und Kaffeetrinker! Nicht miteinander reden oder Fragen stellen. Ziemlich hart für Cordula, die es gewohnt ist, mich alle zwei Minuten etwas zu fragen. Meine üblichen Lebensgewohnheiten werden radikal eingeschränkt, aber schließlich will ich ja mit alten Gewohnheiten brechen, um hier neue Erkenntnisse zu sammeln. Manfreds Vorwurf, ich sei zu konservativ, hat mich tiefer getroffen, als ich zugeben möchte. Ich bin bereit, mich zu fordern und auch herausfordern zu lassen. Denk neu, denk groß, zwei aktuelle Schlagworte, die gerade durch die Welt der Werbung geistern. Entdecken Sie Ihr wahres geistiges Potential, heißt es entsprechend bei den Scientologen. Finden Sie heraus, was alles noch in Ihnen steckt.

Trainingsroutine null. Cordula und ich nicken uns zu, alles verstanden? Beate beobachtet, wie wir die Stühle zurechtstellen und uns in etwa einem Meter Abstand gegenübersetzen. Sich mit geschlossenen Augen konzentrieren? Kein Problem, das ist ja fast wie Yoga. Cordula hatte mal ein Buch über Yoga angeschleppt, und ich hatte einige Übungen ausprobiert. Ich merke, wie Beate um die Stühle streicht. Nur nicht ablenken lassen, voll konzentrieren!

Nach etwa zehn Minuten, mein Zeitgefühl ist bereits etwas durcheinandergeraten, tippt mir jemand auf die Schulter.

»Das war's erst einmal«, sagt Beate und sieht erst Cordula, dann mich aufmerksam an. »Wie ist es dir ergangen?«

»Nun ja, ich habe mich prima entspannt und an eine große, grüne Wiese gedacht.«

Beate nimmt mein Kursheft und reicht es mir mit strengem Blick. »Was steht hier? Du warst also nicht voll in der Gegenwart, oder ist hier etwa eine grüne Wiese?«

»Nein«, muß ich zugeben, und auch Cordula ist verunsichert. Ihr scheint es ähnlich ergangen zu sein.

»Okay, Start«, kommandiert Beate. Das Ganze noch einmal von vorne. Nach der nächsten Übungseinheit habe ich schließlich den Trick raus, wie ich die Augen schließe und trotzdem in der Gegenwart bleibe. Es ist wirklich nicht leicht, ganz da zu sein, wie es die Scientologen nennen.

»Ihr fangt jetzt mit der gleichen Übung an, öffnet aber nach ein paar Sekunden die Augen«, befiehlt Beate wieder.

Der nächste Übungsteil sieht vor, dem Trainingspartner unverwandt in die Augen zu schauen, ohne dabei mit der Wimper zu zucken. Ich sehe Cordula an und spüre die leichte Unruhe bereits im Hinterkopf. Bei Cordula ist die Unruhe nicht mehr nur dort, sondern sie beginnt, unvermittelt zu lachen.

»Ich kann das nicht«, prustet sie los. »Wenn Norbert mich anstarrt, muß ich sofort lachen.«

Beate lächelt verständnisvoll: »Das ist normal. Ron sagt, was es einschaltet, schaltet es auch wieder aus. Das sind einfach nur Betrachtungen, die dich daran hindern, voll in der Gegenwart zu sein.«

Ich erinnere mich an das Spiel aus der Kindheit »Wer zuerst wegschaut, hat verloren«. Noch weiß ich nicht, was das mit Kommunikation zu tun haben soll. Das sieht mehr nach einem Kräftemessen aus: Der Herrscher hat das Recht zu schauen, der Leibeigene muß den Blick senken. Na schön, in der Wirtschaft brauche ich ebenfalls Durchsetzungsfähigkeit. Auch dort muß ich gewinnen. Vielleicht macht diese Übung am Ende doch noch Sinn.

»Es geht nicht«, beklage ich mich zum Kursende bei Beate, »Cordula hört einfach nicht auf zu lachen. Ich komme kaum dazu, in Ruhe an mir weiterzuarbeiten.«

Beate nickt: »Ich werde dir morgen einen anderen Trainingspartner geben. Ich habe schon gesehen, daß ihr sehr unterschiedlich arbeitet.«

Trotz des nicht voll gelungenen ersten Tages ist Cordula gelöst und entspannt. Ihr scheint die letzte Übung riesigen Spaß gemacht zu haben, und schon auf dem Weg zum Auto schmiegt sie sich an mich. Zu Hause öffnen wir zur Feier des Tages eine Flasche Sekt und verbringen eine zärtliche Nacht miteinander. Beginnt Scientology uns umzukrempeln?

»Flunk«, sagt Lena, »du hast geschluckt.« Lena ist meine heutige Trainingspartnerin, während Beate sich um Cordula kümmert. Ich bin froh, nicht mit Beate üben zu müssen, die mir immer noch etwas unheimlich ist. Lena hingegen ist eine sanfte, sehr zart lächelnde Frau mit wunderschönen Augen. In diese Augen zu schauen fällt mir überhaupt nicht schwer, aber dennoch plagt mich seit Minuten ein Schluckzwang. Jedesmal sagt sie dann »Flunk, Fehler«, und wenn ich mich wieder gesammelt habe, heißt es dann »Start«. Überhaupt verspüre ich inzwischen die merkwürdigsten Phänomene. Schmerzen im Nacken, in der Hüfte und natürlich im Gesäß. Dieses Stillsitzen auf dem Stuhl, diesem billigen Klappstuhl, hält doch kein normaler Mensch länger als zehn Minuten aus. Aber mein Ehrgeiz ist voll erwacht. Wäre doch gelacht, wenn ich eine solch einfache Übung nicht hinbekäme. Schwindelgefühl im Kopf, ich fühle mich wie trunken, brennende Augen, alles egal, einfach weitermachen. Wie sagt Beate so gern? Was es einschaltet, schaltet es auch wieder ab. Verstanden habe ich das zwar noch immer nicht, aber es funktioniert. Lena scheint Argusaugen zu haben. Schon die kleinste Abweichung von der Übung wird von ihr bemerkt, und wenn ich auch nur für Sekunden an irgend etwas anderes denke. Sofort sagt sie »Flunk«, und immer hat sie recht mit ihrem Verdacht. Ich fange an, ihre scharfe Beobachtungsgabe zu bewundern. Sie liest in meinem Gesicht, ja selbst in meinen Gedanken, wie in einem offenen Buch.

»Lachen ist Abwehr«, sagt Beate, »und solange du dich wehrst, kannst du auch nicht in der Gegenwart sein.« Sie stellt sich hinter Lena und beobachtet scharf mein Gesicht. Ich versuche, sie nicht wahrzunehmen, konzentriere mich voll auf Lenas schöne Augen. »Okay«, sagt sie zu Lena, »du kannst den Gradienten jetzt erhöhen. Das sieht schon sehr gut aus, was Norbert macht.«

Gradienten erhöhen! Lena wird noch schärfer in ihrer Kontrolle. Mir wackelt der Kopf, schwinden fast die Sinne. Ihr Gesicht löst sich auf, wird zur Fratze, wird schemenhaft, fügt sich wieder zusammen und verschwindet erneut. Fast möchte ich einen Angstschrei ausstoßen. Das ist alles nur Einbildung, sage ich mir, und biete meine ganze Kraft auf, um in der von Beate beschworenen Gegenwart zu bleiben, doch je mehr ich mich gegen diesen Einfluß der unheimlichen Kraft wehre, um so mehr schwinden mir die Sinne. Zeit und Raum haben aufgehört zu existieren. Lenas Gesicht schwebt vor mir, unwirklich und schmerzhaft wirklich zugleich. Irgendwo zucken Erinnerungen in mir hoch, Erinnerungen an längst vergessene Erfahrungen. Schwarzer Afghane, zerbröselt zwischen Tabak, tief inhaliert. Verlust von Raum- und Zeitgefühl. Drogen.

Entspannt und gelassen sitze ich Lena gegenüber, sehe nur sie und bin vollständig in der Gegenwart. Meine überreizten Sinne haben sich beruhigt und eine liebevolle Gelassenheit hat sich wohltuend in mir ausgebreitet. Ich schaue nach vorne in Lenas Gesicht und habe dennoch den Eindruck, mein Blickwinkel umfasse volle 360 Grad. Es begann mit einem Gefühl, als würde ich wie ein kleines Bäumchen aus dem Boden gezogen. In einer Art von leichter Trunkenheit löst sich mein Geist vom Körper. Ich fühle mich frei, als hätte ich Ballast abgeworfen und könnte die ganze Welt in einer zärtlichen Geste umarmen. Nun kann ich nachempfinden, warum die Erfolgsberichte auf dem Flur so überschwenglich waren.

Ein Durchbruch, ein Riesenerfolg, und das schon am zweiten Tag! »Okay, du kannst zum nächsten Übungsteil weitergehen«, ordnet Beate an.

Sie schreibt ihr Kürzel in mein Kursheft und damit ist

dieser Teil bestanden. Auch Cordula ist an diesem Abend bester Laune. Sie schmiegt sich auf dem Weg zum Auto an mich, neckt mich übermütig und kneift mir vergnügt in den Arm. Zu Hause angekommen, verführen wir uns bereits im Wohnzimmer. Scientology scheint für unsere Beziehung ein Jungbrunnen zu sein.

Leider hält diese Stimmung nur wenige Tage an.

Cordula sitzt mit vor Eifer geröteten Wangen im Kursraum, und geduldig übt Beate mit ihr die Rituale der scientologischen Kommunikationsformel. Sie wirkt zunehmend verzweifelter, kommt nicht so recht voran. Auf der Fahrt nach Hause ist sie still und in sich gekehrt, während meine Stimmung nach wie vor euphorisch ist.

»Sprich doch mit Beate über deine Probleme«, schlage ich vor. Cordula murmelt etwas Unverständliches. »Gefällt es dir nicht mehr?« versuche ich nachzuhaken. Doch auch jetzt will sie keine Antwort geben.

»Ich muß nachdenken« ist das einzige, was sie noch äußert.

»Fährst du mit zum Event?«

»Natürlich«, antwortet Cordula, »du kannst mich um sechs zu Hause abholen.«

Das Scientology Center hat zu einer Veranstaltung eingeladen, und ich freue mich sehr auf dieses Ereignis. Bisher habe ich nur sehr wenige Scientologen kennengelernt. Zu unseren Kurszeiten waren meist nur zwei oder vier andere Studenten anwesend, aber das konnten ja nicht alle sein. Ein neues Buch von L. Ron Hubbard sollte der Öffentlichkeit vorgestellt werden, und Beate hatte uns eindringlich gebeten, an diesem Sonntagabend mit dabei zu sein. Freundlich hatte sie auch gefragt, ob wir nicht auch noch ein paar Freunde mitbringen könnten, aber obwohl Cordula schon einige DIANETIK-Bücher an Freunde verkauft hatte, fand sich niemand, der mitfahren wollte.

Zu meiner Überraschung ist Cordula pünktlich fertig. In zehn Ehejahren war es ihr nie gelungen, irgendwo pünktlich zu erscheinen, aber die strengen Kursregeln der Scientologen haben in kürzester Zeit zum Erfolg geführt. Cordula hat sich sorgfältig zurechtgemacht. Sie trägt ein neues Kleid aus weinrotem Stoff, selbst genäht, das ihre schlanke Figur angenehm betont. Sie, die sich sonst kaum einmal schminkt, und dann auch nur ganz flüchtig, hat ein sorgfältiges Make-up aufgetragen, das ihre großen, leicht schräg stehenden Augen wunderbar zur Geltung bringt. Teile ihres langen kastanienbraunen Haares hat sie zu Locken gedreht, wie ich es seit unserer Hochzeit nicht mehr an ihr gesehen habe. Um das Bild abzurunden, hat sie hochhackige Pumps angezogen, was sie größer und noch eleganter erscheinen läßt. Entzückt reiche ich ihr meinen Arm und geleite sie höflich zum Wagen.

Die Fahrt nach Düsseldorf dauert nur knapp 20 Minuten, so daß wir viel zu früh ankommen. Heute werden wir in den fünften Stock gebeten, wo sich der Versammlungsraum befindet. Diese Etage wird von Beate und Jens bewohnt, und nun entdecke ich zu meiner Überraschung einen etwa dreizehnjährigen Jungen, den mir Jens als seinen Sohn Christian vorstellt. Er ist sehr zart von Gestalt und drückt sich rasch wieder in den Hintergrund. Beim Gehen ist ein Hüftleiden zu erkennen, das er aber zu verbergen sucht. Ich achte nicht weiter auf ihn, denn es sind schon viele Menschen anwesend, die meine Neugier stärker fesseln. Ein großer, breitschultriger Mann mit Bürstenschnitt wird mir von Beate als ihr Bruder aus Frankfurt vorgestellt.

»Sind Sie auch Scientologe?« frage ich höflich. »Nein, ich bin Macrobiot«, antwortet er freundlich. »Ich bin hier, um meine Schwester mal wieder zu sehen.«

»Macrobiot, was ist das denn?« frage ich erschrocken. Er erzählt mir etwas von Yin und Yang und Körnernahrung, so daß ich beginne, an seinem Verstand zu zweifeln. Zum Glück scheinen die anderen Anwesenden ganz normale Scientologen zu sein. Als nächstes komme ich mit einem smarten Immobilienmakler aus Düsseldorf ins Gespräch. Fast einen Kopf kleiner als ich bewegt er sich mit der Leichtigkeit und Eleganz eines Tänzers. Sein scharfgeschnittenes Gesicht und seine kurzen dunkel gelockten Haare erinnern mich an einen Franzosen. Bernd Samper, wie er sich vorstellt, stammt jedoch aus dem Ruhrgebiet und hat eine erstaunliche Karriere gemacht — vom Metzger bis zum erfolgreichen Immobilienmakler. Scientology, so sagt er, habe ihm den entscheidenden Kick für seinen Beruf gegeben, obwohl er ursprünglich wegen einer Ehekrise bei Scientology angefangen hätte.

»Wir führen jetzt wieder eine glückliche Ehe«, sagt er strahlend, »meine Frau und ich haben verstanden, wo wir im Leben stehen und welche Ziele wir tatsächlich haben.« Er zeigt auf seine Frau, die lachend inmitten einer kleinen Gruppe steht.

Marion ist eine große, etwas derb wirkende Frau, die so gar nicht zu diesem kleinen eleganten Mann zu passen scheint. Aber auch sie zeigt ein strahlendes Lächeln, zeigt ihr Glück und ihre Zufriedenheit mit dem Leben, so daß ich an Bernds Worten nicht zweifeln kann. Eine andere, fast korpulente Frau fällt mir dagegen unangenehm auf. Ihr aufdringliches lautes Lachen unterbricht alle 30 Sekunden ihren Redeschwall, mit dem sie Marion und einige andere überschüttet. Alles an ihr ist überzogen, die teure, schrille Kleidung, der klobige Modeschmuck, ihre wilde Gestik beim Sprechen und natürlich ihr gewaltiges Gebiß, das sie beim Lachen zur Schau stellt. Dieses Lachen ist mir schon vertraut. Beim Studieren war es oftmals auf dem Flur zu hören, aber noch nie hatte ich sie zu Gesicht bekommen. Es ist Adele Bach, Besitzerin eines Baumarktes in der Eifel, und wie ich von Beate schon hörte, der Düsseldorfer Topstar beim Auditing.

»Guten Abend zusammen!«

Mit ihrer klaren, rauchigen Stimme begrüßt Beate die Anwesenden und alle huschen auf ihre Stühle.

»Als erstes möchte ich euch eine tolle Neuigkeit erzählen. Wollt ihr sie hören?«

»Ja«, rufen die meisten zurück und Beate lächelt herausfordernd. »Adele hat heute Grad IV abgeschlossen, und ich möchte sie zu diesem Erfolg beglückwünschen.« Die meisten scheinen zu wissen, was ein Grad IV ist, und beginnen begeistert zu klatschen.

Adele erhebt sich, lacht, wird ganz ernst und lacht von neuem. Beate schmunzelt: »Das mit dem Lachen bekommen wir auch noch hin, nicht wahr?« Diesmal lachen alle mit, aber Adele wieder am lautesten. »Ich möchte mich bei allen bedanken, die mir weitergeholfen haben, besonders natürlich bei meinem Auditor Jens, der so viel Geduld mit mir hat.« Lautes Lachen. »Ich hatte phantastische Gewinne und weiß jetzt, daß ich meine Fixierungen im Leben losgeworden bin und die Fähigkeit habe, neue Dinge zu tun. Natürlich gilt mein ganz besonderer Dank L. Ron Hubbard.«

Wie auf Kommando stehen alle auf und drehen sich

zur Wand, wo ein riesiges Bild von Mr. Hubbard hängt. Frenetischer Beifall brandet durch die Menge, und das Klatschen geht in Stakkato über.

»Wir kommen jetzt zum eigentlichen Höhepunkt des Abends«, beginnt Beate, nachdem wieder Ruhe eingekehrt ist, »wir präsentieren das neueste Werk von L. Ron Hubbard: ›Der Weg zum Glücklichsein‹.«

Beate spricht über goldene Lebensregeln, die jeder einhalten kann, aber mein Interesse hat sich inzwischen einer ganz anderen Sache zugewendet. Hinter Beate an der Wand hängt ein fast zwei Meter großes Kreuz. Was hat das Symbol für das Leiden Christi hier zu suchen? Bisher habe ich in Scientology nie jemanden beten sehen, und auch ich bin nicht hier, um mich religiös zu betätigen. Ich versuche, einen Blick von Cordula zu erhaschen, die zwei Reihen vor mir sitzt, aber sie lauscht aufmerksam Beates Vortrag. Bei genauerer Betrachtung entdecke ich an diesem Kreuz einige Besonderheiten. Durch zwei Schrägbalken bekommt es acht Strahlen, und auch die kugelförmigen Enden an den Hauptbalken kenne ich so nicht. Es ist ein Symbol, aber für was? Hubbard und die Scientology geben mir ununterbrochen Rätsel auf.

Beate kommt zum Ende ihres Vortrags und fordert uns nun auf, den »Weg zum Glücklichsein« im Zwölferpack zu kaufen, um unseren Freunden ein Geschenk zu machen. Rotwein oder Bier üben jedoch im Augenblick eine wesentlich größere Anziehungskraft auf mich aus, und so verdrücke ich mich in die hinterste Ecke und bediene mich ausgiebig. Cordula schwirrt von Gruppe zu Gruppe, fühlt sich sichtlich wohl und bleibt in einem längeren Gespräch mit dem Macroidioten, wie ich ihn innerlich bereits genannt habe, verstrickt.

Auf dem Büchertisch habe ich ein Büchlein über das Leben von L. Ron Hubbard entdeckt, das meine Neugier fesselt. Was für ein Tausendsassa! Eine wahrhaft abenteuerliche Lebensgeschichte des Forschers, Schriftstellers, Philosophen und Religionsstifters. Das erklärt auch das Kreuz, Scientology ist also doch eine Religion!

Beate steht plötzlich neben mir. Sie hat den siebten Sinn für meine Krisen.

»Du wirkst heute so nachdenklich. Welches Wort hast du nicht verstanden?«

»Religion!« platze ich heraus. Selbst bei einem harmlosen Event fühle ich mich schon wie im Kurs. Die Standardfrage bei jedem kritischen Gedanken: Welches Wort hast du nicht verstanden? Immer bin ich der Idiot, der ein Wort nicht verstanden hat. Schlag die Definition nach, mache einen Satz mit diesem Wort, mache noch einen Satz mit diesem Wort.

»Du kannst es für dich klären, was Religion für dich bedeutet«, sagt Beate sanft. »›Wahr ist für dich das, was du selbst als wahr erkennst‹, sagt Ron. Du mußt in Scientology nichts glauben, sondern deine eigene Wahrheit finden.«

»Ist es denn für dich eine Religion?« will ich wissen. Beate lächelt weiter verständnisvoll: »Meine Wahrheit muß nicht deine sein. Finde es für dich selbst heraus.«

Damit läßt sie mich stehen und wendet sich anderen Gästen zu. Scientology ist für mich eine Wissenschaft, die ich in meinem Leben anwenden will. Wir machen den Fähigen fähiger. Deshalb bin ich hier, und alles andere wird jetzt ausgeklammert. Mit diesem Entschluß bin ich wieder mit mir im reinen, und mich interessiert auch nicht mehr, ob eine Adele auf Grad IV ihre Fixierung losgeworden sein will und dennoch hysterisch weiterlacht. Das ist nicht mein Problem.

»Du hattest recht, ich habe mir nochmals alles durch den Kopf gehen lassen«, sagt Manfred und reicht mir ein Bier. Heute darf ich eins trinken, der nächste Kurstag ist erst übermorgen. Eine der Kursregeln besagt, 24 Stunden vorher keinen Alkohol zu trinken.

»Womit hatte ich recht?« gebe ich aufgeräumt und freundlich zurück.

»Mit Hubbard und seiner DIANETIK. Mir sind da jetzt auch Zweifel gekommen. Man hat mir erzählt, daß diese Kurse unglaublich teuer sind und mit Religion überhaupt nichts zu tun haben.«

»Natürlich haben sie nichts mit Religion zu tun, wer erzählt denn solchen Unsinn. Scientology ist eine Technologie, eine Wissenschaft, die nach exakten Regeln arbeitet«, erkläre ich gelassen.

»Aber sie nennen sich doch Scientology Church, jedenfalls in den Vereinigten Staaten?«

»Also, was die Amerikaner machen, ist mir ziemlich egal. In Düsseldorf heißt es schlicht Scientology Center, und in Frankfurt ist es ein College für angewandte Philosophie. Ich habe noch keinen Priester gesehen, niemand betet dort, und einen Guru gibt es auch nicht.«

Manfreds Bedenken erscheinen mir nun doch etwas übertrieben.

»Die Menschen, die ich dort treffe, sind völlig normal. Geschäftsleute, Studenten und Angestellte. Sie lernen wie ich in einem Kursraum und die Kursgebühren sind, soweit ich das bis jetzt beurteilen kann, eher niedrig. Ein Kommunikationskurs ist beispielsweise bei der IHK wesentlich teurer. Letzten Sonntag haben wir übrigens viele neue Leute kennengelernt. Es gab einen Empfang, ein neues Buch von Hubbard wurde vorgestellt, und alles lief sehr locker ab. Sogar Bier und Wein gab es zu trinken.«

Doch so schnell gibt Manfred nicht auf: »Was willst du eigentlich in diesem Kurs? Das, was Cordula mir erzählt, klingt eher nach Streßtraining.«

»Du kennst ja Cordula«, erwidere ich lachend, »kaum wird es etwas anstrengender, spricht sie auch schon von Streß. Erinnerst du dich an unsere letzte Familienfreizeit? Da hast du abends so ein Spiel organisiert, bei dem man sich gegenübersetzen und sich anschauen mußte. Das gleiche machen wir in diesem Kurs, aber auf einer wissenschaftlichen Grundlage und unter Kontrolle einer Kursleiterin. Damals hat Cordula auch schon gemault und das ganze als blöd abgetan. Jetzt mußt du sie mal erleben, wenn es darum geht, wie man in einem Gespräch das Thema wechselt, ohne daß der andere es merkt. Mit solchen Dingen kommt sie einfach nicht zurecht. Sie steckt meist noch mitten in der Übung, während ich schon fast fertig bin. Aber so völlig erklären kann ich dir das alles nicht, Scientology muß man einfach machen, um es zu verstehen.«

So richtig zufriedenstellen kann ich Manfred offensichtlich nicht. Sein Gesicht bleibt nachdenklich, aber er hakt nicht weiter nach.

»Na schön, dir scheint es ja zu gefallen. Aber wenn du Informationen brauchst, kann ich sie besorgen. In München gibt es einen Sektenbeauftragten der evangelischen Kirche, ein Pfarrer Haack. Der sammelt auch Material über Scientology.«

»Siehst du, Manfred, das ist wieder einmal typisch. Für die Kirche ist alles, was ihr nicht in den Kram paßt, gleich eine Sekte. Du glaubst doch nicht im Ernst, daß ich mich einer Sekte anschließen würde?«

»Nein, das glaube ich wirklich nicht«, antwortet Manfred aufrichtig und gibt mir ein weiteres Bier.

4

Einführung in die Ethik
der Scientology

Versteckt feindselig

»Ich weiß nicht, was du tun wirst, aber ich habe mich entschlossen, mich in den nächsten Monaten sehr intensiv mit Scientology zu beschäftigen.«

Ich spreche kaum zu Cordula, sage es einfach in die vor uns liegende Dunkelheit hinein. Es klingt wie ein Gelübde. Der Kursabschluß hat mich berauscht und beflügelt, und die Erfolge der letzten Tage machen mich hungrig auf mehr. Das Kommunikationstraining hatte mich stark gemacht für Verhandlungen mit meinen Kunden. Ich war nicht mehr so leicht von meinen Vorstellungen abzubringen, besonders nicht, wenn es um Honorarverhandlungen ging. Ich setzte meine Forderungen durch, ohne mich, wie bisher üblich, herunterhandeln zu lassen. Bereits nach zwei gut bezahlten Aufträgen hatte ich die Kosten für das Kommunikationstraining wieder eingespielt.

Heike nahm mich gleich mit in ihr Büro und beglückwünschte mich zu meinem Erfolg. Natürlich könnte ich jetzt nicht aufhören, nachdem ich gerade mal die Grundlage studiert hätte. Mit dem nächsten Schritt käme nun die Anwendung, die praktische Umsetzung im Leben. Die Kursgebühren für meinen zweiten Kurs waren nur geringfügig höher und beliefen sich auf 350 Mark. Vorhersagbarkeit menschlichen Verhaltens, das hatte mich von Anfang an interessiert, und meine Entscheidung stand fest.

Wie erwartet und befürchtet, krebste Cordula immer noch in dem Kommunikationskurs herum, ohne wirklich von der Stelle zu kommen. Glücklicherweise hatte Beate rechtzeitig begriffen, wie unterschiedlich unsere Lerngeschwindigkeit ist.

»Komisch«, antwortet Cordula nun doch, »ich bin zu einem ganz anderen Entschluß gekommen, ich werde nicht mehr mitfahren.«

»Was soll das heißen?« fahre ich sie an, während ich mit überhöhtem Tempo durch den Verkehr steuere.

»Fahr langsamer, ich vertrage dieses Tempo nicht.«

Ihre Worte gehen an mir vorbei. Das ist es! Sie tritt immer auf die Bremse, will mich stoppen. Groll gegen Cordula und Euphorie halten sich noch die Waage. Ich verstehe nicht, warum ich plötzlich so erbittert bin. Cordula hat mir doch nie etwas getan, und wir sind nun einmal unterschiedlich, das ist keine neue Erkenntnis. Dennoch habe ich plötzlich das Gefühl, sie lebt in einer völlig anderen Welt, einer Welt, mit der ich nichts mehr zu tun haben möchte.

»Ich habe heute mit Beate gesprochen«, fährt Cordula fort. »Sie meint, du bist sehr begabt und ich sollte stolz auf dich sein. Das braucht die mir nicht erzählen!«

Beate versteht mich, denke ich stolz, aber ich unterbreche Cordula nicht.

»Aber wir wollten doch etwas gemeinsam machen und keine getrennte Entwicklung, wie Beate es vorschlägt. Wir führen schließlich eine Ehe und keinen Leistungskampf.«

»Oh, ein wenig mehr Ehrgeiz könnte unserer Ehe

kaum schaden«, werfe ich ein. »Die schöne, heile Welt gibt es nicht. Man muß sich die Welt erobern, und zwar täglich.«

»Du mit deinem blinden Ehrgeiz, du merkst überhaupt nicht, wie man dich ausnutzt, dein Talent stiehlt und dich in etwas hineinzieht, das dich ins Unglück stürzen wird.«

»Mich nutzt niemand aus«, reagiere ich wütend, »die einzige, die mich jemals ausgenutzt hat, bist du, und jetzt bist du nur sauer, weil ich dein Spiel durchschauen könnte. Wenn es nach dir ginge, dann müßte ich ein Spießer werden, der jeden Abend um fünf zu Hause ist. Ein Spießer mit geregelter Arbeitszeit, der blind Befehle ausführt und dafür Anspruch auf Pension bekommt. Das lasse ich mit mir nicht machen. Ich will frei sein, will wieder Kunst machen und berühmt werden. Ich habe dieses Durchschnittsleben gründlich satt, will nicht so leben wie meine Eltern und schon gar nicht wie deine. Schau dir deinen Vater an! Ein guter Bildhauer, der seinen vertanen Chancen nachweint. Er hat faule Kompromisse geschlossen, um für die Familie da zu sein, und ist Dozent geworden, so wie du es auch von mir verlangst. Jetzt ist er zu alt und zu schwach, um sich seinen Skulpturen zu widmen. So will ich nicht enden.«

Meine ganze Wut lasse ich heraus, meine Angst, ein durchschnittliches Leben führen zu müssen. Ich will nicht den Erfolg um jeden Preis, aber ich will es wenigstens versuchen.

Cordula sagt kein Wort mehr. Wenn sie sich getäuscht fühlt, ist es ihre Sache. Meine Erwartungen wurden nicht nur erfüllt, sondern weit übertroffen. Schweigend fahren wir den Rest der Strecke nach Hause. In

Gedanken bin ich schon beim neuen Kurs über die Vorhersagbarkeit menschlichen Verhaltens.

»Kommt Cordula heute nicht?«

Vielleicht etwas zu achtlos zucke ich die Achseln. Ein wenig ärgere ich mich schon, daß Cordula einfach aufgibt, aber ich kann nichts daran ändern. Beate geht auch nicht weiter auf das Thema ein. Wieder fällt mir auf, wie phantastisch die Scientologen ihre Gefühle unter Kontrolle haben. Diese Stabilität möchte ich auch erreichen. Dazu mache ich ja auch meinen nächsten Kurs.

Allein im Kursraum kann ich mich kaum konzentrieren. Beate bleibt verschwunden und ich sitze vor meinem neuen Kursmaterial. Schon der erste Blick zeigt mir eine weitaus kompliziertere Materie als in dem Kommunikationskurs. Ich fühle mich sowohl sprachlich als auch intellektuell gefordert, leise Zweifel beschleichen mich. Bin ich hier auf dem richtigen Weg? Es erscheint mir als Wagnis, eine mir unvertraute Sprache zu lernen, Begriffe und Definitionen zu akzeptieren, die ich noch nie vernommen habe. Hubbard beschäftigt sich mit dem Gebiet des Geistes, des Verstandes, mein Fachgebiet ist das der Werbung, der Kunst und der Fotografie. Meine Kenntnisse der Psychologie sind gering. Soll ich noch jemanden um Rat fragen, oder soll ich mich auf meinen gesunden Menschenverstand verlassen? Beate kommt herein, und ich wage nicht, meine Zweifel und meine Unsicherheit zu zeigen. Warum auch diese Angst? Wenn es brenzlig werden sollte, kann ich immer noch aussteigen, so wie Cordula. Die Studiengebühren von 350 Mark könnte ich zurückfordern und der Fall wäre erledigt.

Das Auf und Ab im Leben. Mutter sagte immer »himmelhochjauchzend, zu Tode betrübt«, wenn ich meine Stimmungsschwankungen hatte. Hubbard geht diesem Phänomen auf den Grund. Es gibt Menschen, die einem sofort die Stimmung verderben können. Stimmt! Das ist ein ganz bestimmter Typ mit ganz bestimmten Eigenschaften, schreibt Hubbard.

Meine Neugier kehrt zurück, mein Interesse wächst. Dennoch bin ich froh, als es endlich zehn ist. Mir schwirrt der Kopf. Beate scheint zu merken, daß es mir nicht sonderlich gutgeht. Sie sieht mich aufmerksam an und bittet mich in ihr Büro.

»Ich habe mit Cordula telefoniert. Sie war sehr freundlich, aber sie möchte den Kurs nicht zu Ende machen. Hier ist das Geld zurück, abzüglich des Betrages für das Kursmaterial.«

»Das finde ich aber sehr anständig. Tut mir leid, ich hatte gehofft, Cordula hätte etwas mehr Ehrgeiz.«

»Ist schon in Ordnung«, winkt Beate lächelnd ab. »Scientology ist eben nicht für jeden das Richtige. Wenn du dich im Augenblick etwas verwirrt fühlst, dann ist das völlig normal. Es ist ein gutes Zeichen dafür, daß du dich damit auseinandersetzt und zu verstehen beginnst.«

Dankbar für Beates Verständnis und für ihre Aufmunterung, nehme ich das Geld entgegen und verspreche, morgen wieder da zu sein. In mir soll sie sich nicht täuschen, ich bin aus einem anderen Holz geschnitzt.

Ihre Worte wirken in mir nach, als ich nach Hause fahre. Die Zweifel kehren zurück, die Angst vor dem Wagnis, Hubbards Forschungen über das menschliche Verhalten nicht nur ernstzunehmen, sondern auch konsequent anwenden zu müssen. Nach seiner Definition bin ich ein »Achterbahnfahrer«, jemand, dem es in einem Moment gut geht und im nächsten schlecht. Hoch und runter. Wenn ich seiner Logik weiter folge, so hängt meine Wechselhaftigkeit damit zusammen, daß ich mit antisozialen Persönlichkeiten in Verbindung stehe. In Düsseldorf geht es mir gut, dort arbeite ich mit der Hoffnung, mich weiter zu verbessern. Jens, Beate und Heike unterstützen mich dabei. Bei Cordula geht es mir schlecht. Sie will, daß ich mit Scientology aufhöre, sie macht mir ein schlechtes Gewissen. Diesem Geheimnis muß ich endlich auf die Spur kommen.

Endlich stoße ich auf den entscheidenden Hinweis: die von Hubbard erforschte Emotionsskala des Menschen. Menschliche Emotion und Reaktion verlaufen nach exakten Mustern, schreibt er. In jeder Emotionsstufe sind festgelegte Verhaltensweisen zu erwarten, und wenn man die bestimmte Emotionsstufe eines Menschen herausfindet, läßt sich auch vorhersagen, wie er sich verhalten wird.

Doch Menschen tarnen sich, versuchen, ihre Absichten zu verbergen. Man kann ihnen eben nicht in den Kopf schauen, denke ich seufzend. Wie soll ich herausfinden, in welcher Emotion sie sich wirklich befinden? Geduldig übt Jens mit mir die positiven, überlebensfreundlichen und die negativen, überlebensfeindlichen Emotionen. Beate ist für kurze Zeit in die Vereinigten Staaten geflogen, um irgendeinen Abschluß zu machen. Clearwater in Florida ist das große Technologiezentrum der Scientologen, das habe ich bereits von Hanne einmal gehört.

Wie auf einem Fieberthermometer sind die Emotionsstufen angeordnet. Heitere Gelassenheit ganz oben, Tod ganz unten. Jens bleibt freundlich, aber unnachgiebig. Immer wieder muß ich ihm Beispiele aus dem Leben nennen, Menschen die ich kenne und die in die eine oder andere Kategorie passen. »Menschen können doch ganz unterschiedlich sein«, sage ich verzweifelt, »es ist doch nicht möglich, daß sie in einer bestimmten Emotion feststecken!«

»Hast du noch nie einem Menschen gesagt, jetzt zeigst du mir endlich dein wahres Gesicht?« fragt Jens freundlich zurück.

Verblüfft muß ich dies zugestehen. »Du meinst also, daß die meisten Menschen nur schauspielern und ihre wahre Emotion verbergen?«

»Schau dir doch einen netten Journalisten an. Er lächelt, stellt interessiert Fragen und ohne Arg antwortest du ihm. Am nächsten Tag liest du dann eine fürchterliche Geschichte über dich in der Zeitung oder deine Kunst wird furchtbar verrissen. Für den Journalisten sind die schlechten Nachrichten gute Nachrichten. Wie würdest du ihn nun nach der Skala einordnen?«

»Natürlich ›versteckt feindselig‹«, antworte ich sofort.

»Ron nennt sie Chaoshändler, sie wollen nicht, daß Menschen sich verbessern, sie wollen nicht, daß es irgendeinem Menschen gutgeht. Sie greifen Scientology an, weil wir ihnen die Maske vom Gesicht reißen können. Jeder, der Scientology angreift, ist ein Krimineller.«

Tief erschüttert, arbeite ich weiter an meinem Material. Wenn Jens recht haben sollte, und daran kann ich eigentlich nicht zweifeln, dann enthüllt sich mir eine bittere Wahrheit. Unter »versteckt feindselig« finde ich in der Liste beunruhigende Eigenschaften: Sexualverbrecher. Negative Ethik. Verschlagene Unehrlichkeit ohne Vernunft. Pseudoethische Aktivitäten verbergen die Perversion der Ethik.

Mir wird übel. Wie sagte Jens? Jeder, der Scientology angreift, ist ein Krimineller. Und zu Hause sitzt meine Frau und kritisiert Scientology!

»Weißt du, Norbert, man müßte den Mut haben, ganz von vorne anzufangen.« Manfred starrt mich über sein Bierglas hinweg traurig und ein wenig ratlos an. Wenn dieser Priester schon zweifelt, wenn ihm weder Gott noch Glaube helfen, einen Weg zu finden, was soll mir dann noch helfen? Seit fast zwei Jahren diskutieren wir gemeinsam über den Sinn des Lebens, über Freundschaft, Liebe und Beziehung. Zwei friedliche 68er, die nicht den Weg der Gewalt gegangen sind, aber am Ende genauso ratlos dastehen. »Lieber im Stiefel, als unterm Stiefel«, wie oft hatte ich diesen Spruch zu hören bekommen. In langen Gesprächen mit Manfred hatten wir auch über Verantwortung gesprochen, aber auch dadurch war ich kein besserer Geschäftsmann geworden.

»Wenn man ganz neu anfangen will, muß man aber auch wissen, was bisher falsch gelaufen ist und wo man nun hin will. Wissen, nicht fühlen, das ist die Lösung. Aus meinem Gefühl heraus habe ich schon zu viele Fehler gemacht.«

Manfred nickt bedächtig. »Du meinst, die Dianetiker arbeiten mit Wissen?«

»Ja, schau dir doch die Menschen hier an. Ist dir noch nicht aufgefallen, daß sie alle nach bestimmten Mustern handeln? Ulrike und Uwe zum Beispiel. Seit Jahren die gleiche Beziehungskrise. Er liebt Eishockey, Kneipen und Sex, sie lebt nur für die Kinder und träumt von irgendwelchen Jugendstreichen.«

Manfred runzelt die Stirn und sieht mich fragend an.

»Was haben wir die letzten zwei Jahre gemacht? Wir treffen uns, spielen Kniffel, trinken Tee und jaulen uns ab und zu die Ohren voll, daß uns niemand versteht«, fahre ich eifrig fort. »Wir treten auf der Stelle, langweilen uns, weil einfach nichts mehr passiert. Niemand ist bereit, eine Herausforderung anzunehmen. Die Frauen betrachten ihre Männer als Besitz, die Männer die Frauen als austauschbare Lustobjekte. Wenn bei Ralf eine Beziehung nicht klappt, sucht er sich über Zeitungsannoncen eine neue.«

»Siehst du das nicht alles etwas einseitig?« wirft Manfred ein. »Sicher, was Ralf betrifft hast du recht, das ist mir auch schon aufgefallen.«

»Wenn du genau hinsiehst, wirst du bemerken, daß ich auch sonst recht habe. Selbst wir beide drehen uns im Kreis, auch wir jammern uns die Ohren voll, ohne wirklich etwas zu ändern. Nur wer bereit ist, sich zu bewegen, kann auch etwas verändern.«

Manfred blickt lange und unbeweglich zu Boden. »Gram«, denke ich. Ich meine die Tonstufe Gram, wie Hubbard sie beschreibt. Fast spielerisch beginne ich damit, die Informationen des Kurses einzusetzen. Hier unter diesen Menschen finde ich keine Hoffnung. Sie haben sich alle irgendwie arrangiert und werden stumpfsinnig ihr Leben zu Ende führen.

»Ich mache es!« Hart setze ich mein Bierglas auf den Tisch, so daß Manfred erschrocken hochzuckt.

»Was machst du?«

»Ich werde ganz von vorne anfangen.«

Ohne ein weiteres Wort drehe ich mich um und verlasse die Party der Hoffnungslosigkeit. In mir schwingt ein Triumphgefühl, endlich eine Entscheidung getroffen zu haben. Stark und unbesiegbar gehe ich an Cordula vorbei. Es ist das erste Mal, daß ich vor ihr nach Hause fahre. Noch habe ich keinen konkreten Plan, aber als Cordula ein paar Stunden später nach Hause kommt, stelle ich mich schlafend. Die letzte Gewißheit will ich mir morgen in Düsseldorf holen.

»Ich habe mich entschieden.«

Cordula hebt schlaftrunken den Kopf. Es ist eine idiotische Zeit für ein solches Gespräch. Ihr nachts um halb zwei mitzuteilen, daß wir uns trennen werden, ist sicher kein guter Zeitpunkt, aber wann ist dafür überhaupt die richtige Zeit? Soll ich bis zum Frühstück warten und beiläufig zwischen Sportseite und Kaffee sagen: »Ach übrigens, ich ziehe heute aus. Warte bitte nicht mit dem Essen auf mich.« Liebeserklärungen und Heiratsanträge kann man zu jeder Tages- und Nachtzeit machen. Auch wird es einem nicht übelgenommen, wenn man dabei hilflos herumstammelt. Das gilt als romantisch. Aber wie, wann und wo formuliert man eine Trennung? Vorsichtig setze ich mich auf die Bettkante, um nicht von oben herab reden zu müssen.

Cordula ist gewohnt, mit den seltsamsten Ideen und Einfällen überrascht zu werden, aber irgendeine Ahnung drohenden Unheils scheint sie jetzt zu beschleichen. Langsam setzt sie sich auf und lehnt sich an die Wand.

»Und du möchtest mir jetzt sagen, wozu du dich entschieden hast?«

Ich nickte. »Irgendwie liebe ich dich, aber wir haben uns immer mehr auseinander gelebt, je länger wir verheiratet sind. Wir verfolgen nicht mehr die gleichen Ziele, und ich frage mich sogar, ob wir jemals gleiche Ziele gehabt haben.«

Das Licht habe ich nicht angemacht, und im Halbdunkel des Zimmers sehe ich kaum ihre Reaktion auf meine Worte.

»Nach zehn Jahren Ehe fragst du plötzlich nach gemeinsamen Zielen. Findest du nicht, daß es etwas plötzlich kommt?«

In ihrer Stimme schwingt Erbitterung mit, die mich schlagartig wütend macht. Was bildet sie sich ein? All die Jahre hat sie sich mir beruflich verweigert. Meine vielen Zugeständnisse wurden kaum wahrgenommen, meine Entwicklung als Künstler permanent boykottiert. Hubbard hat mir die Augen geöffnet. Nun kann ich endlich sehen, wie meine eigene Entwicklung unter meiner Kompromißbereitschaft gelitten hat, nun kann ich sehen, wie Cordula wirklich ist. All die Jahre hat sie sich geschickt verstellt, mir ein übles Schauspiel geliefert. Immer noch wütend, greife ich nach Kissen und Decke. »Denk darüber, wie du willst, jedenfalls schlafe ich heute im Wohnzimmer.«

Kaum habe ich es mir auf der Couch bequem gemacht, da klappt auch schon leise die Tür. Cordula hockt sich ohne Licht zu machen auf den Boden. Sie sagt kein Wort, aber ich höre sie leise weinen. Jetzt nur nicht nachgeben, kein falsches Mitleid zeigen! Die entscheidenden Worte sind endlich ausgesprochen, und ein Rückzieher würde meine endgültige Kapitulation bedeuten. Vielleicht würde ich nie wieder eine Chance bekommen. Noch bin ich jung genug, meinem Leben eine entscheidende Wende zu geben. Auch meine Kinder würden von einem glücklichen Vater profitieren. Wie konnte ich nur so blind sein, diesen Konflikt zwischen Cordula und mir nicht in aller Deutlichkeit zu sehen. Sie hat mit ihrem Ausstieg in Düsseldorf deutlich gezeigt, daß sie an einer Weiterentwicklung überhaupt nicht interessiert ist. Dann muß sie eben die Konsequenzen tragen und zurückbleiben. Ich lasse mich nicht länger behindern und aufhalten, will weiter, will höher hinaus, will endlich frei sein. Einmal mehr bewährt sich mein Kommunikationstraining. Cordula kann mir mit ihren Tränen kein Gespräch aufzwingen, wenn ich es nicht will. Endlich bin ich stark!

Cordula weint noch eine Weile in der Küche weiter, aber irgendwann schlafe ich endlich ein.

»Du bleibst bei deiner Entscheidung?«

Cordulas Stimme klingt gefaßt, keine Spuren der Tränen im Gesicht und in der Stimme. Sie kommt in die Küche, als ich mir den Kaffee brühe.

»Wo sind die Kinder?« frage ich zurück, ohne auf sie einzugehen.

»Sandra und Helen sind unten bei den Eltern.«

Sie hat sich also sofort der Kinder bemächtigt. Es klingt nach Kampf. Sie will wohl Druck ausüben, glaubt, mich mit den Kindern erpressen zu können. Da wird sie sich aber täuschen! Sie scheint früh aufgestanden zu sein, um mit ihren Eltern zu sprechen und sich eine Taktik gegen mich zurechtzulegen. Ihre nächsten Worte bestätigen es.

»Ich möchte, daß du sofort ausziehst, heute noch. Die Kinder wirst du nur sehen, wenn ich es will.«

»Da habe ich wohl noch ein Wörtchen mitzureden!« Sandra steht in der Tür und blitzt Cordula wütend an. »Ich lasse mir meinen Papa nicht einfach von dir wegnehmen.«

Cordula zuckt hilflos zusammen. Unversehens ist sie zwischen zwei Fronten geraten, zuviel für sie. Entschlossen tritt sie den Rückzug an, faßt die schreiende Sandra am Arm und zerrt sie hinaus. Noch eine ganze Weile höre ich Sandra aus der Wohnung der Großeltern lautstark protestieren. Ich kann ihr im Augenblick nicht beistehen, aber ich bin sicher, daß sie mit ihren sieben Jahren groß genug ist, sich jedem Versuch der Beeinflussung zu entziehen. Nur bei Helen wird es schwieriger werden. Sie ist noch in einem Alter, wo man sehr leicht in eine bestimmte Richtung gedrängt werden kann. Aber es gibt Gesetze, die auch mir als Vater Rechte gewähren und sichern. Nachdenklich mache ich mich auf den Weg zur Arbeit, ohne mich von meinen Töchtern verabschieden zu können.

»Du bist gemein!« Helen läuft schreiend hinter mir her und bleibt zornbebend vor meinem Auto stehen. Sie funkelt mich wütend an: »Das kannst du nicht alles mitnehmen. Das gehört zu uns.«

Wie soll ich ihr das alles erklären? Ihr Zorn richtet sich dagegen, daß ich ein Gewürzbord mitnehme, das sie aus irgendeinem Grund liebgewonnen hat. Vielleicht sind es die schönen roten Kappen auf den einzelnen Gläsern, die den Eindruck vermitteln, als stünden viele kleine Puppen auf diesem Bord. Noch hat sie mit ihren fünf Jahren nicht begriffen, daß ich es bin, der geht, und nicht ein Gewürzregal. Cordula hat entschieden darauf bestanden, daß ich umgehend die gemeinsame Wohnung zu verlassen habe. Die Koffer mit meiner Wäsche hat sie schon gepackt, und ich suche mir noch einige Sachen zusammen, um einen Minimalhaushalt im Atelier führen zu können. Nachdenklich schaue ich auf Helen herab. Ich gehe in die Hocke und nehme sie in den Arm: »Sei nicht traurig, du wirst das Regal immer sehen, wenn du bei mir bist.« Aber mir bleibt keine Zeit für lange Erklärungen. Cordula zerrt Helen ins Haus, und während ich das Auto mit meinen Sachen belade, bekomme ich weder Sandra noch Helen erneut zu Gesicht.

»Du siehst schlecht aus. Hattest du einen harten Tag?«

Sabine schaut mich mitfühlend an.

Warum bin ich ausgerechnet zu ihr gefahren? Sie hatte mich zwar eingeladen, an einer kleinen Abschlußfeier ihres Gitarrenkurses teilzunehmen, aber nach der Auseinandersetzung mit Helen ist mir kaum nach Feiern zumute.

Sabine hat vor einigen Wochen in meiner Agentur ein vorbereitendes Praktikum für ihr Designstudium begonnen. Nach verschiedenen Versuchen mit Romanistik, Musik und Pädagogik wollte sie nun Grafikdesignerin werden. Sie erwies sich schnell als interessierte und engagierte Mitarbeiterin, die auch gerne abends länger blieb, um mich zu unterstützen. Als ich ihr einmal, fast nebenbei, von Scientology erzählte, zeigte sie sofort lebhaftes Interesse, und eines Abends traf ich sie überraschend im Kursraum in Düsseldorf. Nach einem Persönlichkeitstest hatte auch sie einen Kommunikationskurs belegt. Dadurch wurde sie zur einzigen Vertrauten, mit der ich in den letzten Wochen über meine Gedanken sprechen konnte, die sich während meiner Studien in Düsseldorf eingestellt hatten.

Ohne lange Umschweife erzähle ich ihr von der Trennung von Cordula. Sabine ist weder überrascht noch bestürzt. Eher nachdenklich sagt sie: »Ich habe schon seit einigen Tagen den Eindruck, daß Scientology will, daß du dich von deiner Frau trennst.«

Wie kann sie so etwas als Scientologin sagen? Sie ist zwar erst seit zwei Wochen auf dem Kommunikationskurs, aber sie müßte doch schon begriffen haben, daß niemand in Scientology gezwungen wird, irgend etwas zu tun, was er nicht will.

»Nein, das siehst du falsch. Ich habe mich ernsthaft und intensiv mit dem Studienmaterial auseinandergesetzt und habe meine eigene Entscheidung getroffen.

Niemals hätte ich mir von irgend jemandem da reinreden lassen.«

Sabine lächelt verhalten. »Komm erst einmal rein. Wenn du magst, können wir darüber reden, wenn meine Gäste gegangen sind.«

Später, als Sabine aufräumt, fragt sie fast beiläufig: »Und nun, was hast du für Pläne?«

Merkwürdig, ich habe tatsächlich überhaupt keinen Plan für die Zukunft, dennoch ist in mir eine seltsame Ruhe.

»Du magst darüber lachen, aber ich habe den Eindruck, als folge ich instinktiv meinem Schicksal, sozusagen einem großen Plan. Ich spüre etwas, das mich lenkt und sicher weiterleitet. Draußen steht mein Wagen, vollgepackt mit meinen Sachen, aber ich mache mir keine Sorgen.«

»Mir geht es ähnlich«, antwortet Sabine ernst. »Jetzt, da du darüber sprichst, muß ich sagen, daß ich genauso empfinde. Es war vor ein paar Tagen, ich trainierte mit Beate, da fühlte ich mich von etwas Starkem erfaßt, dem ich mich nicht entziehen konnte, ja, nicht entziehen wollte. Damals, als wir uns das erste Mal begegneten, hatte ich auch so ein Gefühl. Du warst zwar verheiratet und ich wollte niemals darüber sprechen, aber ich habe immer einen Menschen gesucht, mit dem ich das Leben gemeinsam begreifen kann. Vom ersten Augenblick an dachte ich, daß du dieser Mensch sein könntest.«

Verwirrt schaue ich Sabine an. War das eine Liebeserklärung? Erst vor wenigen Stunden habe ich Frau und Kinder verlassen, um einer Ungewissen Zukunft entgegenzusteuern, und nun habe ich bereits das Gefühl, einen gefährlichen Fluß überquert und wieder festen

Boden unter den Füßen zu haben. Ist dies bereits die Zukunft, vielleicht sogar eine gemeinsame Zukunft?

»Wenn du möchtest, kannst du heute nacht hierbleiben«, fährt Sabine fort. »Vielleicht ist es dir lieber, hierzubleiben, als allein im Atelier zu übernachten, bis du eine eigene Wohnung gefunden hast. Hier im Haus ist genügend Platz für uns beide.«

Sabines Angebot überrascht mich schon gar nicht mehr. Wie von selbst fügt sich alles zusammen. Eine geheimnisvolle Macht scheint mich zu führen, und ich beschließe, es mit mir geschehen zu lassen.

In der dritten Nacht lieben wir uns zum ersten Mal. Doch meine Geliebte ist wie ein verletztes Kind. Nur durch unendlich viel Zärtlichkeit kann ich die Mauer überwinden, die in der Vergangenheit um sie herum entstanden ist. Doch nun ist in ihr das Vertrauen erwacht, diese Mauer mit mir gemeinsam Stück für Stück abzubauen. Scientology ist plötzlich weit weg. Mit Sabine zusammenzuleben, mit ihr gemeinsam zu arbeiten, ist alles, was ich nun will. Ein neuer Anfang ist nur möglich, wenn wir jetzt einen dicken Schlußstrich unter unser bisheriges Leben ziehen.

Als sich Beate einige Tage später am Telefon meldet, reagiere ich eher gelangweilt.

»Norbert, ich möchte dich sehen, heute noch!« sagt sie energisch. Sie ist aus den Staaten zurück und hat wohl gemerkt, daß ich nicht mehr im Kurs war.

Warum sage ich nicht einfach nein, danke, kein Interesse mehr? Der Kurs ist bezahlt und wenn ich ihn nicht beende, ist das allein meine Angelegenheit. Aber sie hat eine Kraft in ihrer Stimme, die mich selbst über das Telefon in ihren Bann zieht.

»Wie ist deine Statistik?«

Verblüfft schaue ich Beate an. Mit allem möglichen hatte ich gerechnet: mit einer Moralpredigt, einem Versuch, mich von meiner Entscheidung abzubringen, Verständnis für Cordula zu wecken oder mich an meine Pflichten als Vater zu erinnern. Sabines Behauptung, Scientology habe diese Trennung schon länger gewollt, erscheint mir nach wie vor absurd. Mich hat niemand dabei beeinflußt und ich hätte es auch nicht zugelassen. Es war meine persönliche Entscheidung, bei der mir L. Ron Hubbards Materialien nur die Augen geöffnet hatten. Durch ihn hatte ich gelernt, meinen Verstand scharf und präzise einzusetzen, Menschen so zu sehen, wie sie wirklich sind. Bei Jens und Beate hatte ich da eher Bedenken. Sie mochten zwar länger Scientologen sein als ich, aber manchmal hatte ich den Eindruck, als ob sie ihren eigenen Hubbard nicht richtig analysieren und einsetzen könnten. Wenn Beate die Richtlinien für Unterdrückung verstanden hätte, würde sie mich jetzt nicht nach meiner Statistik fragen.

»Was meinst du damit?«

»Nun, ich will wissen, wie du dich seit der Trennung von Cordula fühlst? Kannst du arbeiten, geht es dir gut oder bist du deprimiert und ruhelos?«

Jetzt verstehe ich ihre Frage.

»Mir geht es sogar sehr gut, meine Stimmung ist ausgezeichnet.«

Beate lächelt: »Dann war deine Entscheidung richtig. Produktion ist immer ein Zeichen geistiger Gesundheit. Wer eine hohe Statistik hat, der hat keinen Fehler begangen. Du hast es ja längst verstanden. Du hast gesehen, daß Cordula eine niedrige Statistik hat, daß sie nicht produziert, und deshalb hast du dich auch von ihr getrennt.«

Erleichterung breitet sich in mir aus. Ich habe ihnen Unrecht getan. Über Statistiken und ihre richtige Auswertung habe ich zwar noch nichts gelesen, aber selbst mit dem Wenigen, was ich bisher studiert habe, konnte ich bereits eine richtige Entscheidung treffen. Statt der erwarteten Moralpredigt werde ich von ihr sogar gelobt.

»Du hattest also einen Gewinn?« fährt Beate fort. »Möchtest du ihn kommunizieren?«

Beate legt mir einen Erfolgsbericht vor. Was soll ich nur zum Abschluß meiner scientologischen Studien schreiben, wie sieht denn mein Gewinn aus? Nach einigem Überlegen greife ich zum Stift und schreibe meinen Erfolgsbericht:

»Der Kurs über Unterdrückung hat mir tiefe Einblikke in das menschliche Verhalten gegeben. Schon nach wenigen Daten war mir klar, wie ich nun mein Leben in die eigene Hand nehmen kann. Selbstbestimmung und richtige Entscheidungen sind nur möglich, wenn man die Daten über das Leben vollständig studiert und anwenden kann. Ich bin sehr froh, daß uns Ron Hubbard dieses unschätzbare Wissen zur Verfügung gestellt hat, und ich bin neugierig, welche Daten der Kurs noch für mich bereithält.

Alles Liebe, Norbert«

Verwirrt halte ich inne. Vielleicht sollte ich den Kurs doch zu Ende machen? Ein, zwei Wochen höchstens, so lange, bis Sabine ihren Kommunikationskurs beendet hat. Bis dahin könnten wir ja zusammen nach Düsseldorf fahren.

Beate liest strahlend meinen Erfolgsbericht und heftet ihn an die große Pinnwand im Flur. Alle können es jetzt lesen und sich daran ein Beispiel nehmen.

5

Der Aufstieg

Wir brauchen deine Hilfe

»Ich hätte gerne ein Kind von dir.«

Die Behauptung, Außerirdische wären soeben gelandet, hätte mich kaum mehr verblüffen können. Sabine steht lächelnd vor mir. Erwartet sie etwa eine Antwort?

»Ich liebe dich. Du bist der reizendste Mann, den ich je getroffen habe. Von dir möchte ich ein Kind, aber du mußt mich deshalb nicht heiraten, wenn du das nicht willst.«

Endlich finde ich meine Sprache wieder: »Nur zur Erinnerung, ich bin immer noch verheiratet und zwei Kinder habe ich schon. Wie stellst du dir das vor?«

Sabine schmiegt sich von der Hüfte bis an die Knie an mich und ich schaue auf sie herab.

»Du brauchst mich überhaupt nicht zu heiraten«, flüstert sie, »ich will dich nicht einengen, wie Cordula es tat. Jeder von uns soll frei sein in seinen Entscheidungen und Entwicklungen. Wir sind beide freie Wesen und dürfen uns durch kleinliche Vorstellungen nicht begrenzen.«

Der Gedanke, ein gemeinsames Kind zu haben, klingt plötzlich sehr angenehm. Sandra und Helen werden überwiegend bei Cordula sein. Ihr das Sorgerecht streitig zu machen, wäre nur unter sehr günstigen Umständen möglich. Wenn ich mich also für ein ganz neues Leben entschieden habe, warum dann nicht auch mit allen Konsequenzen ...

»Wenn wir gemeinsam ein Kind haben wollen, dann natürlich nur als Familie«, sage ich feierlich.

Sabine drückt nun ihren ganzen Körper an mich: »Ich habe gehofft, daß du das sagst, aber ich wollte dich nicht dazu zwingen.«

»Aber ehe wir gemeinsame Entscheidungen treffen, sollten wir miteinander unsere Ziele klären. Wenn wir heiraten und ein Kind haben wollen, muß unser Leben nach gleichen Prinzipien ausgerichtet sein. Ron sagt, niemand kann glücklich sein ohne ein bestimmtes Ziel. Ich bin Scientologe, und mein Ziel ist es, möglichst schnell CLEAR zu werden, die Brücke zur völligen Freiheit nicht mehr zu verlassen.«

Wortlos schmiegt sich Sabine enger an mich, und ich habe große Lust, mit ihr zu schlafen. Es ist Samstagnachmittag, die Sonne scheint, und im Licht dieses schönen Tages möchte ich den gerade geschlossenen Bund feiern. Aber Sabine löst sich von mir und wirkt plötzlich nachdenklich.

»Wenn ich ehrlich sein soll, so habe ich vieles noch nicht verstanden. Ich habe mir die Karte der Brücke immer wieder angesehen. Es sind so viele Kurse und Ausbildungsschritte vorgesehen, daß ich gar nicht weiß, wie ich das alles schaffen soll.«

»Es ist gar nicht so kompliziert, wie es auf den ersten Blick aussehen mag. Ron hat es für uns ganz einfach gemacht. Im Auditing kannst du alle deine Probleme erzählen und loswerden. Unser Verstand ist praktisch wie ein Computer, der das gesamte Leben aufzeichnet. Die falschen Informationen kannst du im Auditing finden und löschen. Ich habe es ja schon ausprobiert, es ist ganz phantastisch, ein unbeschreibliches Gefühl. Ich habe mich an Dinge aus meiner Kindheit erinnert, die ich längst vergessen hatte.«

»Und, hast du schon etwas löschen können?« fragt Sabine neugierig.

Verdutzt schaue ich sie an. »Ich weiß nicht genau«, antworte ich unsicher, »aber es geht ja erst einmal um das Prinzip. Ich habe bisher nur ein paar kleine Sitzungen gehabt, aber ich habe dabei schon gemerkt, daß es funktioniert. Du kannst es ja auch selbst lernen, so wie ich, und dann können wir uns gegenseitig auditieren, bis wir beide CLEAR sind. Was hältst du davon?«

Sabine lacht: »Ich wollte es dir ja nicht verraten, aber ich mache den Auditor-Kurs am nächsten Wochenende, dann komme ich auf dein Angebot zurück. Aber eins habe ich noch nicht verstanden, wie ist das mit meinem Thetan, warum muß ich den auch noch auditieren, wenn ich CLEAR erreicht habe?«

Milde lächelnd nehme ich ihre Hand: »Du hast keinen Thetan, sondern du bist einer. Du, also der Thetan, kontrollierst deinen Körper, und Auditing und Training sollen dir diesen Zusammenhang verständlich machen.«

»Der Thetan ist also der unsterbliche Teil von uns, die Seele?«

»So ungefähr, aber noch viel umfassender. Die Seele, so sagt man, kehrt einfach zu Gott zurück. Der Thetan hingegen bleibt als Ursache bestehen und kehrt zu einem neuen Körper zurück, wenn er wieder fähig genug dafür ist. Er braucht etwa 20 Jahre dafür, ehe er sich einen neuen Körper nehmen kann. Hat ein Thetan zu viele Fehler in einem Menschenleben gemacht, kann er unter Umständen keinen Menschenkörper finden. Dann irrt er herum, und so entstanden die Geschichten von

Poltergeistern und Gespenstern. Jemand hat einmal gesagt, es gibt keinen Gott außer dem Menschen. Damit meinte er wohl den Thetan, der aber auch ohne den Körper existieren kann. Das kann ich auch noch nicht alles einordnen, aber Beate hat mir über das Wesen des Thetans eine Menge erzählt und daß es sehr wichtig sei, auch den Thetan zu trainieren.«

»Was hat Beate dir denn erzählt?« will Sabine wissen.

»Also sie sagt, aber das ist eigentlich ziemlich geheim, jedenfalls für Anfänger, die Thetanen sind allmächtige Wesen und stammen aus einer anderen Galaxie. Sie waren einmal körperlos und konnten sich über Gedanken und Vorstellungen alles erschaffen, was sie nur wollten. Dann kam einer mit Namen Xenu auf die Idee, die anderen Thetanen für seine Zwecke und Ideen einzuspannen, sie also zu kontrollieren. Nachdem ihm dies gelungen war, hat er sie auf die Erde transportiert, um sie hier zu vernichten. Es waren vier verschiedene Gruppen, Künstler, Manager, Kaufleute und Verbrecher. Sie wurden bewacht, und erst Ron, als Thetan hat er den Namen Elron, ist es gelungen, diese Kontrolle zu durchbrechen. Deshalb gibt es nach CLEAR auch das Auditing für den Thetan, die Stufen des Operierenden Thetans also.«

»Das klingt aber merkwürdig«, sagt Sabine irritiert. Sie hat jedoch vor Aufregung rote Wangen bekommen.

»Frühere Leben oder mein Leben als Thetan kann ich selbst noch nicht so richtig einordnen«, antworte ich etwas unsicher, »ich akzeptiere es erst einmal als Theorie, als Erklärungsmodell. Aber wenn ich das einem Außenstehenden erzähle, wird der mich sicher für verrückt erklären. Vor einigen Monaten hätte ich wohl selbst noch so reagiert, aber andererseits habe ich keinen Grund,

Beate nicht zu glauben. Warum sollte sie mich belügen?«

Sabine nickt in Gedanken und scheint sich mit einem Problem zu beschäftigen. Ihre Wangen sind weiter vor Eifer und Spannung gerötet.

Vor ein paar Tagen hatte ich meinem Freund Bernd diese Theorie in vorsichtigen Worten vorgetragen, weil ich selbst zweifelte. Habe ich es hier noch mit Wissenschaft zu tun oder mit Science Fiction? Bernd jedoch fand diese Vorstellung nicht so ungewöhnlich. »Durch Evolution oder gar durch Mutation ist die Entwicklung der Menschheit kaum zu erklären. Wäre es nur die Evolution, säßen wir heute noch auf den Bäumen. Wäre es Mutation, gäbe es weltweit keine so gleichartige Entwicklung aller Menschen«, erklärte er mir, »aber warum sich dann plötzlich die Menschheit so sprunghaft in eine Richtung entwickelt hat und sich zum Herren der Erde aufschwingen konnte, das kann heute noch keiner erklären. Allerdings sollte man vorsichtig mit Spekulationen sein. Einfach zu behaupten, unser Geist sei aus dem Weltall über uns gekommen, ist eine Amateurerklärung.«

Bernd bleibt eben zu jeder Zeit korrekter Wissenschaftler und Chemiker, aber letztendlich bestätigten mir seine Worte, daß Hubbards Forschungen über den Thetan stimmen könnten.

Nachdenklich wende ich mich wieder an Sabine. »Da ist noch etwas, was ich mit dir klären wollte. Ron hat ein Verfahren entwickelt, das dem menschlichen Körper sämtliche Gifte entzieht. Es heißt *Reinigungs-Rundown*. Ehe wir ein Kind zeugen, möchte ich dieses Programm mit dir zusammen durchführen, damit unser Körper wieder einwandfrei funktioniert.«

»Welche Gifte meinst du, hast du früher einmal Drogen genommen?« will Sabine wissen.

»Unsinn, ich habe nur zweimal in meinem Leben Haschisch geraucht, dann nie wieder. Ich meine Zigaretten, Alkohol, alles was wir über die Nahrungskette oder die Luft als Gifte aufnehmen. Ron sagt, es lagert sich im Fettgewebe des Menschen ab und blockiert und vermindert sein Denken. Mit dem Reinigungsprogramm kann es herausgewaschen werden, und danach fühlt man sich, so erzählte mir Beate, wie neugeboren. Sogar der IQ soll dadurch sprunghaft ansteigen. Wenn du einverstanden bist, können wir Heike morgen sagen, daß wir es machen wollen.«

»Das ist eine gute Entscheidung«, meint Heike. »Ich finde es wirklich toll, wie ihr beide entschlossen eure gemeinsame Zukunft plant. Das Reinigungsprogramm dauert in der Regel etwa zwei Wochen. Ihr geht täglich fünf Stunden in die Sauna und nehmt verschiedene Vitamine ein. Die genauen Regeln wird euch Beate erklären.«

Sabine und ich nicken, wir wollen es unbedingt machen, auch wenn ich noch nie in der Sauna war. »Und was kostet das Programm?«

»Das Reinigungsprogramm ist Auditing und kostet 2.600 Mark, außerdem müßt ihr die Vitamine kaufen.«

»Für beide zusammen?« frage ich überrascht.

»Nein, pro Person.«

Sabine und ich schauen einander etwas betreten an. Mit so viel Geld hatte ich nicht gerechnet. Bisher waren unsere Kurskosten bei einigen hundert Mark im erträglichen Rahmen geblieben, aber daß Scientology auch so teuer sein kann, habe ich nicht gewußt.

»Ich fürchte, da müssen wir erst einmal etwas sparen.

Meine Außenstände in der Firma sind im Augenblick etwas hoch, aber wir werden uns dann in ein paar Wochen wieder bei dir melden.«

Heike nickt gelassen: »Kein Problem, ihr beide schafft das schon, da bin ich sicher.«

Zu dumm, daß die Beträge auch immer im voraus entrichtet werden müssen, aber im Augenblick kann ich den Betrag für Sabine noch nicht aufbringen.

»Mach ihn doch schon einmal allein«, schlägt Sabine vor, doch ich winke ab. »Wir werden ihn gemeinsam machen, auf die paar Wochen kommt es doch nicht an.«

»Ron sagt, Sexualität wird sublimiert in Kreativität und Produktion. Ich bin so froh, daß du das verstehst.« Seit Sabine Auditorin geworden ist, scheint sie keine anderen Interessen mehr zu haben. Nach ihrer ersten Sitzung als Auditorin war sie wie verwandelt, scheint von einer neuen Idee besessen zu sein, die Welt durch Auditing zu retten. Ich stimme ihr zu, aber so ganz bin ich nicht damit einverstanden. Was ist denn so schlimm am Sex, wenn wir uns lieben, warum soll diese Energie vergeistigt werden? Ich bin auch so schon kreativ und produktiv genug.

»Nun, wenn ich die Skala richtig im Kopf habe, wäre das 4,0, *Heitere Gelassenheit des Daseins*, aber da wir beide noch nicht CLEAR sind, wäre vielleicht 3,0 akzeptabler. Da steht *Interesse an Fortpflanzung*. Wir wollen doch ein Kind, oder?«

Sabine geht nicht auf meinen Scherz ein und studiert weiter die Wissenschaft vom Überleben.

Ein leichter Schatten fällt auf unsere Beziehung. Sabines Interesse an Scientology nimmt ungeahnte Ausmaße an. Sie investiert ihr ganzes Geld in Bücher. Hatte sie sich nicht vor einigen Wochen noch über Beate lustig gemacht, die nur Bücher von Hubbard las? Jetzt hat sie selbst schon diesen Punkt erreicht.

»Ich habe jetzt die Scheidung eingereicht. Die Kinder erzählten mir, daß du nun mit einer anderen Frau zusammenlebst.« Cordula verschränkt ihre Arme und sieht mich böse an.

Eigentlich will ich nur die Kinder zum Besuchstag abholen und nicht mit Cordula herumstreiten. »Es ist doch wohl meine Angelegenheit, mit wem ich jetzt zusammenlebe. Du brauchst wirklich nicht zu hoffen, daß ich jemals zurückkehren werde. Mein Leben verläuft in ganz anderen Bahnen als deines, und daran will ich auch nichts mehr ändern. Scientology hat meinem Leben einen neuen Sinn gegeben, und Sabine lebt nach den gleichen Prinzipien.«

»Schön, daß du es zugibst. Ich finde, eine scientologische Bezugsperson für die Kinder ist schon mehr als genug. Wenn sie jetzt auch noch von Sabine beeinflußt werden, ist mir das zuviel. Sandra beschwert sich schon, du würdest nur Zeitung lesen und Kaffee trinken und sie müßten mit Sabine komische Spiele spielen.«

»Falls es dich beruhigt, die Zeitung ist längst abbestellt.«

»Ach, jetzt liest du auch schon keine Zeitung mehr, damit du in deinem neuen Denken ja nicht negativ beeinflußt wirst!«

»Sag mal, was willst du eigentlich«, reagiere ich böse und gereizt, »erst soll ich keine Zeitung lesen, dann wieder doch? Aber du hast recht, in der Zeitung finde ich wirklich nichts Positives mehr. Ron hatte schon recht, als er sagte, nur eine schlechte Nachricht ist für die Journalisten eine gute Nachricht. Das muß ich mir nicht länger antun.«

»Mir scheint, daß ein kluger Kopf plötzlich engstirnig geworden ist. Du warst zwar anstrengend, aber deinen ehemals scharfen Verstand habe ich immer bewundert. Natürlich sollst du weiter deine Zeitung lesen, nur nicht gerade dann, wenn die Kinder bei dir sind. Kannst du das schon nicht mehr auseinanderhalten?«

Sandra und Helen stürmen heraus und unterbrechen unseren aufkommenden Streit. Ich sehe, daß Cordula weint, als sie sich abwendet und die Tür hinter sich schließt. Sie hatte ihre Chance auf ein gemeinsames Leben mit mir und wollte sie nicht nutzen, denke ich noch flüchtig und wende mich entschlossen den Kindern zu. Aber wie durch ein letztes stilles Eingeständnis an Cordula fahre ich mit ihnen ohne Sabine in den Zoo.

»Du bist gut drauf.« Bernd nickt anerkennend. »Ich habe dich nach der Trennung von Cordula schon in einer tiefen Krise gesehen, aber ich muß sagen, es scheint dir gut zu bekommen. Von allen Seiten wirst du lobend erwähnt. Sogar meine Mitarbeiter haben festgestellt, daß du dich positiv verändert hast.«

Bernd hat recht, und sein Lob tut mir gut. Auch wenn Sabine nun jeden Abend im Bett Hubbard liest, so organisiert sie doch in der Agentur die Arbeit ganz ausgezeichnet. Mir bleibt nun genügend Zeit für die kreative, die produktive Seite meiner Arbeit, und ich muß mich nicht länger mit Rechnungen und der Buchführung herumschlagen. Bernd, der einige Straßen weiter ein großes Fachlabor für Fotografie leitet, ist schon seit Jahren ein treuer und verläßlicher Freund für mich, auch wenn er mit Kritik und kritischen Bemerkungen nie hinter dem Berg hält. Gerade wegen seiner Offenheit habe ich ihn immer besonders geschätzt. In den letzten Wochen jedoch war er eher still und in sich gekehrt, und um so mehr freue ich mich nun, daß er zu seiner alten Offenheit zurückgefunden hat.

»Aber«, fährt Bernd einschränkend fort, »einige Ungereimtheiten sind mir doch aufgefallen. Früher warst du oft kritisch und nachdenklich, aber heute, scheint mir, hast du ohne ersichtlichen Grund ständig gute Laune.«

»Einen Grund habe ich schon, auch wenn er für Außenstehende nicht so ersichtlich ist. Ich habe so viel Neues kennengelernt, wie man mit sich selbst und anderen positiv umgeht, wie man die Tiefpunkte des Lebens überwindet und durch Ordnung und Disziplin einfach schneller arbeitet. Hast du schon einmal vom Drei-Körbe-System gehört?«

»Nein, was bedeutet das?«

»Du wirst es ganz schnell verstehen, weil es etwas sehr Grundlegendes ist. Du hast, genau wie ich, jeden Tag eine ganze Reihe von Vorgängen zu bearbeiten. Briefe und Anfragen kommen herein. Du schaust sie dir an, legst sie irgendwo hin, und willst sie später erledigen. Dann schaust du sie dir noch einmal an, um sie zu bearbeiten. Es kommt ein Telefongespräch dazwischen und du mußt sie dir noch einmal ansehen. Inzwischen hast du dir also einen Vorgang schon dreimal vorgenommen, ohne daß er wirklich abgeschlossen worden ist. Das ist ziemlich uneffektiv, du hast sehr viel Zeit verloren. Beim Drei-Körbe-System lernst du, sofort zu entscheiden, was du umgehend erledigen kannst. Jeder Vorgang verläßt deinen Schreibtisch also in einer maximal kurzen Zeit. Etwas kommt herein, du bearbeitest es, und es geht heraus. Es geht also ganz schnell in den dritten Korb. Drei Stationen! Was du nicht sofort erledigen kannst, legst du zur Bearbeitung in den zweiten Korb und klärst alle offenen Fragen, damit es möglichst schnell im dritten Korb als erledigt landet. Dieses einfache System beschleunigt deine Verwaltungsarbeit ganz ungemein.«

Bernd ist beeindruckt. »Das ist also Scientology?« fragt er verblüfft.

»Das ist erst der Anfang«, erkläre ich stolz, »Scientology ist ein funktionierendes System, mit dem man Probleme des Lebens und des Denkens lösen kann. Du kannst deine Effizienz gewaltig erhöhen, indem du lernst, alles Störende auszuschalten und dich auf das Wesentliche zu konzentrieren.«

Bernd schaut mich nachdenklich an, als wolle er sagen, irgend etwas ist da richtig, irgend etwas scheint mir dennoch grundlegend falsch zu sein.

»Norbert, wir brauchen deine Hilfe.« Beate zieht mich in ihr Büro. »Jens fährt zu einer Messe nach Berlin, wo wir unser Scientology Center vorstellen wollen. Du hast doch Erfahrung, wie man so etwas macht.«

Geschmeichelt nehme ich Platz. Beate zeigt mir immer wieder, wie wertvoll ich bin. Es ist mir eine Ehre, Jens und Beate auch einmal helfen zu können. Sie hatten sich all die Monate liebevoll um mich gekümmert, hatten mir unablässig Wege gezeigt, Scientology im Leben richtig anzuwenden. Ich war ihnen zutiefst dankbar.

»Natürlich helfe ich euch. Ich bin schon lange der Meinung, daß man das Scientology Center noch viel bekannter machen müßte.«

Beate lobt meine spontane Zusage. »Auf dich können wir uns wirklich verlassen. Schon lange wollte ich dir sagen, wie stolz ich auf deine Entwicklung bin. Am Anfang mochte ich ja Cordula lieber. Du wirktest so verschlossen und kritisch, daß ich dachte, mit dir bekämen

wir nur Schwierigkeiten. Dann war es aber genau umge-
kehrt. Cordula war viel zu schwach für dich, und ich bin
froh, daß du in Sabine nun die richtige Partnerin gefunden hast.«

»Habt ihr schon einen Plan, wie ihr euch in Berlin
präsentieren wollt?«

Beate holt ein paar Zettel hervor und gibt sie mir.
Mitarbeiterporträts, Listen für den Büchertisch und Informationen über L. Ron Hubbard. Wirklich keine
Struktur, keine Ahnung von exaktem Briefing. Es wird
wirklich Zeit, daß ich ihnen einmal werbetechnisch unter
die Arme greife.

»Gibt es denn schon Fotos, habt ihr ein Standsystem,
habt ihr Reinzeichnungen vom Scientology-Zeichen?«

Beate schüttelt verwirrt den Kopf: »Nein, aber deshalb bitten wir dich ja um Hilfe.«

Da wollen sie die Welt retten, aber von den grundle-
genden Notwendigkeiten der Werbung haben sie keine
Ahnung. Höchste Zeit, einen Fachmann zu Rate zu ziehen, denke ich seufzend.

»Ich glaube, wir sollten eine Scientology-Werbeagen-
tur aufmachen«, sage ich auf dem Heimweg zu Sabine.
»Beate und Jens haben überhaupt keine Ahnung davon,
und wir könnten die Scientology-Technologie auch ge-
winnbringend für unsere Kunden einsetzen. Statt Kom-
munikationsdesign zusätzlich Kommunikationstraining,
Statistiken und Public Relations. Schließlich haben wir
einen guten Draht zu vielen scientologischen Geschäftsleuten, wie Bernd Samper mit seinen Immobilien, Adele
mit ihrem Baumarkt, Dieter Buch mit seiner Farbenfa-
brik und natürlich Ludwig und Hanne mit STOFF UND
NÄHEN. So könnten wir das Angenehme mit dem
Nützlichen verbinden. Was hältst du davon?«

Sabine nickt begeistert: »Das wäre wirklich toll, wir mit unserer positiven Strahlung könnten den Menschen endlich wirklich helfen, erfolgreich und glücklich zugleich zu sein.«

6

Auditing, Clear und Thetan

Ich bin unsterblich

»Was fühlst du?«
  »Nichts.«
  »Danke! Wiederhol das bitte.«
  »Nichts.«
  »Gut! Noch einmal.«
  »Nichts.«
  »Prima! Noch einmal.«
  »Nichts, nichts, nichts, nichts.«
  Erschöpft halte ich inne.
  »Danke«, dringt Marions Stimme wie durch eine Wolkendecke irgendwo in mein Bewußtsein. Ihre Stimme ist wie immer ruhig, sachlich und neutral. Sie auditiert mich seit einigen Wochen. Anfangs mochte sie mich nicht besonders. Für eine konservativ eingestellte Geschäftsfrau waren meine Haare einfach zu lang. Nach der ersten gemeinsamen Sitzung hatte sie jedoch ihre persönlichen Bedenken abgelegt und auditierte mich nun mit großer Freude. Inzwischen hatte ich auch selbst meine Schulung zum Auditor abgeschlossen, und die Rituale zu Sitzungsbeginn waren mir alle vertraut: die Augen zu schließen, sich in Sammlung zu begeben. Dann fragt der Auditor nach dem Befinden, ob es einen Grund gibt,

die Sitzung nicht zu beginnen, setzt den *Löscher* und sagt: »Dies ist die Sitzung.«

Aber auch nach einigen Wochen ist mir immer noch nicht klar, ob ich meinen Erinnerungen trauen kann. Der völlige Verlust meines Zeitgefühls und viele andere Wahrnehmungen und Zustände lassen mich immer noch an Trance und Hypnose denken. Habe ich das, was ich in der Sitzung erzähle, nun wirklich erlebt, oder gaukelt mir meine Phantasie all diese Geschichten und Erinnerungen vor? Hubbard sagt, im Prinzip gäbe es so etwas wie Phantasie überhaupt nicht. Es seien ausschließlich Erinnerungen aus dem Leben, die wie auf einem gigantischen Videoband aufgezeichnet werden und bei Bedarf abrufbar seien. Die Zeitspur, wie dieses Videoband von Hubbard genannt wird, zeichnet jedoch nicht nur Bilder und Ton auf, sondern sämtliche Sinneseindrücke. Riechen, schmecken, fühlen usw., alle fünf Sinneswahrnehmungen und alle erdenklichen Gefühlslagen wie Angst, Trauer oder Freude würden sorgfältig aufgezeichnet, jede Sekunde eines jeden Lebens. Also auch der früheren Leben? Noch habe ich keine Vorstellung davon, wie es sein könnte, plötzlich in ein früheres Leben hineinzugeraten. Nur mit Hilfe eines Auditors und seiner Fragetechnik könne man nun diese Zeitspur gefahrlos an jeder beliebigen Stelle abspielen und wiedererleben lassen, immer auf der Suche nach gefährlichen Engrammen, die einen Teil der Lebensenergie aufgesaugt hätten, wie Hubbard es nennt. Engramme, so schreibt er, entstehen aus Bewußtlosigkeit und Schmerz, bilden die Negativenergie, die unser Leben zerstören kann. Engramme müssen gelöscht werden.

Freunde warnen mich immer wieder vor diesem Verfahren, sprechen von drohendem Realitätsverlust, gar der Gefahr einer schweren Psychose. Der menschliche Verstand sei der Wiederholungstechnik nicht gewachsen. Streß sei für den Verstand nur in begrenztem Umfang auszuhalten. Aber ich halte das für groben Unsinn, üble Propaganda unserer Feinde. Um mich herum sind so viele Menschen, die seit Jahren auditiert werden. Bei keinem kann ich einen Realitätsverlust entdecken. Ganz im Gegenteil. Sie sind viel aufmerksamer und positiver als alle anderen Menschen, die ich kenne. Ihre Vorstellungen von Vergangenheit und Zukunft sind viel realistischer, weil sie den Aberglauben überwunden und die Wissenschaft anerkannt haben.

»Mir ist kalt«, klage ich.

»Fein. Wiederhole das bitte.«

»Mir ist kalt!«

Meine Haut zieht sich schmerzhaft zusammen, Lichtreflexe explodieren auf der Netzhaut.

»Okay. Wiederhol das bitte.«

Ruhig und gelassen kommt Marions Aufforderung. Ich halte die Augen geschlossen, obwohl ich jetzt gern geraucht hätte. Eine nervöse Anspannung in mir sucht nach einem Ventil. Wie lange sitzen wir hier schon?

»Mir ist kalt.«

»Danke! Noch einmal.«

»Mir ist kalt, mir ist kalt, mir ist kalt, mir ist kalt.«

»Danke. Warum ist dir kalt?«

Warum ist mir kalt? Graugrünes Licht wabert vor meinen Augenlidern. Was soll ich antworten?

»Ich wiederhole meine Auditinganweisung. Warum ist dir kalt?«

Marion läßt nicht locker. Sie will eine Antwort. Immer wieder fragt sie, warum mir kalt ist. Ich fühle mich den drängenden Fragen, den ständigen Wiederholungen hilflos ausgeliefert. Ein Aufbegehren, ein Ausstieg aus der Sitzung würde das Ende bedeuten. Wenn ich die Gesetze des Auditings in Frage stelle, dann muß ich Scientology insgesamt in Frage stellen. Graugrünes Licht. Graugrünes Wasser? Ich beginne, wild zu assoziieren. Im Wasser ist mir immer kalt.

»Ich wiederhole die Auditinganweisung. Warum ist dir kalt?«

Entschlossen antworte ich: »Weil ich mich im Wasser befinde.«

Marions Stimme klingt beglückt. Sie hat einen Zipfel meiner Eindrücke erwischt und will jetzt mehr. Noch weiß ich nicht, wie es weitergehen soll. Was könnte noch graugrün und kalt sein? Hat das überhaupt eine Bedeutung? Wonach suchen wir? Mir ist einfach kalt, so wie mir manchmal eben warm ist. Ich denke an die Lichtblitze, die Farbkaskaden meiner Kindheit, wenn ich nachts im Bett die Fingerspitzen auf die Augen drückte. Dieses Licht stammte doch nicht von der Zeitspur, oder?

Marion läßt nicht locker. So habe ich es ja auch selbst schon im DIANETIK-Auditing-Kurs gelernt. Weiterfragen, wiederholen lassen, bis sich etwas einschaltet. Irgend etwas schaltet sich immer ein, sagt Hubbard. Die Abwehrmechanismen in den Engrammen auf der Zeitspur müssen zerstört werden, egal, wie sich der Preclear dabei auch windet und quält. Immer weitermachen, ihn in Sitzung halten.

»Was hörst du? Was fühlst du? Was riechst du? Was schmeckst du?«

Ihre Fragen hämmern auf mich ein. Sie geht die Sinneseindrücke durch, um einen weiteren Zipfel meiner Erinnerung zu erhaschen. Angestrengt horche ich in mich hinein. Wenn ich mich im Wasser befinde, dann müßte ich doch etwas hören.

»Ich höre die Brandung«, antworte ich entschlossen, und tatsächlich verspüre ich etwas, das eine Meeresbrandung sein könnte. Fast schon glaube ich, die Salzluft zu schmecken und den Fischgestank zu riechen. Marion hat nun den Strang in der Hand und läßt mich tiefer und tiefer in den dunklen Schacht meines Unterbewußtseins hinab. Meine Abwehr wird von Mal zu Mal schwächer. Ich suche nach plausiblen Erklärungen, und immer mehr Bilder schieben sich vor mein geistiges Auge.

Ein stechender Schmerz zuckt durch meinen Arm.

»Was fühlst du?«

»Schmerz.«

»Danke! Wo fühlst du den Schmerz?«

»Im Arm.«

»Fein. Was ist mit deinem Arm?«

»Weiß nicht, er tut weh.«

»Gut. Wiederhole bitte: Er tut weh.«

»Er tut weh.«

»Danke! Noch einmal.«

»Er tut weh, tut weh, tut weh.«

»Prima! Wo befindest du dich jetzt?«

Mir ist kalt, mein Arm schmerzt, und ich fühle mich hilflos und allein, wie auf dem Boden eines kalten, grünen Sees.

»Ich wiederhole meine Auditinganweisung: Wo befindest du dich jetzt?«

»Auf dem Boden eines kalten, grünen Sees«, antworte ich instinktiv und dumpf. Suche ich nach logischen Erklärungen, versuche ich, die Bilder zu verknüpfen? Immer noch versuche ich, die Kontrolle über mich zu behalten, doch ich merke, wie mir langsam die Fäden aus der Hand gleiten. Tiefer und tiefer sinke ich, und ich flüstere es auch.

»Wohin sinkst du?«

»Unter Wasser.«

Eine hermetisch geschlossene Glocke stülpt sich über mich, ich atme stoßweise, wie unter einer schweren Belastung. Das graugrüne Licht wird dunkler, weiße Blasen ziehen vor meinem Gesichtsfeld vorbei. Luft wird stoßweise durch den Schlauch in meinen Taucheranzug gepumpt. Die Dunkelheit nimmt zu, und ich schalte die Lampe ein. Voller Ekel pralle ich zurück, als ich im Licht der Lampe Leichenteile sehe. Zerfetzte Körper schwimmen im Wasser, und schaudernd versuche ich, das Licht auf etwas zu richten, das meine gereizten Sinne beruhigen könnte. Was geschieht mit mir, wo bin ich? Mein Körper dreht und windet sich im Sessel, so wie ich mich im Wasser drehe und winde. Großmäulige, ekelerregende Fische glotzen durch das Visier meines Taucherhelms. Abstoßende Geschöpfe, wie aus einem der schlimmsten Fieberträume, kriechen durch den Schlick, winden sich über algenüberdeckte Steine.

Ich beginne, fieberhaft nach dem geringsten Anhaltspunkt zu suchen, der mir diese Merkwürdigkeiten meines Unterbewußtseins erklären könnte. Es ist hoffnungslos. Je mehr ich mich gegen das Grauen stemme, das sich meiner bemächtigt, desto stärker betäubt es meine Sinne. Immer wieder ist es diese Stimme, die mich zwingt, hinzusehen, wahrzunehmen, was um mich herum geschieht, was ich dabei fühle, schmecke, rieche. Diese Stimme, die mich auffordert, meine Angst preiszugeben, meinen Ekel zu beschreiben, meiner Hoffnung, diesem Grauen entrinnen zu wollen, zu entsagen. Mit jeder Sekunde nimmt der alptraumhafte Schrecken zu, aber noch immer habe ich die Hoffnung, daß dieses Erlebnis ganz oder teilweise ein Hirngespinst meiner überreizten Sinne darstellt. Es ist nicht wahr, ich kann nicht mehr.

»Wiederhole bitte: Ich kann nicht mehr.«

»Ich kann nicht mehr. Ich kann nicht mehr. Ich kann nicht mehr.«

Was kann ich nicht mehr? Ich will aufgeben. Was will ich aufgeben? Was ist meine Aufgabe? Über mir ist das graugrüne Licht. Ich will zurück nach oben, an die Oberfläche, aber zwischen mir und dem Licht schwebt ein dunkler Schatten wie ein großes böses Tier. Dieser Schatten hindert mich daran, wieder aufzutauchen, ehe meine Aufgabe erfüllt ist. Was ist meine Aufgabe?

Meine Gedanken arbeiten fieberhaft. Wenn ich annehme, daß ich bei Verstand und wachen Sinnes bin, dann habe ich die Zeitgrenzen überschritten, dann berühren sich Vergangenheit und Gegenwart. Für eine Sekunde verharre ich in seelentötender Erinnerung, ehe die Erinnerung meine gequälte Seele erlöst. Ich wehre mich nicht länger gegen die drängende Stimme, denn ich weiß nun mit aller Klarheit, wo ich mich befinde.

Es ist Krieg. Unser Schiff steuert durch einen Ozean, ich weiß nicht welchen. Der dunkle Schatten des Schiffsrumpfes im grauen Licht über mir erinnert mich an meine Aufgabe. Ich kann erst nach oben zurückkehren, wenn sie erfüllt ist. Schwere Stahltrossen haben sich in der Schiffsschraube verwickelt, hindern das Schiff an der Weiterfahrt. Ich muß sie auseinanderschneiden, habe mich verpflichtet zu helfen. Als Taucher steige ich hinab in die eiskalten Fluten, überwinde meine Angst, weil ich helfen will. Ich weiß nicht genau wie, aber als ich das Stahlseil auseinanderschneide, reißt es mir den Arm ab. Entsetzt und wie gelähmt, erlebe ich den Verlust meines Armes, erlebe meinen Tod in den eiskalten Fluten.

»Danke! Was ist mit deinem Arm?«

»Der ist weg«, antworte ich gleichgültig. »Mein Arm ist weg, und mir ist kalt.«

Mir ist elend und zum Heulen. Salzwasser kommt mir auf die Lippen, mischt sich mit meinem Speichel. Hysterisches Schluchzen schüttelt mich plötzlich. Tränen. Salzwasser. Auf dem Boden eines kalten, grünen Sees. Ich ertrinke!

Eine Weile ist es still, keine neuen Fragen mehr. Ich gebe mich dem haltlosen Weinen hin. Ein Tuscheln aus der Ecke. Da wispern Marion und Beate. Mir doch egal! Mir ist kalt, ich bin allein mit dem Salzwasser, bin allein im Salzwasser, treibe ohne Arm durch kaltes, grünes Wasser. Irgend jemand drückt mir ein Papiertaschentuch in die Hand. Mein Bewußtsein hat sich träge gespalten. Da sind irgendwo Stimmen im Raum, aber die gehen mich nichts an. In Wirklichkeit treibe ich tot und kalt ohne Arm in kaltem, grünen Salzwasser. Armer Norbert! Tot und kalt. Erneut schluchze ich verzweifelt auf, im Angesicht meines eigenen Todes. Tot und kalt in kaltem, grünen Salzwasser, ohne Arm. Irgendwo kichert es in mir, fühle ich mich ein weiteres Mal geteilt, betrachte den im Wasser treibenden Körper. Habe mich gelöst von seinem Schmerz und seiner Trauer. Nun kichere ich vernehmlich. Laut und deutlich sage ich: »Tot und kalt, ohne Arm in kaltem, grünen Salzwasser!« Warum sage ich das? War das meine Stimme? Wer bin ich? Wo befinde ich mich?

»Wiederhol das bitte!«

Ich kichere in mich hinein und putze umständlich meine Nase. Danke für das Taschentuch! Warum bin ich tot?

Ach ja, der abgerissene Arm! Wie habe ich den Arm verloren? Marions Stimme fordert mich immer wieder auf, etwas zu sagen, weiterzusprechen, wenn ich stocke. Wiederhole das bitte. Wiederhole das bitte. Wiederhole das bitte. Endlos. Zeitlos. Die eigene Realität geht unter in endlos langen Wiederholungen: Gehe zum Anfang des Geschehens. Danke. Gehe durch das Geschehen. Danke. Was fühlst du? Danke.

Wiederhole das bitte. Danke. Zweifel an der eigenen Realität. Wer bin ich wirklich? Wo befinde ich mich? Gefühle kommen hoch. Immer wieder werde ich nach Gefühlen gefragt: Was fühlst du? Mir ist elend, ich fühle mich einsam und verlassen. Niemand steht mir bei!

»Danke. Was fühlst du?«

Ist ja nun vorbei und aus. Kein Arm, keine Freunde, einfach tot, kalt im Wasser. Ha! Soll ich mich darüber etwa aufregen? Ist ja zu komisch!

»Ich wiederhole meine Auditinganweisung: Was fühlst du?«

»Ist ja zu komisch.«

Lachen schüttelt mich nun. Ich bin tot, und ich bin lebendig. Irgendwie ist das in Ordnung.

»Möchtest du noch etwas mitteilen?«

»Nein.«

»Danke! Gelöscht. Ich werde jetzt langsam von eins bis zehn zählen. Wenn ich mit dem Finger schnippe, kannst du die Augen öffnen und du wirst dich munter und erfrischt fühlen.«

Als ich die Augen öffne, flutet das Licht grell auf meine Netzhaut. Die Sonne strahlt, das Leben ist einfach schön! Welches Leben? Dieses, frühere oder zukünftige? Mein Bewußtsein hat Grenzen überschritten, Grenzen, von denen ich bisher nicht einmal etwas ahnte. Nun weiß ich endlich, warum kaltes Wasser mir Ekel und Abscheu einjagt, warum ich mich beim Schwimmen schon nach wenigen Minuten immer »kalt und tot« fühle, mit blauen Lippen schnell das Wasser verlassen muß. Die Erfahrung des Todes im kalten Wasser ist also in mir gespeichert, hat auch mein jetziges Leben beeinflußt. Die erste Erfahrung eines früheren Lebens ist überwältigend. Ich habe es so deutlich gefühlt und wahrgenommen, daß ich nicht länger daran zweifeln kann. Es war so wirklich, daß es einfach wahr sein muß.

Marion umfaßt mich mit liebevollem Blick.

»Wie geht es dir?«

»Einfach phantastisch!« Und doch schwingt eine leise Unruhe in mir nach. Aber unter ihrem strahlenden Lächeln schmelzen verstörte Gedanken in mir dahin. Es ist wohl einfach nur das Unfaßbare, das mich noch ein wenig zaudern läßt, die überwältigende neue Erfahrung von Leben und Tod und Leben. Wie aus dem Nichts ist jetzt auch Beate da. Lächelnd drückt sie mir den Arm und legt ein Blatt vor mich hin.

»Du möchtest sicher deinen großartigen Erfolg auch den anderen kommunizieren, nicht wahr?«

Es wird ein überschwenglicher Erfolgsbericht: Dank an meine Auditorin Marion, Dank an den großartigen Ron Hubbard, der uns diese einzigartige Technologie übergeben hat. Danke, danke, danke!

Üblicherweise wird in Scientology nach jedem Erfolg, mag er auch noch so klein sein, ein Erfolgsbericht geschrieben. Auch Erfolgsberichte haben eine Statistik, das heißt, auch dahinter steht ein Mitarbeiter, der dafür sorgen muß, daß seine Statistik steigt und steigt und steigt. Aber es ist auch psychologisch wertvoll für die Organisation. Sollte doch tatsächlich jemand behaupten, es habe ihm »nichts gebracht«, so hält man ihm seine eigenen Erfolgsberichte unter die Nase. Da werden die meisten ganz kleinlaut. Und man kann andere bestens motivieren. Die Berichte hängen erst einmal öffentlich aus, so daß jeder andere Student nachlesen kann, welche herrlichen Gewinne für ihn noch zu erreichen sind.

Diese Auditingsitzung klingt noch lange in mir nach. Ich weiß genau, daß ich noch nie in meinem Leben in einem Taucheranzug gesteckt habe, aber die Sinneseindrücke waren so lebendig und so echt, daß ich keinen Zweifel mehr daran haben kann. Es ist offensichtlich, daß es frühere Leben gibt und daß der Verstand diese Erinnerung speichert und ins nächste Leben mit hinübernimmt. Zwar habe ich immer noch nicht die geringste Ahnung, wie das möglich sein soll, aber nachdem ich es ja »erlebt« habe, darf ich nicht länger daran zweifeln. Ich bin ein unsterblicher Thetan, der die Erfahrung vieler Leben in sich trägt.

»Meinen Glückwunsch«, sagt Heike. »Ich habe deinen Erfolgsbericht gelesen, du hattest ja wirklich einen riesigen Gewinn.«

Komisch, immer wenn es mir besonders gut geht, lande ich in Heikes Büro. Wie selbstverständlich nimmt sie meinen Arm und möchte etwas mit mir besprechen.

»Du bist ja jetzt schon lange genug bei uns, um zu verstehen, daß wir alle ein gemeinsames Ziel haben, nicht wahr?«

Ich nicke gehorsam. Heike formuliert immer so überzeugend. »Du willst doch sicher weiter an diesem Ziel mitarbeiten, und deshalb habe ich vorgeschlagen, daß du Mitglied bei uns werden kannst.«

Sie läßt es mir als ganz besondere Ehre erscheinen, nun auch ein offizielles Mitglied werden zu dürfen.

»Eine Mitgliedschaft in unserem Verein darfst du ebenfalls beantragen«, fährt sie strahlend fort und reicht mir zwei Formulare.

»Wieso denn gleich zwei Mitgliedschaften?« frage ich verwirrt.

»Schau her, dies ist die Mitgliedschaft für unseren Verein in Düsseldorf, das kostet jährlich 36 Mark Beitrag, und dies hier«, dabei zeigt sie auf das zweite Formular, »ist die HASI Mitgliedschaft auf Lebenszeit. Das ist die HUBBARD ASSOCIATION OF SCIENTOLO-GISTS INTERNATIONAL. Du kannst bar zahlen oder ein Konto bei uns einrichten, wofür entscheidest du dich?«

»Ich zahle bar«, antworte ich und unterschreibe entschlossen beide Formulare.

»Möchtest du für Sabine auch gleich bezahlen?«

Warum eigentlich nicht, dann haben wir es für beide erledigt. Heike schreibt eifrig eine Rechnung und reicht sie mir. Als Endbetrag stehen dort 792 Mark.

»Da nehme ich besser einen Scheck, soviel Bargeld habe ich nicht bei mir.«

Sie nimmt freundlich den Scheck entgegen und beglückwünscht mich zu meiner klugen Entscheidung.

»Bin ich jetzt ein Scientologe?« will ich noch wissen.

»Hast du dich denn bisher noch nicht als Scientologe gefühlt?« fragt sie zurück.

»O doch, aber jetzt bin ich es doch auch offiziell, nicht wahr?«

»Ron sagt, ein Scientologe ist ein Mensch, der die Daten studiert und im Leben anwendet.«

»In dem Buch »Was ist Scientology« habe ich gelesen, daß es 7,8 Millionen Mitglieder weltweit gibt. Nach dieser Definition wären es also praktisch noch viel mehr. Jeder, der einen Kommunikationskurs belegt und diese Daten anwendet, ist doch dann schon ein Scientologe.«

Heike nickt: »Im Prinzip hast du recht, aber das ist nicht ganz so wichtig. Entscheidend ist letztendlich, daß möglichst viele Menschen weltweit CLEAR werden und das möglichst schnell.«

»Darüber wollte ich mit dir sowieso einmal sprechen«, fällt mir ein. »Sabine und ich haben ja nun den Auditor-Kurs abgeschlossen, und wir wollen uns eigentlich gegenseitig auditieren, damit wir beide möglichst schnell CLEAR werden. Was meinst du, wie lange das ungefähr dauert?«

Sie wiegt den Kopf: »Ron sagt, es dauert so lange, wie es dauert. Ich will damit sagen, niemand kann von vornherein den konkreten Fall abschätzen, aber erfahrungsgemäß werdet ihr wohl einige Jahre brauchen.«

»Was?« rufe ich erschrocken. »Ich hatte gehofft, es ginge wesentlich schneller. Adele ist doch auch bald CLEAR, wenn ich das richtig verstanden habe, und die hat doch erst im Frühjahr angefangen.«

Heike versucht, mir zu helfen. Sie merkt, daß ich sehr enttäuscht bin: »Adele hat einen anderen Weg gewählt. Sie hat professionelles Auditing gekauft, weil sie der Meinung ist, es sei eine lohnende Investition für die Zukunft. Ich könnte mir vorstellen, daß es auch für dich interessant sein könnte. Wenn du für deine Firma eine neue Maschine brauchst, dann gehst du doch auch zur Bank und läßt dir diese Investition finanzieren. Du bist sofort wieder konkurrenzfähig und verdienst mehr Geld. Das rechnet sich also, nicht wahr? Wenn du also schneller mehr aus deinem geistigen Potential herausholen möchtest, dann investiere sofort in Auditing.«

»Um welche Größenordnung an Investition handelt es sich denn?« hake ich nach. Ein bißchen Geschäftssinn besitze ich schließlich auch, selbst wenn meine Stärken im kreativen Bereich liegen.

Heike zögert unmerklich und kramt eine Weile in ihren Papieren. »Wir haben gerade ein Sonderangebot für 12 Stunden Auditing für 2.500 Mark. Das Angebot gilt aber nur für drei Wochen, und zusätzlich hat Ron eine monatliche Preissteigerung von 5% angeordnet, um die Inflationsrate aufzufangen.« Sie sieht mich an, als müßte ich ob der frohen Botschaft wieder sofort mein Scheckheft zücken. Als sie mein Zögern bemerkt, setzt sie nach: »Glaubst du etwa, daß Adele nicht genau wußte, daß sie ihr Geld gut anlegt? Oder Bernd und Marion. Sie fliegen sogar schon in diesem Jahr nach Clearwater, um den ganzen Urlaub Auditing zu nehmen. Auch sie wissen, um was es geht. Stell dir vor, wie viele Aufträge du zusätzlich erhalten wirst, wenn du lernst, dein Potential voll auszuschöpfen.«

Nachdenklich nage ich an der Unterlippe. Sie hat natürlich recht, aber die Summen sind dennoch gewaltig. Wer weiß, wie viele Stunden ich brauche, um endlich CLEAR zu werden. Heike schreibt plötzlich einen Scheck aus und reicht ihn mir.

»Ehe ich es vergesse, hier ist ein Scheck über 25 Mark. Das ist deine Provision für Sabines Kommunikationskurs.«

Überrascht sehe ich sie an.

»Du hast Sabine angeworben, und damit stehen dir zehn Prozent Provision zu. Ich kenne übrigens Leute, die auf diese Art und Weise ihre *Brücke* finanzieren. Wenn du also Geschäftspartner mitbringst, dann könntest du dir deine Ausbildung auch so finanzieren.«

»Das heißt, die Neumanns bekommen von allem, was ich einzahle, zehn Prozent Provision?«

»Solange sie sich um dich kümmern, ja«, erwidert Heike ungerührt. »So sind die Regeln. Ich kann dir auch mit diesem Scheck schon mal ein Konto bei uns einrichten.«

Heike nimmt den Scheck zurück, und so bin ich ihn auch schon wieder los, kaum daß ich ihn erhalten habe.

»Wenn du glaubst, der Reinigungs-Rundown würde viel Geld kosten, dann weißt du noch nicht, was Auditing kostet.« Sabine läßt sich auf der Heimfahrt erzählen, wie mein Gespräch mit Heike verlaufen ist. »Ich frage mich, wie wir so viel Geld verdienen sollen. Wenn ich grob zusammenrechne, dann brauchen wir zirka 50.000 Mark pro Person.«

Sabine scheint überhaupt nicht beeindruckt.

»Glaubst du, daß sich Bernd oder Marion darüber Gedanken machen?«

»Du hast gut reden, die haben schließlich Millionen!«

»Und wer hindert uns daran, es ihnen gleich zu tun? Auch wir können Millionen verdienen, du hast es doch selbst schon gesagt. Wir werden von nun an gemeinsam arbeiten. Du sorgst für das Kreative und ich für die Organisation. Wozu brauche ich da noch ein Studium. Wir werden ganz schnell reich werden, das spüre ich einfach.«

7

Scientology - die neue Elite

Viele sind berufen, nur wenige auserwählt

»Also dieses *Management by trend*, das hat mich irgendwie beeindruckt.« Kurt Boert zieht meine Werbemappe aus der Tasche und klappt sie auf. Wir sind zusammen zur Schule gegangen und trafen uns vor ein paar Tagen zufällig auf einem Presseball. Gute Werbung kann man immer gebrauchen, und gerade die Einzelhändler der Radio- und Fernsehbranche lebten unter steigendem Druck der Großanbieter, erklärte er und lud mich zu einem Gespräch ein. Er war nicht der erste, den ich durch meine neue scientologische Konzeption beeindrucken konnte: Erfolg wird meßbar, Erfolg wird kontrollierbar. Verschenken Sie kein kostbares Werbegeld.

»So ganz verstanden habe ich es zwar noch nicht, aber das können wir ja jetzt klären. Sehe ich das richtig, daß jeder Mitarbeiter eine Statistik führen muß?«

»Genau. Voraussetzung ist jedoch, daß für jeden Arbeitsplatz eine genaue Aufgabenbeschreibung durchgeführt wird. Wir nennen das ›seinen Hut tragen‹.«

»Aha! Und weiter?«

»Dann muß jeder Mitarbeiter genau das tun, was als seine konkrete Arbeit definiert worden ist. Die erledigte Arbeit trägt er dann in seine Statistik ein. Es gibt Hauptstatistiken und Unterstatistiken. Die wichtigste Hauptstatistik für dich ist natürlich die Einnahmestatistik. Aber auch andere geben wichtige Aufschlüsse. Anzahl von Reparaturen, Telefongesprächen, Kunden im Geschäft usw.«

Kurt zwinkert mit den Augen und nickt verstehend: »Und was ist dann ein Trend?«

»Ganz einfach. Schon nach ein paar Tagen kannst du am täglichen Punktestand eine Linie erkennen. Sie geht rauf, runter oder bleibt gleich. Das ist dann der Trend. Geht es nach oben, wurde alles richtig gemacht. Fällt die Kurve, siehst du sofort, daß jemand gefaulenzt hat. Dann machst du ihm natürlich Feuer unterm Hintern, und er kann sich nicht rausreden. Die Kurve zeigt die tatsächliche Leistung jedes Mitarbeiters genau auf.«

Kurt nickt begeistert: »Das hört sich ja revolutionär an. Und das hat alles dieser Hubbard erfunden?«

»Ja, und es gibt noch viel mehr Möglichkeiten. Wir können zum Beispiel jeden einzelnen Mitarbeiter testen. Die Oxford-Kapazitäts-Analyse ermittelt exakt das individuelle Potential deiner Mitarbeiter, und bei Neuanstellungen kannst du damit alle Bewerber genauestens unter die Lupe nehmen.«

»Das kostet doch sicher eine Menge Geld, oder?«

»Qualität hat ihren Preis, natürlich, aber die Lizenzverträge sind noch nicht unterschrieben. Wir können zwei Monate mit unseren Kunden eine kostenlose Testphase durchführen. Was ist, bist du mit dabei?«

Kurt reibt sich begeistert die Hände: »Du meinst, du könntest meine 15 Leute kostenlos testen?«

»Natürlich, aber du mußt dich sofort entscheiden. Die Testphase dauert nicht mehr lange.«

Wieder habe ich ohne Probleme einen Kunden auf

den richtigen Weg gebracht. Ich wage kaum noch, daran zu denken, wie jämmerlich schlecht ich noch vor ein paar Monaten meine Arbeit verkauft habe. Aber noch ist Kurt nicht ganz überzeugt. Etwas beschäftigt ihn noch.

»Sag mal, ist das auch alles legal, bekomme ich auch keinen Ärger mit dem Betriebsrat oder so? Personalakten sind ja in Ordnung, aber daß man Ethikakten anlegt, habe ich noch nie gehört.«

Diesen Einwand bin ich schon gewohnt. Die meisten meiner Kunden reagieren unsicher auf solche Akten, in denen Leistungsnachweise, Statistiken und Mitarbeiterberichte gesammelt werden.

»Es ist doch schließlich deine Firma, oder? Deine Mitarbeiter wollen pünktlich ihr Geld haben. Dafür kannst du verlangen, daß sie korrekt arbeiten. *Trust but verify*, Vertrauen ist gut, Kontrolle ist besser. Das kennst du doch.«

Sabine bringt uns noch einen Kaffee, und wir verabreden eine enge Zusammenarbeit. Aus den hinteren Räumen schallt lautes Lachen.

»Geht ja fröhlich zu in deiner Firma«, stellt Kurt schmunzelnd fest.

»Wir machen Kommunikationstraining. Macht einen Heidenspaß, kann ich dir sagen. Unsere Mitarbeiter blühen regelrecht auf.«

»Gut, darüber mußt du mir beim nächsten Mal mehr erzählen. Jetzt habe ich leider einen Termin, aber wir kommen darauf zurück.«

Die nächste Angel ist ausgelegt, es wird weitere Aufträge geben. Stolz schaue ich in den Spiegel. Total verändert, denke ich zufrieden. Scientology war der Glücksgriff meines Lebens.

»Weißt du eigentlich, wie stolz wir auf dich und dein Frauchen sind?«

Geschmeichelt lächle ich zurück. Mit »Frauchen« meint Beate Sabine. Wir sind noch nicht verheiratet, fühlen uns jedoch vollkommen als Paar, als Einheit. Sabine drückt sich an mich. Beate fährt freundlich fort: »Wir hatten in den letzten Monaten eine harte Zeit, aber ihr beiden, ihr wart immer da, habt gute Laune verbreitet und ganz unbeirrt an euch gearbeitet.«

»Ja«, fügt Sabine an, »wir haben erst gestern beschlossen, jetzt noch enger zusammenzuarbeiten. Ich werde mein Studium aufgeben und mit Norbert zusammen die Agentur weiterführen. Was ich als Grafikerin brauche, kann er mir beibringen. Ich finde, er hat nach all den Jahren, die er sich allein durchschlagen mußte, endlich eine echte Partnerin verdient.«

Dankbar drücke ich ihren Arm. Es tut gut, sie so reden zu hören. Obwohl ich mich fast schon daran gewöhnt hatte, mich allein durchzukämpfen, war ich über unser Gespräch sehr glücklich. Zu zweit würde es einfach viel mehr Spaß machen und besser gehen. Kaum ein Selbständiger kommt ohne die Unterstützung seiner Ehefrau aus. Bei Freunden und Geschäftspartnern habe ich immer wieder gesehen, wie der Ehepartner sich im Geschäft engagiert, und oft genug habe ich dann die Frage zu hören bekommen: »Ja, macht denn deine Frau nicht wenigstens eure Buchführung?«

Beate nickt, wie mir scheint, fast ein wenig bekümmert: »Ja, das kann ich gut verstehen. Aber ehe ihr Postulate für die Zukunft macht, wollte ich noch mit euch sprechen.«

Sie zieht uns in ihr Büro und schaut uns eine Weile lächelnd an: »Wir haben große Pläne. Die Welt ist in Bewegung geraten, Scientology hat große Fortschritte gemacht. Dank eurer Hilfe haben wir hier in Düsseldorf großartige Gewinne verzeichnet, und wir wollen nun für die Zukunft planen. Jens braucht als Auditor unbedingt Unterstützung, und wir haben uns unter den Studenten umgesehen, wer geeignet wäre, unserem Team beizutreten. Es gab keine langen Diskussionen. Es gibt nur zwei, die gut genug dafür sind. Deshalb wollen wir euch fragen, ob Sabine bereit wäre, für uns als Auditorin zu arbeiten.«

Es versetzt mir zuerst einen Stich. Sabine ist gut, aber ich bin besser. Ich fühle mich zurückgesetzt, obwohl ich sofort einsehe, daß Beate recht hat. Sabine kann viel leichter einsteigen als ich. Meine Agentur kann ich nicht so ohne weiteres schließen. Außerdem liegen meine Fähigkeiten viel stärker in der Administration. Als Auditor wäre ich der Technologie unterstellt, und hier hat Sabine mit ihren pädagogischen Vorkenntnissen eindeutig Vorteile.

»In Kopenhagen gibt es zur Zeit ein Spezialprogramm«, fährt Beate fort. »Scientologen aus ganz Europa werden dort in einem Crash-Training in nur drei Monaten bis zur Stufe Auditor Vier ausgebildet. Normalerweise dauert dies gut ein Jahr, aber Ron hat ein spezielles Programm entwickelt, die Ausbildung zu beschleunigen. Der Trick besteht darin, durch Gruppendruck den *reaktiven Verstand* auszurasten, so daß jeder *Fast flow* studieren kann.«

»Was ist *Fast flow*?«

»Es bedeutet, daß du in der Gruppe ohne Betrachtungen und abschweifende Überlegungen nur auf dein vorbestimmtes Ziel hinarbeitest. Eigentlich erreichst du es immer dann, wenn du ganz genau weißt, was du willst.«

»Ich weiß ganz genau, was ich will«, meldet sich Sabine zu Wort. »Ich will unbedingt Auditor werden.«

Sabine schaut mich an, als ginge einer ihrer geheimsten Träume plötzlich in Erfüllung. Unsere Pläne von gestern sind plötzlich nur noch Makulatur.

»Schon immer habe ich davon geträumt, einmal eine Priesterin zu sein.« Sabines Augen leuchten sogar im Dunkeln. »Ich bin so froh, daß du damit einverstanden bist. Du bist ein so starkes Wesen, daß du auch ohne mich alles erreichen wirst, was du dir vornimmst.«

Meine Enttäuschung ist groß, aber ich will es ihr nicht zeigen. Ich bringe es einfach nicht fertig, ihren Traum zu zerstören. Mühsam suche ich nach einer Antwort, die meine Enttäuschung verschleiern soll.

»Nun werde ich doch wieder allein arbeiten, wenn du jeden Tag nach Düsseldorf fährst, um dich auf Kopenhagen vorzubereiten.«

Wir liegen im Bett und Sabine kuschelt sich an mich.

»Schau mal, ich verdiene ja auch Geld, und das können wir sehr gut gebrauchen.«

»Ich fürchte, selbst als Gitarrenlehrerin an der VHS könntest du mehr verdienen.«

»Ach, es geht doch auch gar nicht darum, viel Geld zu verdienen. Ron sagt, Geld ist nur eine Betrachtung. Wir helfen den Menschen, wirklich frei zu werden und das ist doch viel wichtiger als Reichtum. Der Lohn ist die Unsterblichkeit, und dafür würde ich sogar mein Leben geben.«

Fast fatalistisch, oder vielleicht, um nicht unversehens in zu große Widersprüche zu geraten, fasse ich einen Entschluß: »Weißt du, Liebling, wenn du als Auditorin arbeitest, dann will ich auch meinen Beitrag leisten. Ich

117

werde mich um die Verbreitungsarbeit kümmern, damit
du auch als Auditorin immer genug zu tun haben wirst.
Die Gruppe in Düsseldorf ist eigentlich noch viel zu
klein, und ich glaube, daß ich mit meinen Kenntnissen
dabei helfen kann, Scientology populärer zu machen.
Es darf einfach nicht länger die Lebenshaltung einer
Minderheit sein.«

»Ich glaube, daß sich Beate sehr darüber freuen
wird.«

Sabine streift ihr Hemd über den Kopf und preßt ihren heißen Körper an mich. »Wir werden immer so
glücklich sein wie jetzt«, flüstert sie. »Du kannst immer
mit mir machen, was du willst.«

»Liebling, Angela ist da. Möchtest du einen Kaffee mit
uns trinken?«

»Ich komme gleich«, rufe ich aus dem Fotolabor hinauf.
Seit der Trennung von Cordula versuche ich, die Agentur
mit möglichst wenig Personal weiterzuführen, und so verbringe ich wieder viel Zeit im Labor bei der Entwicklung
von Filmen oder der Herstellung von Schriftabzügen.

Unsere Agentur verfügt über zwei Etagen. Im Unterge-
schoß sind Fotostudio und Labor untergebracht, während
oben Grafik, Präsentation, Büro und Besprechungsräume
sind. In der Küche läuft ständig die große Kaffeemaschi-
ne. Angela sitzt im Büro und hört staunend zu, wie Sabine
über ihren Arbeitsvertrag im Center erzählt.

»Das möchte ich auch«, sagt sie ehrfürchtig. Angela
hat gerade eine Lehre als Fotolaborantin begonnen.
Über ihre Freundschaft mit Sethos Neumann war sie zu
Scientology gekommen und begeistert eingestiegen. Die
Familie Neumann brachte ständig neue Leute mit: Ver-
wandte, Schulfreunde und sogar die eigene Köchin.

»Meint ihr, ich könnte auch Mitarbeiterin werden?« fragt sie nachdenklich. »Die Lehre als Fotolaborantin macht für mich überhaupt keinen Sinn.«

»Warum nicht, bei dem Lohnniveau können die sich noch zehn Mitarbeiter leisten.«

Sabine schaut bei meiner sarkastischen Bemerkung betreten zur Seite, doch Angela ignoriert es.

»Ich wollte euch sowieso fragen, ob ihr mich heute mit nach Düsseldorf nehmen könnt. Dann kann ich Beate sofort fragen.«

Angela und Sabine haben drei Monate Zeit, sich auf Kopenhagen vorzubereiten. Angela ist nun als neue Kursleiterin vorgesehen, und nach anfänglichem Zögern haben ihre Eltern eingewilligt. Die beiden Frauen büffeln von morgens bis tief in die Nacht, um ihr Programm zu schaffen. Angela bleibt fröhlich und guter Dinge, während Sabine sich ganz offensichtlich quält. Sie zieht sich mehr und mehr von mir zurück, schläft nachts wie eine Tote und ist morgens kaum ansprechbar. Angela sieht diese Veränderung und flirtet ungeniert mit mir. Doch meine Sorge um Sabine macht mich immun gegen Verführung. Sie klagt über Übelkeit und Nervosität, schließlich sogar über Sehstörung.

»Ich kann kaum noch etwas sehen«, sagt sie entsetzt. »Alles ist voller Nebel.«

»Hast du mit Beate gesprochen?« frage ich besorgt und bringe sie zu Bett. »Leg dich erst mal hin, und ruh dich aus.«

»Du kennst sie ja. Immer die gleiche Antwort: Was es einschaltet, schaltet es auch wieder aus.«

So leichtfertig sollte man mit seinem Augenlicht nicht umgehen. Schließlich muß Sabine täglich mehr als 70 Kilometer mit dem Auto zurücklegen.

»Ich will sie nicht enttäuschen, schließlich haben sie bereits mehr als 20.000 Mark in meine Ausbildung investiert, aber ich habe das Gefühl, einfach zu langsam zu sein. Ob es in mir eine verborgene Gegenabsicht gibt, die mich über meine Augen zwingen will aufzugeben?«

»Was kostet deine Ausbildung?« frage ich entsetzt. Langsam bekomme ich das Gefühl, daß Sabine mir nicht mehr alles erzählt. »Du willst doch nicht sagen, daß die Scientologen untereinander auch solche Summen bezahlen müssen?«

»Was glaubst du denn, was die in Kopenhagen machen? Meinst du, sie könnten die Menschen einfach umsonst ausbilden? Jens und Beate bezahlen ihre Ausbildung ja auch, wie soll denn Scientology sonst expandieren.«

Sabine ist zu keiner Diskussion bereit. Sie findet alles richtig, was man mit ihr macht und was mit ihr geschieht. Wir befinden uns in einer Aalreuse, in der es nur den Weg nach vorne gibt.

»Der schnellste Weg hinaus, ist der Weg hindurch«, zitiert Sabine auch gleich unseren geliebten Ron.

»Trotzdem, wenn es schlimmer wird, mußt du einen Arzt aufsuchen«, erkläre ich kategorisch. »Ich hatte einmal einen Freund, einen Architekten, der hatte vor Überanstrengung eine Netzhautablösung. So etwas soll dir nicht passieren.«

Die Sorge war dann doch zum Glück unbegründet. Letztendlich hatte wohl Beate recht. Eines Tages schaltete sich, was auch immer es war, wieder aus, und Sabine konnte wieder klar sehen. Einmal mehr verblüffte mich diese Frau mit ihren unheimlichen Kenntnissen.

»Hast du mal einen Augenblick Zeit?« Heike faßt mich unter und zieht mich in ihr Büro. »Setz dich, ich habe etwas mit dir zu besprechen.«

Neugierig nehme ich vor ihr Platz. Meine Wandlung in der Einstellung zu ihr ist schon bemerkenswert. Inzwischen ist sie eine gute Freundin, und mein erster Eindruck von ihr liegt weit in der vorscientologischen Vergangenheit.

»Du wolltest vor einigen Wochen doch den Reinigungs-Rundown machen, nicht wahr?«

»Nun ja, zusammen mit Sabine, aber die 6.000 Mark habe ich immer noch nicht zusammen.«

Heike winkt ab. »Mach dir mal keine Sorgen. Sabine bereitet sich auf Kopenhagen vor. Sie kann das später noch machen. Aber Jens, Beate und ich wollen, daß du dich rasch weiterentwickelst, daß es keinen Stopp auf deinem Weg zu CLEAR gibt. Wir haben gesehen, wie du dich nicht nur für dich, sondern auch für die ganze Gruppe einsetzt. Du hast ohne zu zögern immer wieder Verantwortung übernommen, und das zeigt, daß du unsere Unterstützung verdienst.«

Heike macht eine kurze Pause und sieht mich lächelnd an. Nachdem Sabine ihren Mitarbeitervertrag unterschrieben hatte, wollte ich natürlich auch etwas tun und hatte damit begonnen, eine Freie-Mitarbeiter-Gruppe zu organisieren. Ron sagt, jeder Scientologe ist ein Freier Scientology Mitarbeiter, ein FSM, wie es in der Sprache der Scientologen heißt. Die Aufgabe des FSM besteht darin, L. Ron Hubbard zu helfen, mit der Öffentlichkeit Kontakt aufzunehmen. Wie ich schon erfahren habe, kann das unter Umständen sogar eine lukrative Angelegenheit sein, da man zehn Prozent Provision erhält.

»Sabine hat für einen Kurs eingezahlt, den sie jetzt

nicht mehr braucht«, fährt Heike fort. »Dieses Geld schreiben wir deinem Konto gut, und den Rest geben wir dazu, als Gegenleistung für deine Unterstützung. Was hältst du davon?«

»Ich bin überwältigt. Ich finde das mehr als anständig, und natürlich möchte ich euch auch weiter unterstützen.«

Heike nickt: »Wir wissen, daß wir auf dich zählen können. Wir haben zwei Studenten, die den Rundown machen wollen. Wir möchten dich dabeihaben, damit du sie unterstützen kannst, wenn sie in Schwierigkeiten kommen. Wenn du in zwei Tagen ein Gesundheitsattest vorlegen kannst, dann könnt ihr am Wochenende starten. Das Attest holst du bei einem ganz normalen Arzt. Er muß bescheinigen, daß dein Herz in Ordnung ist, damit du bei der Belastung keine Probleme bekommst.«

»Belastung? Welche Belastung ist denn mit einem Aufenthalt in der Sauna verbunden? Ich war zwar noch nie in einer, aber das soll doch entspannend und nicht belastend sein, dachte ich.«

Heike wirkt ein bißchen verlegen, als sie antwortet: »Nun, es ist kein normaler Saunagang, wie du dir vorstellen kannst. Ihr müßt täglich fünf Stunden reine Saunazeit absolvieren, und das vielleicht mehr als zwei Wochen lang.«

»Soll ich das etwa dem Arzt sagen?« frage ich verblüfft. »Täglich fünf Stunden Sauna, das beansprucht ja fast einen ganzen Tag.«

»Du sagst ihm einfach, du benötigst ein Attest, um ein wenig Leistungssport zu treiben. Dann weiß er schon, was er untersuchen muß. Mehr muß er gar nicht wissen.«

Reiner Körper, klares Denken. Die Werbung für den Reinigungs-Rundown ist beeindruckend, und ich hatte mich schon vor Wochen davon überzeugen lassen. Mein Körper ist wie ein Fluß, der von industriellen Abfällen verschmutzt wird. Die Verwendung von Drogen, Chemikalien, Schädlingsbekämpfungsmitteln, Giften, Konservierungsstoffen, Schmerztabletten, Beruhigungsmitteln und vielen anderen Chemikalien und Giftstoffen hat seuchenartige Ausmaße erreicht. Diese Verschmutzung verschwindet nicht. Die Forschung hat bewiesen, daß Drogen und Chemikalien noch lange, nachdem sie aufgenommen wurden, im Körper verbleiben und daß Bewußtsein, geistige Schärfe und Empfindungen gleichermaßen abstumpfen. Sie bringen einen Menschen dazu, sich tot, stumpf und leblos zu fühlen.

Völlig problemlos erhalte ich von meinem Arzt ein Attest. Natürlich kann ich es mir nicht verkneifen, einen Stapel Werbeblätter für das Reinigungsprogramm im Wartezimmer auf dem Lesetisch auszulegen. Es sollten viel mehr Menschen begreifen, wie wichtig gutes Überleben ist.

»Hallo zusammen«, Beate begrüßt die drei Aufrechten, die entschlossen sind, das Programm zu absolvieren. Matthias kenne ich bereits flüchtig. Er ist mit einer Scientologin verheiratet, hat aber selbst wenig Lust und Neigung, einen Kurs bei uns zu machen. Aber er läßt seine Frau gewähren, ohne ihr Schwierigkeiten zu bereiten. Matthias ist eine Art Profi-Landwirt, das heißt, er leitet eine Firma, die den Bauern die Ernte einbringt. Er verfügt über einen riesigen Maschinenpark für Heuernte, Maissilieren und Rübenausmachen. Er klagt über ständige Kopfschmerzen und will deshalb das Programm machen. Silvia ist eine junge Biologiestudentin, die über Konzentrationsschwäche und Müdigkeit klagt. Sie will, wie es im Prospekt versprochen wird, sich wieder frisch und klar fühlen. Für mich selbst, der weder über Müdigkeit noch Kopfschmerzen klagen kann, ist es einfach eine zwingende Entscheidung, weil ich Halbherzigkeiten nicht mag. Wenn ich etwas mache, dann auch mit aller Entschiedenheit.

»Ich bin euer Fallüberwacher«, fährt Beate fort, »ich überwache eure täglichen Fortschritte. Deshalb schreibt bitte über jeden Tag ein genaues Protokoll. Wie ihr euch fühlt, welche Phänomene sich einstellen, und ob ihr Erkenntnisse habt. Diese Protokolle möchte ich jeden Abend sehen, um danach eure Vitamindosis für den nächsten Tag festzusetzen. Okay? Dann Start und gutes Gelingen.«

Wir haben gemeinsam beschlossen, eine Privatsauna zu benutzen. Mein Patenonkel verfügt über ein schönes Grundstück außerhalb von Krefeld mit einer eigenen Sauna. Dorthin fahren wir. Jeder von uns kennt die Vorschriften und seine erste Tagesdosierung an Vitaminen. Wir schlucken das Zeug runter und traben erst einmal eine halbe Stunde durch den Wald. Zu Hause hat jeder schon seinen Salat mit Distelöl gegessen, so daß wir vorbereitet sind. Das Joggen soll den Kreislauf aktivieren und dafür sorgen, daß der Körper Öl und Vitamine optimal umsetzen kann, um die Gifte auch auszuschwitzen.

Ich war noch nie in der Sauna und fühle mich in der ersten halben Stunde auch noch ganz gut. Wir haben verabredet, daß wir mindestens eine ganze Stunde drin bleiben wollen, ehe wir die erste Pause machen. In der zweiten halben Stunde wird mir etwas neblig im Kopf, ich kann keinen klaren Gedanken mehr fassen. Mein

Herz jagt, und mein Körper brennt. Ich habe kaum noch Zeit, auf die anderen zu achten, die von ähnlichen Problemen geplagt werden. Schließlich taumeln wir zur festgesetzten Zeit nach draußen und ringen verzweifelt nach Luft. Silvia kichert hysterisch vor sich hin, während Matthias dumpf am Boden kauert. Ich versuche, ihn anzusprechen, und bringe doch nur ein kümmerliches Lallen zustande. Was hat sich da eingeschaltet? Ist der ganze Alkohol, den ich in meinem Leben getrunken habe, jetzt restimuliert, wie es in der Anleitung steht? Mein Lallen fühlt sich an, als sei ich vollständig betrunken. Werden jetzt die Drogen ausgespült? Ich reibe mich mit einem Handtuch trocken und rieche den herben Gestank. Tatsächlich, der Körper schwitzt es aus.

Nach einigen Minuten sind wir so weit, daß wir wieder miteinander reden können, aber der Blick auf die Uhr zeigt, daß wir weitermachen müssen. Die nächste Runde beginnt.

Tag für Tag erhöht Beate die Vitamindosis. Inzwischen ist es fast ein ganzes Wasserglas voll, das ich schlucke. Sind Vitamine gefährlich? Ein Satz von Paracelsus fällt mir ein, daß es immer von der Menge abhängt, ob ein Stoff ein Gift sei. Können zu viele Vitamine auch giftig sein? Unsinn, Beate würde mich kein Gift schlucken lassen, dieser Reinigungs-Rundown, das habe ich jetzt mehrfach gelesen, ist wissenschaftlich erforscht.

Silvia stöhnt gequält, sie klagt über Schmerzen, spricht von Drogen, die sie früher genommen hat, von Operationen. Matthias sitzt meist dumpf vor sich hin brütend in der Ecke, äußert sich kaum. Alle leiden wir durch die hohe Niacindosis, die schon bald bei 2.000 mg pro Tag liegt. Wir haben starke, juckende Hautrötung, seltsamerweise nur dort, wo der Körper je Sonnenstrahlen abbekam. Bei Silvia ist schön zu sehen, wie ihre Brust und der Po weiß bleiben, weil sie immer einen Bikini trug. Bei uns Männern ist es nur der weiße Po, der von Niacin verschont bleibt. Beate hatte uns darauf vorbereitet, daß der Körper die UV-Strahlung wieder abgäbe. Nach einigen Tagen erreicht Silvia einen Wahnzustand, der uns angst macht. Sie phantasiert und gestikuliert, klagt über Schmerzen und will sich von niemandem anfassen lassen. Wir sind froh, daß sie von nun an mit Heike in eine andere Sauna geht. Ich fühle mich der Situation nicht mehr gewachsen.

Matthias und ich beenden unser Programm, nachdem wir gelernt haben, mit großem Gleichmut die Hitze auch über Stunden zu ertragen. Wir kichern nur noch und fühlen uns total aufgedreht und unternehmenslustig. Als ich Beate von meiner unbändigen Energie und Lebensfreude berichte, habe ich das Endphänomen des Programms erreicht und kann abschließen. Sie setzt mich zum ersten Mal an ein Gerät, das E-Meter genannt wird. Sie reicht mir zwei Blechdosen, die ich in jede Hand nehmen muß, und behauptet mit strahlendem Gesicht: »Danke, deine Nadel schwebt.«

»Ich will dir ja deine Illusionen nicht rauben«, meint Bernd skeptisch, »aber soweit ich das beurteilen kann, ist das biologisch unmöglich. Du kannst das Körperfett nicht einfach mit Distelöl und Sauna erneuern. Das, was beim Schwitzen so stinkt, das sind die Vitamine, die du vorher geschluckt hast. Der Körper kann solche Dosierungen überhaupt nicht verarbeiten und schwitzt sie wieder aus, soweit sie nicht von der Niere ausgeschieden werden. Die muß übrigens bei solchen Mengen Höchstleistung bringen, und ich weiß nicht, ob du sie dadurch nicht sogar schädigst. Besonders Vitamin B stinkt dann nicht nur im Urin, sondern auch aus den Poren.«

Bernd spielt wieder einmal den Advocatus Diaboli, immer hat er meiner Scientology etwas entgegenzusetzen. Typisch antagonistisch, wie es auf der Emotionsskala beschrieben wird. Ist er tatsächlich noch ein guter Freund, wie ich lange Zeit glaubte? Wenn der Antagonist von Wahrheit spricht, sagt Ron, dann verdreht er die Wahrheit, um sie seiner Angriffslust anzupassen.

Bernd sitzt in meinem Büro, um sich nach meinem Befinden zu erkundigen, denn durch den Reinigungsprozeß war ich fast zwei Wochen kaum in der Firma. Begeistert erzähle ich ihm von den Erfolgen, aber er wertet sie natürlich gleich ab. Ich erzähle ihm lieber erst gar nichts davon, daß sich mein IQ innerhalb von zwei Wochen von 124 auf 156 gesteigert hat. Das könnte er schon gar nicht akzeptieren. Aber andererseits merke ich, daß Bernds Skepsis immer wieder ansteckend ist. Ich habe mich schließlich schon selbst gefragt, warum ich zweimal den gleichen IQ-Testbogen vorgelegt bekam. Wie dem auch sei, für die Zukunft ist es wohl besser, zu ihm etwas mehr Abstand zu halten. Mein Vertrauen zu Hubbard darf ich mir nicht zerstören lassen.

Sabine fehlt mir. Seit sie nach Kopenhagen aufgebrochen ist, ist es nicht nur zu Hause einsamer, sondern auch in Düsseldorf. Mit Sabine und Angela haben gleich zwei die Gruppe verlassen. Dadurch entstand eine Lücke, die nicht so schnell geschlossen werden kann. Um dieser Leere zu entgehen, stürze ich mich mit großem Eifer auf meine neue Aufgabe als Chef der Verbreitungstruppe. Ich habe zwar nicht den Vertrag unterschrieben, den Beate mir anbot, aber ich bin praktisch auch so ein Stabsmitglied und werde von ihr immer tiefer ins Vertrauen gezogen. Sie kümmert sich in Sabines Abwesenheit rührend um meine Entwicklung und bestätigt immer wieder, wie wertvoll ich für die Gruppe bin.

»Weißt du, wir haben mächtige Feinde«, erklärt sie.

»Ich habe dir ja einmal von Xenu erzählt und von den Wächtern, die er auf der Erde zurückgelassen hat. Rons jüngste Forschungen haben ergeben, daß alle, bis auf zehn, abgezogen wurden. Wir kommen in eine ganz entscheidende Phase. Wenn wir jetzt versagen, haben wir nie wieder eine Chance. Kürzlich wurden in Kopenhagen geheime Dokumente gestohlen. Der Dieb befindet sich auf der Flucht quer durch Europa, und wir müssen ihn aufspüren. Ich auditiere jede Nacht, um ihn zu finden. Alle Organisationen und Missionen sind aufgerufen, so hart wie möglich zu arbeiten, damit wir vom Bösen, vom Entheta, nicht überwältigt werden. Ron hat sich bereits in ein Versteck zurückgezogen, um ungestört seine Forschungen über die OT-Stufen abzuschließen. Du mußt sehr sorgfältig aufschreiben, mit wem du Kontakt hast und wie du dich dabei fühlst.«

»Du meinst, auch alle geschäftlichen Kontakte?«

»Alle geschäftlichen und alle privaten. Xenu scheint sich seiner Sache sicher zu sein, genügend Vasallen auf der Erde zu haben, sonst hätte er nicht die meisten Wächter abgezogen. Du kannst also jederzeit an seine Vasallen geraten. Sie sind darauf spezialisiert, deine Lebensenergie abzusaugen, dich bewußtlos und untätig zu machen.«

Ich erzähle ihr arglos von meinen Gesprächen mit Bernd, und sie schüttelt bedenklich den Kopf: »Das könnte so sein. Die Vasallen geben sich konservativ, aber sie sind antagonistisch. Sie sind nicht *Versteckt Feindselig* wie unsere eigentlichen Feinde. Schreib einfach auf, wie du dich fühlst, auch wenn du Briefe von Sabine bekommst. Gib mir diese Aufzeichnungen, damit ich sie am Elektrometer überprüfen kann.«

Der E-Meter — schon lange will ich wissen, was es mit diesem seltsamen Gerät auf sich hat. »Wie funktioniert ein E-Meter?« frage ich neugierig.

Beate ist über meine Frage nicht überrascht, sondern klappt den Deckel der Maschine auf. »Schau her, du wirst später selbst noch lernen, damit umzugehen, aber ich zeige dir mal die Wirkung.«

Sie drückt mir die zwei Weißblechdosen in die Hand und dreht das Gerät so, daß ich die Knöpfe und die Skala sehen kann.

»Zieh die Ringe ab, und fette dir ein wenig die Hände ein«, ordnet sie an und schiebt mir eine Flasche Hautöl herüber.

»Das Gerät ist an einen schwachen Batteriestrom angeschlossen, völlig ungefährlich. Eigentlich arbeiten so auch Hautwiderstandsmesser oder sogenannte Lügendetektoren, aber Hubbard hat dieses Gerät speziell entwickelt, um negative geistige Ladung auf der Zeitspur schneller zu finden, als es mit der alten Fragetechnik aus dem DIANETIK-Buch möglich ist. Deshalb kann man mit DIANETIK der Neuen Ära auch schneller CLEARS machen. So, jetzt atme mal tief ein und aus, danke. Jetzt drück die Dosen, gut.«

Während ich ihre Anweisungen befolge, dreht sie an einem Knopf und justiert die Nadel auf der Skala etwa in der Mitte. Mit ganz sanften, kurzen Bewegungen schwebt sie hin und her. Neugierig beobachte ich die Nadel. »Au«, rufe ich. Unvermittelt hat mir Beate in den Arm gekniffen. Im Augenblick des Schmerzes zuckte die Nadel nach rechts hoch und fiel dann wieder zurück.

Beate lächelt. »Das war die Anzeige für den Schmerz, beziehungsweise der Ladung, die mit dem Schmerz verbunden ist.« Sie justiert die Nadel wieder und fordert mich auf: »So, jetzt denk einfach an den Schmerz, den du gerade empfunden hast.«

Wie von Geisterhand bewegt, schlägt die Nadel wieder aus. Beate läßt es mich das einige Male wiederholen, und jedesmal ruckt die Nadel. Ich bin verblüfft.

»Du hast den Schmerz gespeichert«, erklärt Beate, »und das E-Meter zeigt die gespeicherte Ladung wieder an, bis sie durch Wiedererleben ausgelaufen ist. Jetzt machen wir noch etwas anderes.«

Sie holt lächelnd eine Liste aus dem Koffer. »Magst du Tiere?«

»Nun ja, ganz unterschiedlich.«

»Das ist normal. Jetzt wollen wir einmal schauen, bei welchen Tieren du Ladung hast und bei welchen du dich wohlfühlst.«

Diese Maschine beginnt, mich zu begeistern. Bisher habe ich sie immer mißtrauisch angesehen, aber so, wie Beate sie mir jetzt erklärt, macht es richtig Spaß. Beate läßt mich weiter auf die Skala schauen. »Ich lese jetzt einfach Tiernamen vor; du brauchst nicht zu antworten, okay?«

Ich nicke.

»Vogel? Meerschweinchen? Hase? Kaninchen? Ratte? Schlange? Pferd?«

Sie geht den ganzen zoologischen Garten durch, und jedesmal ruckt die Nadel ganz unterschiedlich. Bei Ratte oder Schlange zuckt die Nadel besonders heftig, bei Pferd oder Hund schwebt sie sanft.

Beate lacht, als sie mein Gesicht sieht: »Keine Sorge, es hat sich nichts Unangenehmes eingeschaltet. Insgesamt hast du eine sehr gelassene Einstellung zu Tieren. Bei Ratte zeigte sich zwar etwas mehr Ladung, dafür hattest du die schönste schwebende Nadel beim Hund. Dies ist wohl dein Lieblingstier. Wir könnten jetzt noch herausfinden, welche Hunderasse dir besonders liegt, aber ich wollte dir nur zeigen, wie es funktioniert.«

»So kann man also herausfinden, ob ein Mensch Ladung in sich trägt, und wenn alle Ladung weg ist, ist er dann ein CLEAR?«

»Auf alles darf ich dir leider keine Antwort geben, du mußt es selbst fühlen. Nur du weißt, wann und ob du ein CLEAR bist. Lies die Definition von CLEAR, dann wirst du es wissen.«

Beates Worte klingen ziemlich orakelhaft. Ahnt sie, was ich seit einiger Zeit fühle, will sie mir einen Weg zeigen? Noch traue ich mich nicht, es auszusprechen. Ich kann ja wohl nicht CLEAR sein, wenn andere dafür viele Monate und -zig zehntausend Mark für Auditing einsetzen müssen . . .

»Ich habe einen Brief für dich«, strahlt Beate, »einen Brief von Sabine aus Kopenhagen.«

Endlich Post! Heute morgen lag wieder nichts im Briefkasten, kein Wunder, wenn Sabine die Post nach Düsseldorf schickt. Dann schaue ich aber doch verdutzt auf den Umschlag, denn der Brief ist bereits geöffnet worden.

»Wer hat meine Post aufgemacht?« frage ich empört.

»Bei uns gibt es keine Privatpost, mein Lieber.« Beate sagt es klar und bestimmt und verschwindet in ihrem Büro. Das sind ja schöne Zustände! Ich muß Sabine unbedingt schreiben, daß sie die Briefe nach Hause schikken soll und nicht mehr direkt ans Center. In meiner Privatsphäre hat niemand etwas zu suchen. Aber habe ich als Scientologe überhaupt noch eine Privatsphäre?

Die Freude über den Brief verdrängt meinen Ärger. Wenn ich mich beeile, kann ich ihn noch vor Kursbeginn lesen.

Hallo Liebling,

es ist Mittwoch, 12:30, und wir sind noch in der Org. Es gibt eine eiserne Regel hier: Wer sein Target nicht schafft, muß nach 12 Uhr weiterarbeiten, bis er es hat. Angela hatte Pech beim letzten Punkt, und da sie ihren Schlüssel vergessen hat, muß ich in der Org auf sie warten, bis sie fertig ist.

Erst einmal, du fehlst mir sehr in der Zeit, in der ich an etwas anderes denken darf als an Scientology. Aber das ist nicht oft.

Wir hatten eine gute Fahrt, und auf dem Schiff haben wir Howard vom Guardians Office München getroffen. Um etwa sieben in der Früh erreichten wir Kopenhagen. Erst einmal haben wir eingeräumt, und obwohl wir noch nicht gemußt hätten, trieb uns dann doch die Neugier in die Org. Ein seltsamer Bau ist das! Ein emsiges Treiben, ziemlich schnell und auf engstem Raum. Wir gingen ahnungslos zum Registrar, und ehe wir uns versahen, waren wir auch schon auf Kurs. Hier hat einfach niemand Zeit rumzulaufen, so rein aus Neugierde!

Der Kursraum ist groß, mit stickiger, muffiger Luft. An schmalen Tischen sitzen etwa 80 Studenten aus den verschiedensten Ländern, alle auf irgendeinem

*Crash-Programm. Wir wurden beklatscht und vorge-
stellt. Dann folgte ein Schock nach dem anderen. Wir
bekamen einen Spot-Check auf unser Vormaterial.
Stell dir vor, der Typ fragt mich nach den Massenphä-
nomenen. Ich hab' mir weiter nichts gedacht und
nannte ihm die, die mir gerade so einfielen. Das waren
acht, und eines fehlte. Nun, wir waren gerade mal zehn
Minuten im Kursraum, da hatte ich auch schon mein
erstes Pink Sheet. Sehr witzig, jetzt jedenfalls. Vorher
hat es mich geschockt.*

*Der nächste Tag stand voll im Zeichen einer einzigen
Hektik — immer dem Ziel hinterherzulaufen und es
nicht zu schaffen. Die zwei kleinen Pausen fallen meist
flach, weil nur diejenigen Pause machen dürfen, die gut
im Zeitplan stehen.*

*Ein tougher Haufen ist das hier! Langsam ist der erste
Schock vorbei und wir haben uns mit damit abgefun-
den, gerade mal zwei Stunden Pause pro Tag zu haben, die nicht ausreichen, um nach Hause zu gehen
und zu essen. Eine scheußliche Hetze! Aber ich bin
mir sicher, daß ich es hier schaffe, das Ziel, das mir
gesetzt wurde, zu erreichen: von Level 0 bis 4 jeweils
in zehn Tagen.*

Alles Liebe und viele Küsse
Deine Sabine

Sabines erster Brief aus Kopenhagen löst die unter-
schiedlichsten Reaktionen in mir aus. Die Sehnsucht
nach ihr bedrückt mich. Einige Wochen, Monate vielleicht, nun ohne sie verbringen zu müssen, bedeuten
Einsamkeit. Nächte ohne ihre zärtliche Nähe, Tage ohne
Gespräche mit einem Menschen, der mich versteht,
denn trotz der Vertrautheit mit allen anderen hier im

Center ist meine Beziehung zu Sabine eine unverzichtbare Intimität und auch Individualität. So beglückend auch die Abende in Düsseldorf verlaufen, unter Menschen zu sein, die eine gemeinsame Sprache, ein gemeinsames Ziel verbindet, so enttäuschend gestaltet sich zunehmend der Alltag. Ich lebe unter Menschen, die kein Ziel haben, keine Ideale und keine Hoffnung. Sabine hingegen steckt mittendrin, lebt bereits in einer Welt der Zuversicht, wenn auch die Herausforderung groß erscheinen mag. Sie wird gefordert, man verlangt Einsatz, man besteht auf Präzision. Dieses geheimnisvolle Kopenhagen könnte auch meine Heimat werden, aber ich bin noch sehr weit davon entfernt. Wie kann ich diese Entfernung möglichst rasch überbrücken?

»Wir fahren nach Frankfurt, und wir haben beschlossen, dich mitzunehmen.« Wie so oft überfällt mich Beate mit einer Neuigkeit und einem Entschluß. Für sie ist es kein Thema, ob ich irgend etwas anderes will.

»Was ist los in Frankfurt, und wann fahren wir denn?«

»In Frankfurt ist ein Event für Verbreitungsarbeit. Diana Hubbard wird dasein, mit Neuigkeiten von Ron, und Ron Loving, einer der fähigsten Trainer, wird uns auf Expansion einstimmen, und du als Chef unserer Verbreitungsgruppe darfst dabei natürlich nicht fehlen.«

Hubbard selbst schien seit Jahren nicht mehr in der Öffentlichkeit aufgetreten zu sein. Zwar kannte ich inzwischen einige Scientologen, die ihn noch persönlich erlebt hatten, aber das lag viele Jahre zurück. Seine Tochter Diana, benannt nach dem berühmten Schiff der Sea Org, wäre zumindest ein kleiner Ersatz für Ron selbst.

»Schön, das möchte ich mir natürlich nicht entgehen lassen.«

Beate ist munter und aufgekratzt. Frankfurt wirkt auf sie wie ein Zauberwort. Dort ist sie als Scientologin großgeworden, dort fühlt sie sich immer noch wie zu Hause. Ihre große Lehrmeisterin Bianca Ellers, die die Frankfurter Mission leitet, soll ich dann auch kennenlernen. Schade, daß Sabine schon in Kopenhagen ist. Das hätte ihr sicher auch gefallen. Mit einem langen Brief über dieses Ereignis werde ich sie aber daran teilhaben lassen.

Ohne Sabine und Angela ist es in der Mission viel ruhiger geworden. Auch Beate würde in Kürze wieder nach Amerika gehen, aber ein Auditor aus München, Carsten, war schon als Ersatz vorgesehen. Er hatte sich vor ein paar Tagen vorgestellt, ein Bayer mit mächtigem Bart und tollen Ansichten.

»Was ist mit Christian, fährt er auch mit?«

Beate runzelt unwillig die Stirn. »Mir ist aufgefallen, daß du dich ein paarmal mit ihm unterhalten hast. Er findet dich auch sehr nett, aber ich sehe diesen Kontakt gar nicht gern. Deshalb sollten wir uns einmal darüber unterhalten.«

Christian ist Jens' Sohn aus erster Ehe. Viel weiß ich nicht über ihn. Ab und zu sehe ich ihn mal auf dem Flur der obersten Etage, aber meist ist er in seinem Zimmer versteckt. Er ist gehbehindert, macht aber einen netten Eindruck.

»Also es gibt da einiges, was du wissen solltest«, erklärt Beate. »Christian und Hilmar sind Zwillinge und das, was Ron als *Black beeings*, als schwarze Wesen bezeichnet. Hilmar ist absolut herrisch und autoritär — er hat seinen Zwillingsbruder bereits während der

Schwangerschaft so getreten, daß dieser mit einem Hüftschaden zur Welt kam. Aber Christian ist ebenso dafür verantwortlich, denn er hat damit übereingestimmt, hat zugelassen, diesen Schaden zu erhalten. Hilmar haben wir nach Portugal geschickt. Er ist nicht zu handhaben, begeht ständig neue Verbrechen. Christian steckt überwiegend fest in seinem reaktiven Verstand, und nur durch Dauerlauf kann er ab und zu ausrasten. Damit uns seine negative Strömung nicht beeinträchtigen kann, lebt er allein in seinem Zimmer. Nur sein Vater darf mit ihm Kontakt haben. Ich hoffe, du verstehst, was das bedeutet, oder hast du noch Fragen?«

Benommen schüttele ich den Kopf, kann kaum begreifen, was ich gerade gehört habe. Diese Ungeheuerlichkeit muß ich erst verarbeiten.

Beate sieht mein Erschrecken: »Das klingt hart, nicht wahr? Ron sagt, der Mensch ist im Grunde gut, er ist sogar so gut, daß er sich selbst davon abhält, Böses zu tun. Notfalls dadurch, daß er sich selbst aus der Umgebung entfernt.«

»Das würde bedeuten«, sage ich mit verstecktem Grauen in der Stimme, »ein Opfer wäre gleichzeitig auch der Täter.«

Beate nickt ernsthaft: »Die Gesetze des Universums mögen uns als Menschen grausam erscheinen, aber wer in diesem Leben umgebracht wird, war in einem seiner früheren Leben vielleicht selbst ein Mörder. Die Zeitspur ist lang, ein Thetan hat viel Zeit für seine Spiele, aber da er sich immer wieder einen neuen Körper nehmen kann, ist ihm ein gegenwärtiges Leben vielleicht nicht so wichtig.«

»Du meinst also allen Ernstes, daß zum Beispiel die Juden . . .«

».. . sich selbst entfernt haben. Das wirst du alles auf den OT Stufen noch begreifen«, lächelt Beate. »Mach dir keine unnötigen Gedanken. Lebe mit der Realität, die du verstehen kannst. Jetzt aber los, wir haben noch zu arbeiten.«

Sie läßt mich mit immer noch widerstreitenden Gefühlen zurück. Ist im endlosen Universum ein Menschenleben wirklich so bedeutungslos? Immer wenn ich glaube, Scientology einigermaßen in mein Weltbild eingeordnet zu haben, trifft mich ein neuer Schock. Inzwischen habe ich schon so viel gelesen und studiert, bin nicht einmal ein CLEAR. Was wird mich dann erst auf den OT-Stufen erwarten? Nicht einmal Zeit zum Nachdenken habe ich, denn jeder hat pünktlich zum Kursbeginn da zu sein. Eigentlich habe ich überhaupt sehr wenig Zeit zum Nachdenken, stelle ich traurig fest. Meine Gedanken werden schon wieder nach vorne gerichtet, auf Frankfurt.

Wir treffen uns in Frankfurt im Travel Inn, und ganz so schlimm kann es mit der Verfolgung von Scientology nicht stehen, wenn ein solches Hotel eine Scientology-Großveranstaltung ausrichtet. Etwa 800 Scientologen aus der gesamten Bundesrepublik sind angereist, um Diana Hubbard zu sehen. Bereits im Foyer stehen eifrig miteinander diskutierende Scientologen, und mit einem Jubelschrei stürzt Beate auf eine kleine, schwarzgewandete Matrone zu. Trotz meiner positiven Einstellung zu Scientology trifft mich ihr Anblick wie ein Schlag. Auf ihrer fetten Brust prangt groß das achtstrahlige Scientology-Kreuz, und sie bewegt ihren schweren Körper so, als sei er nur dazu da, dieses Kreuz zu präsentieren. Der negative äußere Eindruck wird nur noch von ihrer eitlen

Selbstgefälligkeit überboten, mit der sie sich als Prieste-rin zur Schau stellt.

»Bianca, wie schön, dich zu sehen«, jubelt Beate und fällt ihr um den Hals. Bianca wird von zwei ebenso fetten Frauen in gleicher Art und Aufmachung begleitet.

Warum widern mich diese selbsternannten Priesterin-nen nur so an, denke ich verzweifelt. Ich habe doch so viel Gutes in Scientology erlebt und dürfte doch gar nicht so negativ reagieren. Leider wird mein Unbehagen nur noch größer, als mich Beate nach der stürmischen Begrüßung Bianca vorstellt. Sie wirkt selbstgefällig und überheblich, gar nicht so, wie ich mir einen geklärten Menschen vorstelle. Schnellstens suche ich das Weite, um auf andere Gedanken zu kommen.

Unsere kleine Düsseldorfer Gruppe stößt überall auf Freunde, nur ich als Neuling kenne niemanden und laufe etwas verloren durch die Menge, bis ich von einer jungen Frau angesprochen werde. Sie könnte eine Schönheit sein, wenn nicht dieser seltsam verklärte Ausdruck in ih-ren Augen wäre. Voller Entzücken plappert sie von ihren phantastischen Gewinnen beim Auditing, von ihren Er-folgen, ihrer Wiedergeburt und will überhaupt nicht mehr aufhören. Zum Glück habe ich auf dem Kommu-nikationskurs auch gelernt, wie man ein Gespräch ohne Verstimmung beendet. Erneut trete ich die Flucht an. Ist das die Elite, die die Welt retten will?

Als endlich nach langen Einleitungsreden Ron Loving angekündigt wird, bin ich gewillt, diese Eindrücke zu vergessen. Diana Hubbard, Rons Tochter, und Ron Lo-ving, sein enger Freund, sie sollen mich entschädigen, sie sollen mir Scientology zeigen, wie es wirklich ist.

Ein Mann in weißem Anzug, rote Blume im Knopf-loch, betritt die Bühne, nein, er springt, er schwebt, er tanzt, verbeugt sich tief, und das Publikum springt auf, johlt, pfeift, klatscht. Ron, Ron, Ron, skandiert man, und der Angesprochene hebt die Arme und verbeugt sich immer wieder vor seinem dankbaren Publikum. Amerika, wie es leibt und lebt!

Scientologen sind gut trainiert und folgsam. Eine Handbewegung und einige Worte, und schon sitzen alle wieder auf den Stühlen.

Um Ron Loving zu würdigen, muß man sagen, er ist ein exzellenter Entertainer. Sein Publikum lacht pausenlos, obwohl er in schnellem Amerikanisch redet. Meine englischen Sprachkenntnisse sind nicht schlecht, aber ich verstehe trotzdem kaum einen Zusammenhang wirklich, jedenfalls höre ich nichts, über das ich lachen kann. Prinzipiell spricht er über menschliche Emotionen und wie man als Scientologe damit arbeiten kann, um für Scientology zu werben.

Schließlich kommt es zum eigentlichen Höhepunkt. Eine Frau mit langem, schwarzen Kleid, bleicher Haut und feuerroter Haarmähne betritt die Bühne. Diana Hubbard, unverkennbar Rons Tochter. Wieder steht das Publikum und klatscht frenetisch.

»Meine besten Grüße von Dad«, beginnt sie. »Er liebt Deutschland ganz besonders, weil er im vorigen Leben ein Deutscher war.« Eine Mitteilung, die natürlich mit besonderem Jubel aufgenommen wurde. »Er arbeitet hart.« Und mit einem Lächeln fügt sie an: »Er raucht jetzt Camel statt Marlboro.« Alle Raucher werden sofort die Marke wechseln!

Schließlich setzt sie sich an den Flügel. Sie sei, so sagte man mir, eine ausgezeichnete Sängerin. Ich sitze in der zweiten Reihe neben Ludwig und Heike und bin gespannt auf die Darbietung. Sie singt und spielt eine Mischung aus Jazz und Folklore, mit einem Einschlag von Operette Zigeunermusik. Ich beuge mich zu Ludwig hinüber und sage vielleicht etwas zu laut: »Ehrlich gesagt, diese Art von Musik ist nicht mein Ding. Hoffentlich hört sie bald auf.«

Er nickt, denn Dianas Schwächen im Gesang und Klavierspiel sind unüberhörbar.

Heike schaut etwas strafend zu mir herüber, aber ich schenke diesem Blick keine besondere Beachtung. Als wir uns am späten Abend wieder auf den Heimweg machen, sind meine Gefühle sehr gemischter Natur. Wenn ich mir von diesem Event in Frankfurt eine Offenbarung erhofft hatte, so ist sie jedenfalls ausgeblieben.

»Ich möchte dich sprechen!«

Beate begrüßt mich freundlich und aufmerksam wie immer, aber in ihren Worten klingt eine Warnung mit. Ich habe den Eindruck, als habe sie hinter der Tür auf mich gewartet. Ihre sanften Worte verhüllen kaum den Befehl, den sie mir damit erteilt. Ich folge ihr durch den langen Flur in ihr Büro und Auditingzimmer. Das geheimnisvolle Zimmer, in das Menschen niedergeschlagen hereingehen und strahlend wieder herauskommen.

Beate sitzt schon hinter dem Schreibtisch und trotz ihrer Härte ist ihr Blick liebevoll auf mich gerichtet.

»Schließ bitte die Tür.«

Sie wartet ruhig und entspannt, bis auch ich sitze. Es ist ihre Art, schnell und direkt auf den Kern eines Themas zu kommen. Keine lange Vorrede, keine Erklärungen. Das mag ich an ihr. So ist ihre ganze Einleitung auch nur ein kurzer Blick, von einem Lächeln begleitet.

»Es ist ein Ethikbericht über dich hereingekommen.«

Nun zucke ich doch kurz zusammen. Ethikbericht,

140

das heißt, ich habe irgendwo gegen eine Richtlinie verstoßen. Doch ehe ich über mögliche Fehler ins Grübeln gerate, fährt sie auch schon fort: »Du kannst es noch nicht wissen, aber du hast bei uns Verantwortung für die Verbreitungsarbeit übernommen und mußt für andere ein Vorbild sein.«

Sie reicht mir ein Blatt. Hubbards Anweisungen sind mir bereits vertraut, aber es gibt immer wieder neue und ungezählte alte, die ich noch nicht kenne.

»Nun, verstehst du, was dort steht?«

»Es ist nicht in Ordnung, Ron oder seine Familie anzugreifen. Gut, aber was habe ich damit zu tun?«

»Der Bericht besagt, du hättest in Frankfurt beim Event Diana Hubbard abgewertet. Solche Abwertungen verstopfen unsere Linie zu Ron. Dies ist eigentlich schon ein Schwerverbrechen, aber ich will dir zugute halten, daß du das noch nicht weißt.«

Erschrocken beuge ich mich vor, bin mir keiner Schuld bewußt. »Was soll ich denn gemacht haben?«

»Heike hat einen Wissensbericht geschrieben, sie sagt, du hättest Dianas Gesang kritisiert.«

Das war es also! »Ich habe nur meine Meinung geäußert. Mir hat es eben nicht gefallen, und Ludwig war ganz meiner Meinung. Wurde denn über ihn auch ein Wissensbericht geschrieben?«

»Über Ludwig weiß ich nichts, und deine Meinung darfst du auch haben. Aber du darfst sie nicht abwertend äußern. Das ist Entheta und verunreinigt unser positives Denken. Aber da es bisher der erste Bericht über dich ist, werde ich es nicht weiter verfolgen. Sollten jedoch weitere Berichte über dich hereinkommen, muß ich ein Ethikverfahren einleiten, und ich werde es auch tun.«

Damit bin ich entlassen. Nachdenklich gehe ich in den

Kursraum. Daß eine verletzende Kritik verboten sein soll, kann ich nachvollziehen, aber ein Verbot jeglicher Kritik und Meinungsäußerung scheint mir nun doch übertrieben. Daß darüber auch noch Berichte geschrieben werden müssen, das grenzt ja schon fast an Bespitzelung. Sollen doch andere tun, was sie für richtig halten, ich selbst werde damit sehr vorsichtig und sorgfältig umgehen, nehme ich mir vor.

8

Mission mit allen Mitteln

Wir befinden uns im Krieg

»Einmal Kopenhagen bitte.«
  »Einfache Fahrt oder auch Rückfahrt?«
  Für den Schalterbeamten ist Kopenhagen ein ganz normales Reiseziel, einfach irgendeine europäische Großstadt, in die man reisen will. Was man dort will, interessiert ihn nicht. Für mich hingegen ist Kopenhagen inzwischen ein Synonym für Scientology geworden; für Freiheit, Größe und Befreiung. Kopenhagen ist das europäische Zentrum scientologischer Ausbildung, und ich werde es endlich sehen und erleben. Über all die Monate war ich eifersüchtig und neidisch, daß Sabine dort lebt und arbeitet, während ich in Krefeld Frondienst in der Werbung betrieb.
  Ich versuche, meine Ausstrahlung zu erhöhen, um dem stumpfsinnigen Bahnbeamten klarzumachen, daß ich ein ganz besonderer und außergewöhnlicher Reisender bin, aber er erwartet auf seine ganz einfache Frage einfach eine ganz einfache Antwort.
  »Nur Hinfahrt«, sage ich schließlich. Er begreift einfach nicht, wer ich bin, und die Zeit ist zu knapp, um ihm meine segensreiche Strömung zukommen zu lassen. Nur Hinfahrt. Es wäre zu schön! Aber in Wirklichkeit

143

muß ich wieder zurück. Sabine ist mit dem Auto in Kopenhagen, und so erübrigt sich die Rückfahrt mit der Bahn.

»Jernbarnegade«, sage ich dem Taxifahrer und lehne mich zurück. Tief atme ich durch. Im Zug habe ich gut geschlafen und weiß mich nun meinem Ziel ganz nah. Ich freue mich auf Sabine, aber wenn ich ehrlich sein soll, noch mehr auf das Zentrum der Scientologen. Ich habe es fast geschafft, und eine nervöse Spannung breitet sich in mir aus. Der Taxifahrer scheint etwas irritiert zu sein, aber ich bin bereit, es zu ignorieren. Etwas überrascht blicke ich auf ein düsteres Backsteingebäude, vor dem das Taxi bereits nach einigen hundert Metern hält. Das soll die berühmte Advanced Organisation sein? Langsam dämmert mir auch, warum der Fahrer so mißmutig guckte. Diese Entfernung hätte ich auch gut zu Fuß zurücklegen können. Enttäuscht steige ich aus und bezahle den Fahrpreis. Die Fahnen an der Front und das große Schild am Torbogen zeigen mir, daß ich tatsächlich die Advanced Organisation Saint Hill vor mir habe. Die AOSH, unter Scientologen nur Äosch genannt, hatte ich mir in meinen Träumen immer als ein großes Gebäude vorgestellt, das die besondere Stellung der Scientologen auf der Welt angemessen repräsentiert. Ich schlucke meine Enttäuschung herunter und betrete den Torbogen, in dem die Türen zum Gebäude liegen: ein Gebäudegeviert, das in zwei Richtungen begangen werden kann. Das Schild Rezeption zeigt mir den Weg, den ich jetzt gehen muß.

»Zum Crash-Kurs, bitte«, sage ich dem Rezeptionisten, der mir in einem fließenden Kauderwelsch antwortet. Nach ein paar Minuten haben wir endlich doch so weit verständigt, daß ich ungefähr die Richtung weiß, in die ich mich zu bewegen habe.

Gestank und muffige Luft schlagen mir entgegen, noch ehe ich den Kursraum erreicht habe. Auch deshalb verharre ich atemlos vor der Tür. Den Kursraum einfach zu betreten wäre nach den Regeln ein Verbrechen. Zum Glück ist in der Tür ein Fenster eingelassen, durch das ich angestrengt nach Sabine suche. Plötzlich tippt mir jemand auf die Schulter. Ein strahlend weiß gekleideter Offizier spricht mich in schönstem Schweizer Englisch an. Nach Sabines Beschreibungen muß das Tom, der Kursleiter, sein. Ich erkläre ihm meine Anwesenheit, und er scheucht mich davon. Zur Mittagspause könnte ich meine Sabine sehen.

Mißmutig schlendere ich durch das Gebäude, auf der Suche nach einem Kaffeeautomaten. Überall sehe ich Verfall und Verwahrlosung. Soll etwa von hier aus die Menschheit errettet werden? Erstaunlicherweise sind die Menschen, die mir bei meinem Rundgang begegnen, bester Laune, und langsam lasse ich mich davon anstecken. Das beste wäre, irgend etwas zu tun. Irgendwann stoße ich auf eine Abteilung, in der Briefe für den Versand fertiggemacht werden. Den Offizier spreche ich kurz entschlossen an, ob ich hier helfen könne. Er fragt nach meiner Ethikanweisung und ist erstaunt, daß ich aus freien Stücken helfen will. So habe ich wenigstens etwas bis zur Mittagspause zu tun. Meine gute Laune kehrt zurück, und ich finde auch alles nicht mehr so schlimm wie in der ersten Stunde.

Sabine ist beim Verlassen des Kursraums tief in ein Gespräch verwickelt. Erst als ich sie fest umfasse und an mich ziehe, jubelt sie laut auf und beginnt, vor Freude zu weinen. Die Mittagspause ist kurz, und wir verbringen sie auf einer Bank vor dem Rathaus. Sabine sieht gehetzt und abgekämpft aus. Sie hat beträchtlich an Gewicht verloren und ist sehr mager. Schon bei der Umarmung hatte ich es festgestellt, doch mit leuchtenden Augen versichert sie mir, daß es ihr gut gehe. Aber ihre leuchtenden Augen wirken unnatürlich groß in ihrem schönen Gesicht. Wieder beschleicht mich ein Anflug von Sorge, doch die Freude über unser Wiedersehen nach mehr als drei Monaten drängt diese Sorge rasch zurück.

»Ich habe für uns ein Zimmer im Nordland reserviert«, erzählt sie rasch zwischen zwei Küssen. »Du kannst deine Sachen dorthin bringen. Heute habe ich noch einige *Checkouts* zu machen, und vor morgen Mittag werde ich nicht fertig sein. Wir treffen uns nach Kursschluß heute nacht. Bis dahin schaust du dir am besten Kopenhagen an.«

Sabine und all die anderen eilen im Dauerlauf durch die Straße hinein in die AOSH. Ihr Lockenkopf verschwindet in der Menge, und ich stehe etwas ratlos auf der Jernbarnegade, der Straße, von der ich mir so viel erhofft und versprochen hatte.

Das Nordland Hotel liegt nicht weit vom Bahnhof, so wie Sabine es mir beschrieben hat. Mir bleiben noch viele Stunden bis zum Kursende, Stunden, in denen ich durch Kopenhagen laufe, letztendlich aber nicht viele Eindrücke aufnehme. Meine Gedanken kreisen um Sabine, Kopenhagen und Scientology.

Das Nordland hat einen hübschen Innenhof, aber schäbige Zimmer. Auch hier die gleiche Verwahrlosung wie in der AOSH. Die Prospekte vom Nordland Hotel hatten mir einen ganz anderen Eindruck vermittelt. Aber als ich hinter mir und Sabine die Tür schließe, will ich von all dem nichts mehr wissen. Ich sehe nur noch sie. Wir entkleiden uns stumm, aber unsere Hingabe füllt den Raum. Ich betrachte ihren schönen Körper. Irgendwie wirkt sie verletzt und geschunden, doch ich entdecke nirgends einen blauen Fleck. Was hat man ihr angetan? Zärtlich ziehe ich sie an mich, und ich merke, daß sie nichts dringender braucht als stumme, einhüllende Geborgenheit. Tausend Fragen drängen sich mir auf, doch schon nach wenigen Sekunden ist sie wie ein Kind in meinen Armen eingeschlafen. Lange noch liege ich wach, wage nicht, sie aus meinen Armen zu schieben, um eine Zigarette zu rauchen.

In der Frühe finde ich nur einen Zettel von Sabine.

Mein Liebling.
Ich wollte dich nicht wecken, aber ich muß pünktlich auf Kurs sein. Sei um zwölf da, dann bekomme ich meine Urkunde und bin endlich ein Class IV Auditor. Tausend Küsse.

Wird sie heute wirklich fertig? Schon dreimal war ihr Abschluß verschoben worden. »Sabine hat noch nicht genügend Absicht«, erklärte mir Beate. »Ich möchte nicht, daß du sie in diesem Zustand besuchst. Wenn du ihre niedrige Statistik belohnst, wird sie sich nicht verbessern wollen.«

»Belohnt man Nichtproduktion, erhält man Nichtproduktion. Bestraft man Produktion, erhält man Nichtproduktion. Der Wohlfahrtsstaat kann als ein Staat definiert werden, der Nichtproduktion auf Kosten der Produktion belohnt. Seien wir also nicht überrascht, wenn wir alle als

Sklaven einer verhungerten Gesellschaft enden«, heißt es zum Beispiel in meinen Arbeitsunterlagen. Schweren Herzens mußte ich also auf meinen Osterbesuch in Kopenhagen verzichten. Trost und Mitleid gehören nicht zum scientologischen Erfolgssystem. In Beates Augen war ich bereits ein Top-Scientologe, weil ich mit mir selbst gnadenlos hart umgehen konnte. Aber ich zweifelte insgeheim an dieser Einschätzung, denn um ein wirklich guter Scientologe zu sein, müßte ich diese Härte auch anderen gegenüber anwenden, und das fiel mir nach wie vor schwer. Das Belohnungs- und Bestrafungssystem der Scientologen hielt ich nicht für pädagogisch wertvoll, aber Beate hielt mir entgegen: »Wohin hat uns Pädagogik und Wissenschaft denn geführt? Wir leben in einer kriegerischen Welt, Verbrechen nehmen zu, der Drogenhandel blüht. Soll das ewig so weitergehen?«

Das rhythmische Klatschen ist fast bis zum Eingang zu hören, als ich gegen Mittag die Treppen zur AOSH hochlaufe. Kursabschlüsse werden frenetisch gefeiert, und tatsächlich steht Sabine ebenfalls in der Reihe der Gefeierten. Sie hat ihre Abschlußurkunde erhalten, und der Heimreise steht nun nichts mehr entgegen. Trunken vor Glück fällt mir Sabine in den Arm, doch seltsamerweise fühle ich mich als einer von vielen, als sei ich austauschbar gegen jeden beliebigen Körper. Unsere Beziehung hat sich verändert.

»Wir können auf dem Schiff essen«, dränge ich Sabine zur schnellen Abreise, doch im Nordland wartet eine böse Überraschung auf uns. Alle Türen sind verschlossen, und wir kommen nicht an unser Gepäck. Das gesamte Gebäude ist von Kammerjägern vergast worden, um die vielen kleinen nicht zahlenden Gäste zu vertreiben. Uns bleibt nichts anderes übrig, als einige Stunden zu warten, bis alles wieder entlüftet ist.

»Beate hat dir für morgen frei gegeben, damit wir einen gemeinsamen Tag verbringen können.« Wir stehen eng umschlungen an der Reling und schauen zurück auf das entschwindende Dänemark.

»Eigentlich wollte ich dich ja mit nach Saarbrücken nehmen, zur Designertagung, aber das wird dann wohl nichts.« Ich versuche, jede Form von Enttäuschung aus meiner Stimme herauszuhalten, aber Sabine merkt es dennoch.

»Weißt du, nach all den Monaten des Trainings brenne ich darauf, endlich das zurückzugeben, was ich von Ron, Jens und Beate erhalten habe. Ich muß ihnen jetzt beweisen, das meine Ausbildung wertvoll ist.«

»Und unsere Beziehung, ist die nicht wertvoll? Ich habe dich so lange nicht gesehen.«

Sabine drängt sich enger an mich und flüstert: »Wir haben doch eine so enge Beziehung, die weit über das hinausgeht, was andere für sich empfinden. Wir haben unsere Thetabeziehung, und die ist besonders wertvoll.«

»Über Theta, über unsere Gedanken allein, werden wir keine Kinder bekommen, oder ist das jetzt auch nicht mehr wichtig?«

Sabine dreht sich weg: »Ach, laß uns da ein andermal drüber reden. Jetzt fahren wir erst einmal nach Hause und starten ein ganz neues Leben. Unsere Zukunft wird positiv sein.«

»Nein, Sabine ist nicht hier. Ich habe sie nach Hause geschickt.« Verblüfft lege ich den Telefonhörer auf die Gabel. Mehr ist aus Beate nicht herauszubekommen. Was mag in Düsseldorf geschehen sein? Die Designertagung in Saarbrücken war zu Ende, und ich wollte Sabine nur rasch Bescheid sagen, daß ich mich nun auf den Heimweg mache. Weder in der Agentur noch zu Hause hebt jemand ab, und so steige ich sorgenvoll in meinen Wagen. Die Tachonadel klettert auf 200, und ich fahre so schnell, wie es der Verkehr zuläßt. Sabine arbeitet jetzt seit knapp einer Woche als Auditorin in Düsseldorf, eine Woche, in der ich sie kaum zu Gesicht bekam. Ihr Gehalt, lächerlich gering, wird angesichts des enormen Zeiteinsatzes noch lächerlicher.

Welche Katastrophe mochte während meiner Abwesenheit stattgefunden haben?

Es dämmert bereits, als ich Krefeld erreiche. In der Wohnung brennt kein Licht, und meine Sorge nimmt wieder zu. Sabine sitzt im Dunkeln auf der Couch und sagt kein Wort. »Was ist los, was ist passiert?« frage ich und hocke mich zu ihr.

»Mutter«, sagt sie tonlos. »Mutter war gestern im Center und hat Lärm geschlagen. Sie wollte meinen Arbeitsvertrag sehen, wollte wissen, ob ich krankenversichert bin, wieviel Urlaub mir zusteht. Beate hat sie rausgeworfen und mich dazu. Ich soll sie zur Vernunft bringen, und solange mir das nicht gelingt, darf ich nicht weiterarbeiten.«

Verblüfft vernehme ich diese Neuigkeiten. Während Sabine in Kopenhagen war, hatte ich die Eltern regelmäßig besucht und nicht den Eindruck bekommen, als sei von dort eine Gefahr zu erwarten.

Sabines Augen sind unnatürlich groß, wie unter Schock, doch dann wirft sie sich in meine Arme und weint.

»Nein, Norbert, es gibt keinen anderen Weg. Das ist

Richtlinie.« Auch wenn Beate wie immer freundlich ist, so bleibt sie vollkommen unnachgiebig. »Tut mir leid, daß es auch dich betrifft, aber da du mit Sabine zusammenlebst, bist du von dieser Order genauso betroffen. Kein Training, kein Auditing, solange ihr die Situation nicht in den Griff bekommt.«

»Und wenn Sabines Mutter sich nicht beruhigen läßt, wenn sie sich weigert, aus dieser APG, der Aktion Psychokultgefahren, auszutreten? Die können uns doch für immer blockieren.«

»Du bist ein fähiger Thetan, Norbert, ich bin sicher, daß ihr das ganz schnell hinbekommt. Wir möchten ja auch, daß Sabine wieder als Auditorin arbeiten kann und du weiter für Expansion sorgst. Im übrigen hast du bei Cordula ja ganz schnell eine Lösung gefunden.«

Richtig, mit Cordula gibt es eine klare Regelung, die Hubbards Anweisung — Handhaben oder Trennen — entspricht. Vor zwei Wochen wurde die Scheidung ausgesprochen und damit der endgültige offizelle Beweis der Trennung erbracht.

»Ich bin jetzt euer Ethikoffizier«, fährt Beate fort, »und damit euer einziger Ansprechpartner. Das einzige, was ihr studieren dürft, ist das Material über Unterdrükkung und wie man sie zerschlägt. Dir übertrage ich auch die Verantwortung für Sabine. Schreib über alles einen Wissensbericht. Ich möchte genau wisse, auf was Sabine reagiert, damit wir das alles handhaben können.«

Gehorsam, aber auch wütend mache ich mich auf den Heimweg. Allerdings bin ich nicht sicher, auf wen ich wütend bin. Auf Sabines Mutter, weil sie diesen Ärger verursacht hat, auf Sabine, weil sie ihre Mutter nicht handhaben kann, oder auf Beate, weil sie eiserne Regeln aufstellte Scientology ist ein funktionierendes System, und dieses schreibt mir nun genau vor, wie ich zu tun und zu lassen habe. Ist Scientology am Ende nur ein riesiges Monopoly-Spiel, das nur funktioniert, wenn man die Regeln strikt einhält?

»Lest ihr eigentlich nicht die Rheinische Post?« Francesco grinst und wirft die Zeitung auf den Tisch. »Ihr kommt da ganz groß raus: *Krefelder Designer verführt Praktikantin zur Sekte. Eltern sind empört.*«

»Ich bin auch empört«, sagt Sabine wütend. »Sie geben einfach nicht auf. Sie trampeln auf meinem Leben herum, wühlen in unserem Privatleben und verbünden sich auch noch mit Norberts Exfrau.«

Ein paar Wochen hatten wir Ruhe gehabt, alles schien sich wieder langsam einzurenken und nun diese erneute Eskalation. Unser Freundeskreis war klein geworden, nachdem Sabines Eltern systematisch alle Verwandten angerufen hatten. Wir fühlten uns langsam wie Ausgestoßene. Bei solchen Zeitungsartikeln würden auch noch die Kunden aufmerksam werden und vielleicht sogar abspringen.

»Gestern war ich bei deinen Eltern«, fährt Francesco fort, »sie wollten mich für diesen Verein anwerben. So aktiv habe ich deine Mutter noch nie erlebt. Deine Exfrau war übrigens auch da«, wendet er sich an mich, »zusammen mit deinen Kindern. Ich fürchte, da bekommst du noch Schwierigkeiten. Sie planen, die Kinder nicht mehr zu euch zu lassen. Ihr würdet sie auch noch in diese Sekte hineinziehen wollen. Und wenn ihr beide heiratet, denn werden sie Ärger machen.«

Schöne Aussichten! In einer Woche soll die Hochzeit stattfinden. Gut, daß wir unsere Eltern noch nicht darüber informiert haben.

»Dann werden wir eben in ganz kleinem Kreis feiern. Damit haben sie sich selbst ausgeladen«, stelle ich nüchtern fest. »Ich hoffe, du bleibst wenigstens unser Trauzeuge.« Francesco nickt: »Auf mich könnt ihr euch verlassen. Ich verstehe die ganze Aufregung sowieso nicht.«

Sabine nimmt Francesco in den Arm. Ihre langjährige Freundschaft hat Bestand und ist auch durch Scientology nicht zu erschüttern. Schön, wenn es überall so wäre.

»Tut mir leid, aber die Kinder sind heute bei Freunden.« Cordula lächelt mich an, aber ich kenne sie lange genug, um zu wissen, daß dieses Lächeln nicht freundlich gemeint ist. Es ist ihre Form der eisigen Abwehr.

»Es ist mein Tag, dieser Tag mit den Kindern steht mir zu!« Wut kriecht in mir hoch.

»Wenn es dir nicht gefällt, dann mußt du dir einen Anwalt nehmen. Mehr habe ich dazu nicht zu sagen.«

Cordula knallt die Tür zu. Eine einfache Art, ein Gespräch zu beenden. Die Katastrophen scheinen in diesem Jahr kein Ende nehmen zu wollen. Kaum eine Woche nach der Hochzeit, wenigstens einem kleinen Lichtblick in unserem Leben, verweigert Cordula mir die Kinder. Francesco hatte von dieser Gefahr gesprochen, doch ich wollte es ja nicht glauben. Möglicherweise war es gerade die Hochzeit, die das Faß zum Überlaufen brachte. Cordula mußte endgültig einsehen, daß sie mich nicht zurückbekommt, wie sie wohl immer noch gehofft hatte. Während Sabine in Kopenhagen war, besuchte sie mich ständig, hielt regen Kontakt mit meinen Eltern und beklagte sich sogar bei meiner Mutter, ich würde gar nicht bemerken, daß sie sich positiv verändert habe.

»Mir bleibt wohl keine Wahl. Cordula treibt es auf die

Spitze, und wenn ich meine Kinder jemals wiedersehen will, muß ich wohl ein Gericht einschalten.«

Wieder sind Monate vergangen, ohne daß sich irgend etwas bewegt hätte. Immer noch sitzen wir zwischen allen Stühlen. Beate ist als Ethikoffizier unerbittlich und läßt uns nicht weiterstudieren, solange wir unsere Familie nicht gehandhabt haben, und die Familie bleibt stur, solange wir nicht Scientology verlassen. Einzig meine Mutter bleibt unter allen Bedingungen gesprächsbereit, aber auch sie billigt unsere scientologische Lebensführung ganz und gar nicht.

»Die Kriminellen und Verbrecher haben ganze Arbeit geleistet«, seufze ich.

Sabine nickt zustimmend, und auch Jens ist der gleichen Meinung: »Wenn sie ihre Ethik nicht freiwillig *rein bekommt*, dann mußt du eben dafür sorgen, daß sie sich ethisch verhält. Du mußt die Verbrechen aufdecken, die sie ständig begeht.«

Das Jahr vergeht wie im Fluge, aber wir kommen kaum von der Stelle. Trotz unzähliger Briefe und Telefonanrufe bleibt Cordula unversöhnlich. Sabines Eltern sind immer noch aktiv in der APG und trotz aller Arbeit und aller Ausbildung geht es auch geschäftlich nur zäh voran. Im Scientology Center laufen weiter Ethikmaßnahmen, aber auch die zeigen keine rechte Wirkung. Jens spricht gerne von der allgemeinen Unterdrückung auf der Welt und betont, daß es gerade die Besten sind, die am härtesten angegriffen werden. Dies ist aber auch nur ein schwacher Trost, wenn es einem selbst langsam an die finanzielle und moralische Substanz geht. Können wir noch lange durchhalten? Bin ich vielleicht inzwischen doch so durcheinander, daß ich nicht mehr richtig von falsch unterscheiden kann? Ron sagt, daß jeder Angreifer

Verbrechen begeht und bereits vorher begangen hat. Das sei immer das Motiv für den Angriff. Aber was sollen das für Verbrechen sein? Sabine und ich zermartern uns Tag für Tag das Hirn auf der Suche nach Erklärungen. Ist ihr Vater ein Krimineller, hat er irgendwann, irgendwo vielleicht ein Verbrechen begangen und verheimlicht? Einmal kommt sie mit einer Geschichte, daß sie eine Stiefschwester in Frankreich habe, ein anderes Mal spricht sie plötzlich von Mißbrauch und erklärt damit ihre sexuellen Probleme. Ich ermahne sie, nicht zuviel zu spekulieren, sondern von Fakten auszugehen. Wenn ich, ohne es zu bemerken, geisteskrank geworden sein sollte, dann möchte ich darüber Klarheit haben. Ich werde einen Psychologen aufsuchen und ihn bitten, mich vorbehaltlos zu untersuchen.

»Sie sollten mir erzählen, wo das Problem liegt.«

Dr. Müller sieht mich neugierig an. Für ihn bin ich ein ziemlich ungewöhnlicher Fall. Daß jemand freiwillig einen Psychologen um ein Gutachten bittet, ist ihm noch nicht untergekommen.

»Nun, ich bin Scientologe, das heißt, Mitglied einer Gemeinschaft, die sich mit dem Studium der Weisheit beschäftigt. Meine Exfrau ist nun der Meinung, daß dadurch das Wohl unserer gemeinsamen Kinder gefährdet sei. Sie verweigert mir mein Besuchsrecht, so daß ich meine Kinder schon über ein Jahr nicht mehr sehen konnte. Es gibt sogenannte Experten, die behaupten, Scientology mache geisteskrank. Ich will einfach wissen, ob das stimmt, ob ich durch Scientology verrückt geworden bin.«

Dr. Müller lächelt: »Sie meinen sicherlich, ob sich ihr Sozialverhalten geändert hat und ob sie noch korrekte Entscheidungen treffen können.«

»Genau das meine ich. Ich bin der Meinung, daß meine Exfrau die Kinder als Waffe gegen mich verwendet, weil sie immer noch nicht verwunden hat, daß ich sie verlassen habe.«

»Das ist bei Trennungen immer ein großes Problem«, meint Dr. Müller. »Allzu oft wird der Kampf leider auf dem Rücken der Kinder ausgetragen. Wenn Sie einverstanden sind, dann werde ich Sie untersuchen, dabei jedoch das Kindeswohl in den Vordergrund stellen.«

»Damit bin ich völlig einverstanden. Ich möchte auf keinen Fall meine Kinder negativ beeinflussen, auch nicht unbewußt. Leider muß ich jetzt einen Familienprozeß führen, aber wenn Sie bei Ihrem Gutachten zu der Überzeugung kommen, daß ich als Vater ungeeignet bin, dann werde ich freiwillig auf den Umgang mit meinen Kindern verzichten.«

Dr. Müller nickt. »Einverstanden, ich werde alle Tests machen, die möglich sind, aber ich sage Ihnen gleich, man wird Ihnen dennoch vorhalten, das Gutachten selbst bezahlt zu haben.«

»Das muß ich erst einmal in Kauf nehmen. Notfalls kann das Gericht ja ein eigenes Gutachten in Auftrag geben, falls man Ihnen nicht glaubt.«

Eigentlich zweifle ich nicht an einem positiven Ergebnis. Ich kann mir kaum vorstellen, daß sich bei mir ein »Realitätsverlust« eingeschlichen haben soll, wie unsere Gegner immer wieder behaupten. Psychologen gehören zwar zu den grundsätzlichen Feinden, wie Ron immer wieder sagt, aber ein scientologisches Gutachten würde das Gericht schon gar nicht anerkennen. Deshalb bin ich gezwungen, ausnahmsweise mit einem Feind zusammenzuarbeiten. Beate erzähle ich lieber nichts davon, ich weiß nicht, ob sie meine Handlungsweise dulden würde.

»Brigitte möchte dich sprechen.«

Trotz der angespannten Lage begrüßt mich Beate freundlich und liebevoll wie immer.

»Wer ist Brigitte?«

Beate zwinkert mir zu und legt vertraulich den Arm um meine Schulter: »Sie ist die Leiterin des Guardian Office. Sie ist in meinem Büro.«

Erschrocken halte ich die Luft an. Der Geheimdienst hier bei uns, ist die Lage so ernst? Verstört stolpere ich über den Flur auf Beates Büro zu.

Als ich die Tür öffne, schaue ich als erstes auf zwei nackte Füße mitten auf dem Schreibtisch. Dahinter im Sessel liegt eine schwarzhaarige Frau. Sie brüllt ins Telefon, und mit einer wilden Armbewegung bedeutet sie mir, hereinzukommen und die Tür zu schließen. Verblüfft starre ich auf die Frau, die lautstark halb englisch halb deutsch telefoniert und mir gleichzeitig gestikulierend Regieanweisungen gibt, einen Stuhl zu nehmen, mich zu setzen und aus der Kaffeekanne zu bedienen, falls ich das möchte. Erst als ich mit der Kaffeetasse in der Hand Platz genommen habe, bemerke ich den schmächtigen Mann, der hinter der Schreibmaschine hockt und mit einer Mischung aus Wachsamkeit und hündischer Treue auf weitere Anweisungen zu warten scheint.

»Hallo, du bist der Norbert, gell?« dröhnt es mir im schönsten Bayrisch entgegen. »Ich bin die Brigitte und der da ist der Peter. Wir sind hier, um eure *Sit* zu handeln.«

So habe ich mir einen Geheimdienst nun wirklich nicht vorgestellt, wenn ich auch andererseits kaum sagen kann, was ich statt dessen erwartet habe. Nun sitzen sie mir jedenfalls gegenüber, um unsere Situation in Ordnung zu bringen.

Endlich nimmt Brigitte ihre Füße vom Tisch und schwingt sich hoch. Neugierig mustert sie mich: »Beate sagt, du wärst okay, auf dich könnten wir zählen. Was ist los in Krefeld?«

Sie hockt sich auf die Schreibtischkante, und während sie mich weiter aufmerksam betrachtet, beginne ich zu erzählen.

»Eigentlich lief alles wunderbar. Ich kann mir gar nicht erklären, wie plötzlich diese Unruhe entstanden ist. Sabine war in Kopenhagen, und in der Zwischenzeit habe ich Kontakt zu ihren Eltern gehalten. Sie sorgten sich um ihre Tochter, aber in erster Linie ging es dabei um Geld. Sabine hatte wohl ihr Konto überzogen, wie ihre Eltern beim Öffnen der Post feststellten. Aber ich konnte sie schließlich noch beruhigen. Mit meiner Frau gab es auch keine Probleme, bis sie vom Krefelder Jugendamt zu einem Verein mit Namen ›Aktion Psychokultgefahren‹ geschickt wurde. Ein gewisser Herr Mucha hat sie aufgestachelt, aggressiver gegen mich vorzugehen. Wir hatten leider vor Jahren einen Ehevertrag abgeschlossen, in dem ich ihr die gesamte Ateliereinrichtung und Ausrüstung überschrieb. Die hat sie jetzt vollständig rausgeholt, um meine Firma zu ruinieren. Zu guter Letzt hat sie noch Sabines Eltern kennengelernt, und jetzt arbeiten sie gemeinsam gegen uns. Dann ging alles ziemlich schnell. Ich holte Sabine aus Dänemark ab, und sie begann ihre Arbeit im Center. Während ich auf einer Berufstagung in Saarbrücken war, tauchte ihre Mutter im Center auf und schlug Alarm. Beate hat dann Sabine nach Hause geschickt mit dem Befehl, die Eltern zu beruhigen. Bevor das nicht gelingt, darf sie im Center nicht weiterarbeiten. Und dann kam die Artikelserie in der Zeitung mit der Behauptung, ich würde in Krefeld ein neues

Scientology Center planen. Sie haben ziemlich negativ über uns berichtet, und meine Kunden sind teilweise schon ganz aufgeregt.«

»Das war alles dieser Mucha«, wirft Brigitte ein. »Anyway, um den kümmern wir uns. Deine Exfrau und Sabines Eltern sind Mitglied in diesem Verein und Mucha hat sie in der Tat aufgehetzt. Das ist ein richtiger Scharfmacher. Und jetzt kommt ein heikler Punkt. Wir müssen jemanden in diesen Verein einschleusen. Was die da treiben, ist absolut illegal. Kannst du uns dabei helfen?«

Peter hockt weiter hinter der Schreibmaschine, blaß und scheinbar unbeteiligt. In Brigittes Redeschwall taucht nach fast jedem zweiten oder dritten Satz das Wort »anyway« auf, vielleicht auch als Einleitung für den Folgesatz.

»Wen können wir dort einschleusen?« Brigitte kaut nachdenklich an ihrer Unterlippe. »Kennst du diesen Mucha?«

»Inzwischen ja. Wir haben ein unerquickliches Gespräch bei Sabines Eltern geführt. Ein dunkler, unsympathischer Mann.« Brigitte nickt kurz. »Anyway, wäre sowieso unsinnig, dich da einzuschleusen. Du mußt also jemanden finden, der den Job für uns macht.«

Hilflos zucke ich die Schultern: »Ich weiß nicht recht . . .«

»Ein Freund vielleicht«, drängt Brigitte, »jemand, der bereit ist, dich zu unterstützen. Peter trainiert dich darauf, wie du das zu machen hast. Du arbeitest dann für uns, bis die Situation gehandhabt ist. Auf Kurs dürft ihr beide im Augenblick sowieso nicht.«

Francesco fällt mir ein, Sabines alter Freund. Der wäre geeignet, den besorgten Freund zu spielen und sich so in

159

die APG einschleusen zu lassen. Man wollte ihn vor ein paar Monaten schon anwerben, aber er hatte abgelehnt. Wenn er sich jetzt umentscheidet, würde das nicht weiter auffallen. Brigitte nickt begeistert: »Beate hat recht. Du duplizierst sofort, um was es geht. Anyway, mit dir können wir arbeiten.«

»Du willst doch, daß deine Kinder bald bei dir wohnen.«

Peter meldet sich mit fast beschwörender Stimme aus dem Hintergrund, seine Augen sind dabei fest auf mich gerichtet. »Ron sagt: Wir sind hier nicht zum Spiel. Unsere persönliche Zukunft hängt davon ab, daß wir weitermachen und keine größeren Fehler begehen.«

Peters Worte treffen mich bis ins Mark, als er mich an meine Kinder erinnert. Für Sandra und Helen muß ich es tun, das ist das einzige, was jetzt zählt. Ich darf sie nicht länger nur Cordulas Einfluß überlassen.

»Vergiß nicht, wir befinden uns im Krieg, und wir müssen diesen Krieg gewinnen.« Peter verabschiedet mich mit dieser letzten Aufforderung und Durchhalteparole.

Merkwürdige Gedanken spuken mir im Kopf herum, während ich gemächlich nach Hause fahre. Schnellfahren kann ich in diesem Zustand nicht. Mitarbeiter eines Geheimdienstes zu sein erscheint mir fast ein wenig albern, aber andererseits sind tatsächlich schwerwiegende Probleme zu lösen. Habe ich mich noch unter Kontrolle, oder werde ich inzwischen von anderen gesteuert? Sabine wird sicher nicht begeistert sein, daß ich jetzt für den Geheimdienst arbeite, aber habe ich denn eine andere Wahl? Wir müssen der drohenden Isolation entrinnen, uns entscheiden, wo unsere Freunde sind. Von der Gesellschaft, das haben wir inzwischen zur Genüge erfahren, haben wir keine Unterstützung zu erwarten. Uns bleibt nur die Flucht nach vorn.

»Meine Eltern wollen uns gleich besuchen.« Sabine empfängt mich mit nervöser Anspannung, wie ich sie in den letzten Wochen leider so oft erlebe. Nachts schreit sie im Traum auf, am Tag wird sie von Weinkrämpfen geschüttelt. Wenn nur eine Lampe flackert, fühlt sie sich bereits von bösen Mächten bedroht. »Es ist Beate«, flüstert sie dann. »Sie ist hier, sie droht mir.«

Wenn ich Beate davon erzähle, zuckt sie nur die Achseln: »Das geht vorbei, das ist die reaktive Bank in ihr, die nicht weichen will. Du mußt sie unter Druck setzen, damit sie ihre Ethik wieder *rein bekommt*.« Sie hat gut reden!

»Willst du deine Eltern sehen, oder was sollen wir tun?« Sabine gibt keine Antwort. »Sabine, es hat geklingelt. Du mußt mir schon sagen, was du jetzt möchtest.«

»Schick sie weg, ich will sie nicht sehen«, antwortet sie tonlos.

Mit gemischten Gefühlen gehe ich zur Tür. Bruno und Hannelore tun mir irgendwie leid. Es wäre doch gar nicht so schwer, miteinander zurechtzukommen. Leider haben sie sich in diesem Verein total den Kopf verdrehen lassen. Man hat ihnen Angst gemacht, und nun werden sie damit nicht mehr fertig.

Bruno stellt einen Karton mit Sabines Sachen auf den Boden. Er grinst mich schief an, weiß auch nicht so recht, wie wir diesen ganzen Konflikte beseitigen sollen, die unsere Beziehung so durcheinander gebracht haben.

»Tut mir leid«, sage ich zu Hannelore, die gleich die Treppe zur Wohnung heraufgehen will, »ich glaube nicht, daß Sabine dich hereinläßt.«

Im nächsten Moment taumele ich durch den Flur. Irgend etwas schlägt gegen meinen Kopf, und ich stürze zu Boden.

Überrascht schaue ich hoch und sehe Bruno in Boxerstellung vor mir stehen. Ich habe seine Faustschläge überhaupt nicht kommen sehen.

»Du Lump«, brüllt er, »das machst du nicht noch mal mit mir.«

Sabine stürzt kreischend die Treppe herab und trommelt mit Fäusten auf ihren Vater ein. Völlig benommen, taste ich meinen Kiefer ab, der langsam zu schmerzen beginnt. Während ich auf der Suche nach meiner Brille bin, die irgendwohin geflogen ist, beginnt der ungeordnete Rückzug der Eltern. Brauchen wir nun noch einen weiteren Beweis für die kriminellen Handlungen der Scientology-Gegner? Auch wenn ich lange Zeit skeptisch war, wieder einmal bestätigt sich das, was Ron über diese Menschen sagt: Sie sind zerstörerisch, wollen das Gute nicht zulassen. Wenn ein Mensch sich verbessert, geraten sie sofort in Raserei und wollen ihn vernichten.

Die Arbeit im Geheimdienst entpuppt sich zunächst als viel langweiliger, als ich dachte. Ich als neuer James Bond im Dienste seiner Majestät? Weit gefehlt. Keine aufklappbaren Schuhsohlen, keine Pistolen, kein technisches Spielzeug. Nicht einmal der Einsatz von Abhörgeräten stand auf dem Programm.

Zuerst geht es vielmehr darum, die aktuellen Ereignisse zu verarbeiten. Mein schmerzender Kiefer erinnert mich ständig an Brunos Boxhiebe, und auch wenn Brigitte und Peter sich mitfühlend zeigten, so waren sie doch entzückt, endlich einen schönen Fall zu haben. *Ehemaliger Amateurboxer schlägt seinen scientologi-*

schen Schwiegersohn zu Boden. Peter formuliert zahlreiche Pressemitteilungen, die aber leider von keiner Zeitung gedruckt werden. Die Presse ist weiterhin fest in der Hand der Anti-Scientologen, wie wir ja schon lange vermutet haben.

Dann beginnt Peter mit dem Training. Unsere Rollenspiele erweisen sich als amüsant und kurzweilig. Ich lerne, wie ein Journalist Fragen zu stellen, wie ich Tonfall und Stimmlage zu variieren habe. Besonders intensiv trainieren wir »Störung des privaten Umfeldes«. Das scheint Peters Spezialität zu sein.

»Weißt du, die meisten Menschen sind ganz leicht zu beeinflussen. Du darfst nie Behauptungen aufstellen, weil man dir dann leicht widersprechen kann. Du mußt immer nach Möglichkeiten fragen, Vermutungen äußern. Das beschäftigt die Leute dann, das bindet sie ein in deine Strategie. Du fragst zum Beispiel: »Sind ihnen aus der Vergangenheit des Herrn Mucha irgendwelche Verurteilungen bekannt?« Niemand gibt gerne zu, daß er nichts weiß. Also nicken die Leute, tun so, als ob sie nachdenken, und vielleicht erzählen sie dir sogar von irgendeinem Gerücht, das sie schon mal gehört haben. Auch wenn sie absolut nichts wissen, fangen sie doch an zu grübeln. Das ist wie eine Bombe mit Zeitzünder. Der Mucha braucht dann nur einmal zu vergessen, eine Nachbarin zu grüßen, und schon rumort es in ihr. Wenn du deine Fragen in der ganzen Umgebung richtig plazierst, wird das ein Selbstläufer.«

Peter nickt selbstgefällig und fährt dann fort: »Wir wissen, daß er in Afghanistan war. Von dort kommen viele Drogen. Frag also nach möglichen Zusammenhängen, Drogenhandel vielleicht. So finster, wie der Mucha ausschaut, hat der keine Chance. Mit Drogen kannst du fast jeden ausheben. Das ist ein Offizialdelikt, da muß jeder Beamte schon beim Verdacht aktiv werden. Der wird sich wundern, wenn er das nächste Mal über eine Grenze fährt. Die nehmen ihm den Wagen komplett auseinander. Wenn Beamte einen Verdacht haben, werden sie argwöhnisch, und wenn sie dann nichts finden, dann werden sie noch argwöhnischer, verstehst du? Du spielst einfach mit der reaktiven Bank der Leute. Die werden verrückt, wenn sie etwas suchen und es nicht finden.«

Als nächstes lerne ich, auffällig Fotos zu machen, damit die Leute merken, daß sie überwacht werden. Natürlich lerne ich auch, unauffällig zu fotografieren, aber die meiste Zeit verbringe ich im Kursraum, um Rons Anweisungen über Public Relations zu studieren: Wie man schwarze Propaganda handhabt.

Leider ist Francesco nicht bereit, für den Geheimdienst zu arbeiten.

»Kein Problem«, meint Peter, »wir haben schon jemanden drin. Wir bekommen jetzt laufend Informationen über die Arbeit des Vereins.«

»Wer ist es denn?« frage ich neugierig.

»Brauchst du nicht zu wissen«, entgegnet Peter, »je weniger darüber bekannt ist, um so sicherer ist unsere Person.«

Mit Indianergeheul stürmt Anyway Barfuß, wie ich Brigitte inzwischen getauft habe, ins Zimmer. »Wir haben sie! Diese Deppen! Es lebe die deutsche Bürokratie.«

Brigitte schwenkt einen Stapel Papier und wirft sich in den Sessel. »Wir haben jetzt jede Menge Sitzungsprotokolle darüber, wie die APG entstanden ist. Das sind konspirative Sitzungen, fein säuberlich protokolliert und fein säuberlich im Amt abgeheftet. Wir müssen sofort zurück nach München, um das weiter auszuschlachten.«

Ohne weitere Fragen zu stellen, beginnt Peter auch schon, seine Sachen zu packen.

»Wir bleiben in Verbindung, du wartest auf weitere Anweisungen«, wendet sich Brigitte an mich. »Sieh zu, wie du Mucha das Leben schwermachen kannst. Überschütte ihn mit Anzeigen, Beschwerden und was auch immer. Amtsmißbrauch, Überschreiten von Befugnissen, Religionsverfolgung, Verschwendung von Steuergeldern, was immer dir einfällt. Schick uns von allem Kopien. Und denk daran, wir befinden uns im Krieg, wir müssen diesen Krieg gewinnen.«

Mit der Zeit werde ich ein Meister im Verfassen von Strafanzeigen, die ich auf Mucha herabregnen lasse. Sie reichten von Amtsmißbrauch und Nötigung bis hin zur Religionsverfolgung. Leider muß ich dadurch selbst ständig zum Staatsanwalt, um die jeweilige Anzeige näher zu begründen. Es kostet unglaublich viel Zeit, erweist sich jedoch im Endeffekt als völlig wirkungslos. Der Staat ist gegen uns, wie ich auch feststellen muß, als das Familiengericht in Krefeld meinen Antrag auf Besuchsrecht ablehnt.

»Das ist eine bittere Niederlage für dich«, Sabine nimmt mich tröstend in den Arm. »Ich kann nicht begreifen, wie ein Gericht dir das Recht absprechen kann, deine Kinder zu sehen. Du hattest doch ein so positives Gutachten über dich.«

Noch immer starre ich fassungslos auf das Urteil in meinen Händen — damit hatten weder ich noch mein Anwalt gerechnet.

»Das Gutachten hat mir gar nichts genützt, weil ich es

selbst in Auftrag gegeben habe. Du hättest mal das Material sehen sollen, das die Gegenseite angeschleppt hat. Berge von Aktenordnern! Und sie hatten einen Gutachter, der mich vernichtend aburteilte, ohne mich je gesehen zu haben. Ehrlich gesagt, ich hatte in den letzten Monaten so meine Zweifel, wenn Beate von unseren ›Feinden‹ sprach, aber diese Zweifel hat mir nun ein deutsches Gericht ausgetrieben. Im Ethikbuch schreibt Ron, daß die Justiz leider willkürlich mit dem Gesetz umgeht, und er hat recht.«

»Wir werden weiterkämpfen. Es muß doch ein Gericht geben, daß deine Rechte als Vater schützt.«

»Natürlich, jetzt habe ich keine andere Wahl. Wenn Beate und das Guardiens Office dieses Urteil sehen, werden sie darauf bestehen, daß ich es wieder in Ordnung bringe. Wenn dieses Urteil bestehen bleibt, lachen sich doch unsere Feinde ins Fäustchen. Damit könnten sie alle Prozesse gegen scientologische Väter oder Mütter in Zukunft mit Leichtigkeit gewinnen. Es bedeutet doch nichts anderes, als daß ein Scientologe grundsätzlich zur Erziehung von Kindern ungeeignet sein soll. Wir werden in die nächste Instanz gehen und das Gericht zwingen, ein offizielles Gutachten in Auftrag zu geben. Wir werden weiterkämpfen, und wenn es Jahre dauern sollte.«

»Das ist eine schwere Niederlage für Scientology«, bestätigt Beate ernst. »Bereust du es, ein Scientologe zu sein? Du weißt, daß man dich so zwingen will, von Scientology Abstand zu nehmen?«

»Ja, aber das wird auf keinen Fall passieren. Ich lasse mich nicht erpressen.«

»Ich habe im Auditing herausgefunden, daß es in unserem Feld schwere Unterdrückung gibt, und eine Ermittlung durchgeführt, um die Ursache herauszufinden. Du bist das Opfer einer Verschwörung. Du bist der einzige, der versucht, 100 Prozent Standardtechnologie einzusetzen, und dadurch wirst du zum wichtigsten Gegner für unsere Feinde. Sie haben sich überall eingeschlichen, sogar bei unseren Freunden.«

»Wie meinst du das?« frage ich unsicher. »An wen denkst du konkret?«

»Ist dir noch nie aufgefallen, wie unentschlossen einige von uns mit der Technologie umgehen, wie wenig Mut sie haben, sich für Scientology einzusetzen? Sie verfolgen persönliche Ziele, ohne Ron das zurückzugeben, was er verdient.«

»Meinst du etwa Adele, Bernd und Hanne? Sie bezahlen zwar für ihr Auditing, aber du hast recht, ich finde auch, sie könnten für die Gruppe viel mehr tun.«

»Genau. Ron sagt, Auditing ist unbezahlbar, man erhält viel mehr, als man gibt. Diese drei verzetteln ihr Kräfte in der Wog Welt, machen Geschäfte mit unseren Feinden und werden dadurch angreifbar. Du bist jetzt der Leidtragende für ihre Unentschlossenheit und Halbherzigkeit.«

»Das bedeutet, durch ihre Unethik wird der Feind stärker?«

»Richtig, und wenn sie ihre Ethik nicht selbst wieder *rein bekommen,* müssen wir dafür sorgen. Wir sind hier nicht zum Spaß. Unsere persönliche Zukunft hängt davon ab, daß wir weitermachen und keine größeren Fehler begehen. Es geht nicht darum, ob es noch etwas anderes gibt. Das gibt es nicht. Niemand kann halb in Scientology sein und halb draußen. Scientologen sind Scientologen, egal was für eine Art von Leben sie führen. Ich werde dafür sorgen, daß auch für dich eine sichere Umgebung entsteht, und du wirst ihnen dabei helfen, daß sie ihre Ethik *rein bekommen*. Als erstes wirst du für Bernd arbeiten. Er und Marion machen zwar schon Kommunikationskurse in der Firma, aber das ist viel zu wenig. Sorg dafür, daß sie nach Standardtechnologie arbeiten und nicht mehr davon abweichen, dann wird es auch dir zukünftig bessergehen. Wir werden es morgen bei der Ausstellung einfädeln.«

9

Ein größeres Spiel spielen

Wir begrüßen einen neuen Clear . . .

»Ich fände es sehr gut, wenn Norbert für euch arbeiten würde.« Beate betrachtet interessiert die Ausstellungsbilder des Malers John Dickensen aus Paris und spricht gleichzeitig zu Bernd Samper. Sie selbst ist zwar an Kunst nicht interessiert, aber es geht ihr darum, den Plan von gestern in die Tat umzusetzen.

Marion wird unversehens zur Verbündeten: »Das fände ich toll, wir sollten wirklich enger zusammenarbeiten. Norbert macht phantastische Arbeiten und hat unsere Unterstützung verdient.«

Zu meiner Auditorin Marion ist die Beziehung sehr eng geworden und sie hat schon eine Reihe von Zeichnungen bei mir gekauft. Bernd und Marion haben ihr Herz für die Kunst entdeckt und bemühen sich intensiv um scientologische Maler wie Helmsek, Düring und Dickensen, um sie in ihrem Haus auszustellen. Eigentlich weiß ich nicht so recht, ob Beate mit ihrer Ansicht über Bernd recht hat, aber sie ist ja schon OT und hat dadurch viel bessere Wahrnehmungen als ich.

»Warum nicht«, sagt Bernd endlich. »Wir haben einige neue Immobilienprojekte und sollten uns einmal darüber unterhalten, wie man sie bewerben kann.«

In den letzten Wochen haben Sabine und ich viele neue Aufträge bekommen, aber Bernd als Kunde würde uns einen riesigen Schritt nach vorn bringen.

»Komm morgen um elf«, wendet er sich an mich, »dann können wir die Einzelheiten besprechen.«

Am nächsten Tag bekomme ich einen umfassenden Auftrag über Prospektgestaltung, Imagekampagne, Public Relations und Fotografie von ihm. In der Anfangsphase läuft die Arbeit völlig problemlos, solange wir mit der reinen Werbung beschäftigt sind. Erst als ich beginne, Beates Auftrag in die Tat umzusetzen, beginnt Bernd, Schwierigkeiten zu machen. Sein selbstentworfenes Organisationsboard weicht vollständig vom scientologischen Schema ab, Statistiken werden falsch und unvollständig geführt, und sogar den Persönlichkeitstest setzt er nicht ein. Da sind Ludwig und Hanne viel weiter.

Ich begreife, warum mich Beate als erstes auf Bernd angesetzt hat. Hier fehlen sogar die Grundprinzipien scientologischen Denkens von der Administration bis zur Technologie. Bernd läßt mir zwar freie Hand, mit den Mitarbeitern zu sprechen, die Strukturen der Firma zu überprüfen, aber als ich mit konkreten Vorschlägen komme, bleibt er stur.

»Ich denke nicht daran, etwas zu ändern. Ich habe die Firma so aufgebaut, und so hat es auch wunderbar funktioniert.«

»Aber du hast dich verändert. Du mußt deine Arbeit deinem veränderten Denken anpassen, sonst wirst du scheitern. Du bist bald ein OT III, du hast die wahren Zusammenhänge in diesem Universum begriffen, und es ist einfach deine Aufgabe als Thetan, dieses Wissen nicht nur weiterzugeben, sondern auch konsequent einzusetzen.«

Bernd läßt sich nicht beirren, und auch bei Marion finde ich keine Unterstützung. Sie ist zwar einverstanden, in der Firma als Ethikoffizier zu fungieren, um die Produktivität der Mitarbeiter zu überprüfen, aber gegen den Widerstand ihres Mannes ist auch sie machtlos.

»Laß ihm Zeit, bis er OT III ist. Vielleicht kommen wir dann weiter.«

Auch Beate kann mir keinen entscheidenden Rat geben. »Versuche, seine *Withholds*, seine Zurückhaltungen, zu ziehen«, schlägt sie vor, »aber sei vorsichtig. Er ist schon auf den OT-Stufen und sehr powervoll. Wenn du seine *Withholds* nicht vollständig ziehst, werden sie dir um die Ohren fliegen.«

Und sie fliegen mir tatsächlich um die Ohren! Bernd wird eines Tages äußerst wütend, als ich wieder mit neuen Vorschlägen komme. »Du hast nur das zu machen, was ich mit Sabine in den Besprechungen festlege. Die Struktur der Firma ist ganz allein meine Angelegenheit, da hat mir auch Scientology nicht hereinzureden.«

Wir einigen uns darauf, daß Sabine weiter die wöchentlichen Besprechungen durchführt, während ich die Entwürfe gestalte. Beates Pläne kann ich damit begraben.

1984 ist ein unruhiges Jahr. Irgendwo tobt in Scientology ein gnadenloser Machtkampf, aber niemand weiß genau, wer gegen wen kämpft. Sind es Xenus' markabianische Truppen, die zum Generalangriff angesetzt haben und die Thetanen auf der Erde nun vollständig vernichten wollen? Scientologen verschwinden spurlos, das Noticeboard in der Org ist voller Ethik-Order, Scientologen werden plötzlich zum Unterdrücker erklärt, und niemand darf mit ihnen Kontakt pflegen oder mit ihnen reden, und plötzlich wird das Guardians Office aufgelöst.

Beate bestätigt meine Befürchtungen. Sie kommt von einem Missionsleitertreffen in Los Angeles. Sie wirkt erschöpft und unausgeschlafen, will aber dennoch mit mir sprechen.

»Es ist schlimmer, als ich gedacht habe.« Sie flüstert fast und braucht zum ersten Mal lange, um die richtigen Worte zu finden. »Scientology ist von Feinden unterwandert worden. Rons engster Mitarbeiter, David Mayo, der oberste Fallüberwacher, ist zum Unterdrücker erklärt worden. Er hat die Technologie verfälscht und die ganzen OT-Stufen abgewertet. Rons Leben ist bedroht, und er muß sich verstecken. Das geht schon einige Jahre so, und selbst seine Frau Mary Sue ist davon betroffen. Wie du weißt, leitete sie das *Guardians worldwide*, und man hat Beweise gefälscht, um sie ins Gefängnis zu bringen. Das Guardians mußte aufgelöst werden, um die Verbrecher zu enttarnen. Viele Scientologen bekommen inzwischen Post von einer sogenannten *Freien Zone*. David Mayo hat sich an die Spitze dieser Gruppe gestellt und behauptet, junge Offiziere würden seit Jahren Rons Anweisungen fälschen und Scientology für eigene Machtambitionen ausnutzen. Ich habe diese Offiziere kennengelernt. Du kannst mir glauben, die arbeiten Tag und Nacht, um die Organisation zu retten. Aus Sicherheitsgründen müssen wir die OT-Stufen wiederholen, damit sich keine Verfälschungen einschleichen können. Captain Miscavige ist nun sicher, die wichtigsten Feinde besiegt zu haben, aber wir müssen uns davor hüten, unsere Ethik zu verlieren. Wenn wir jetzt nicht mit aller

Macht produzieren, werden wir es nicht schaffen. Ich habe mein ganzes Geld zusammengekratzt, um für die neuen OT-Stufen einzuzahlen.«

Beates Schilderungen klingen beängstigend und ermutigend zugleich. Wir können den Feind schlagen, wenn wir unverdrossen und mit korrekter Technologie weitermachen. Doch der Feind zeigt sich überall. Auch meine Kunden beginnen, gereizt zu reagieren, wenn ich mit Verbesserungsvorschlägen komme. Sabine redet immer öfter unverständliches Zeug, so daß ich befürchte, sie könnte den Verstand verlieren. Sie wird immer furchtsamer und glaubt, von versteckten bösen Absichten überwältigt zu werden. Meine Angst um sie wächst, wenn sie wimmernd in der Ecke hockt und nicht mehr ansprechbar ist. Wenn das Licht aus irgendeinem Grund einmal flackert, so ist es für Sabine wieder Beate, die ihre Macht ausschickt, um sie zu überwältigen. Vor niemandem fürchtet sich Sabine so sehr wie gerade vor ihr. Ihr zu erklären, daß Beate doch unsere Freundin ist, bleibt zwecklos, aber immer wieder halte ich mir den Satz vor: Was es einschaltet, das schaltet es auch wieder aus. Wenn ich ihren Zustand bestätige, wird es nur fester, erklärt mir Beate und ermuntert mich, es einfach weiter zu ignorieren.

Der Feind ist nicht nur unter uns, er ist in uns. Und um uns herum werden es auch immer mehr.

»Es tut mir leid, aber mit Ihrer Frau möchten wir nicht mehr zusammenarbeiten.« Schon wieder höre ich von einem Kunden diesen verhängnisvollen Satz. In weiß nicht mehr, in welchem Zustand Sabine Verhandlungen führt, in welchen Zustand sie dabei hineingerät. Es ist zu spät, sie von ihren Aufgaben zu entbinden, unsere Agentur bricht Stück für Stück zusammen. Selbst Bernd Samper bestellt mich zu sich und kündigt wegen Sabines merkwürdigem Verhalten fristlos die Zusammenarbeit. Ihn an den noch sechs Monate laufenden Vertrag zu erinnern bleibt ohne Wirkung. Als Scientologe habe ich mich verpflichtet, kein ordentliches Gericht im Rechtsstreit mit einem anderen Scientologen anzurufen. Mein Bericht geht also zum *International Justice Chief* nach Los Angeles und zu seinem Ethikoffizier nach Flag/Clearwater. Ich erhalte keine Reaktion, und resigniert streiche ich die Segel.

»Warum quälst du dich länger durch diese Welt der Geisteskranken?« Immer wieder ist es Beate, die mich auffängt, wenn ich nicht mehr weiter weiß. Seit den ersten Wochen meiner Mitgliedschaft besteht eine merkwürdige Bindung zu ihr. »Ich möchte, daß du es richtig verstehst.«

»Ehe ich irgend etwas anderes verstehe, möchte ich erst einmal begreifen, warum meine Arbeit nicht mehr funktioniert. Wir haben all die Jahre mehr und mehr nach *Policy* gearbeitet, mehr noch als Bernd Samper, aber selbst er will nicht mehr mit uns arbeiten.«

Beate lächelt weiter: »Du hast ihn doch sicher genau beobachtet und weißt, daß er *squirrelt,* daß er die Technologie verfälscht. Du hast versucht, bei ihm Ethik *rein zu bekommen* und hast seine *Withholds* getroffen. Deshalb hat er dich auch rausschmeißen müssen. Es ist eine Reaktion seiner *Bank.* Ich kann dir versprechen, darüber einen Ethikbericht zu schreiben. Aber genau darum geht es letztlich. Du hast in deiner Firma sehr genau nach Standardtechnologie gearbeitet und hast dabei sehr viel Erfahrung gesammelt. Wir müssen dafür sorgen, daß wir noch mehr nach Standardtechnologie arbeiten, und deshalb brauche ich dich mit deiner Erfahrung. In der Werbung hast du gezeigt, daß du deine Arbeit beherrschst. Du hast den Zustand POWER erreicht und mußt nun ein größeres Spiel spielen. Deine Formel lautet nun: MACHTWECH-SEL. Ich schreibe dir jetzt ein kleines Programm, und du setzt dich in den Kursraum und studierst die Daten, die ich dir aufschreibe. Mach eine vollständige *Knetdemo* davon und dann rufst du mich zum *Checkout*, okay?«

Beate schiebt mich in den Kursraum und lächelt mir aufmunternd zu. Sollte sie tatsächlich recht haben? Die Zustandsformeln kenne ich fast auswendig, aber MACHT-WECHSEL, darüber habe ich noch nie gründlich nachgedacht. Wie beim Auditing also. Wenn man seinen Gewinn überläuft, kommt es wieder zum Zusammenbruch. Eigentlich ganz logisch. Ich bin einfach zu gut geworden. Sorgfältig knete ich den gesamten Vorgang meiner beruflichen Aktivitäten und begreife schließlich, daß es tatsächlich Zeit für einen Wechsel ist. Ich brauche eine neue Aufgabe, eine größere Herausforderung. Die Düsseldorfer Mission ist zu einer Klasse-IV-Organisation herangewachsen und vieles hat sich inzwischen grundlegend geändert. Dies ist die Chance für mich, die Chance für uns, für eine neue und bessere Zukunft. Ich will nicht länger unter diesen Geisteskranken leben und für sie arbeiten. Meine wahren Freunde sind die Scientologen.

»Komm, laß uns essengehen, ich möchte dir etwas mitteilen.«
Sabine blickt mich aufmerksam an, als könne sie schon in meinem Gesicht einen Hinweis entdecken.
»Du hast doch damals einen Arbeitsvertrag unterschrieben«, komme ich gleich zur Sache. »Du wolltest auditieren, und dann kam durch deine Eltern alles zum Stehen. Wir sind all die Jahre *Wirkung gegangen* und haben uns von unserem eigentlichen Ziel weit entfernt.«

Sabine nickt traurig. Es schmerzt sie immer noch, nicht mehr auditieren zu dürfen. Die Arbeit in der Werbung hat sie zwar intensiv beschäftigt, aber nie ausgefüllt. Sorgfältig vermeide ich natürlich, auf ihr merkwürdiges Verhalten bei den Kunden hinzuweisen. In ihrem Zustand würde sie es kaum noch verkraften und endgültig davon überzeugt sein, ein *Black beeing*, ein abgrundtief schlechtes Wesen, zu sein.

»Siehst du, nun habe ich herausgefunden, daß wir aus irgendwelchen Gründen damit übereingestimmt haben. Deshalb liefen zum Schluß auch unsere Geschäfte immer schlechter. Was hältst du davon, wenn wir zu unseren alten Zielen zurückkehren, du wieder beginnst zu auditieren und ich mich wieder der Expansionsarbeit widme?«

Fast augenblicklich beginnt Sabine zu strahlen.

»Du meinst, das wäre möglich?«

»Ich wollte es dir nicht vorher sagen, aber ich war heute in Düsseldorf, habe endlich einmal mit Beate gesprochen. Es hat sich so viel dort verändert, du würdest staunen. Die Kölner Mission ist aus irgendwelchen Gründen geschlossen worden, dafür sind jetzt die ganzen Publics und Mitarbeiter in Düsseldorf. Einige habe ich schon kennengelernt, einige kennst du noch aus Kopenhagen. Wir haben endlich wieder die Chance, unter Freunden zu sein, wo wir uns weder zu verstecken noch zu verstellen brauchen. Und das Beste von allem: Düsseldorf ist nun keine Mission mehr, sondern eine vollständige Klasse-IV-Organisation.«

»Ich möchte aber auch wirklich wieder auditieren dürfen und nicht länger ein Ethikfall sein.«

»Keine Angst, wir sind längst rehabilitiert. Beate hat zugegeben, daß sie dich damals gar nicht hätte rauswerfen dürfen. Aber sie hat die Richtlinien dazu erst vor kurzem in Amerika studiert.«

»Dann möchte ich aber, daß sie sich bei mir entschuldigt!«

»Sei nicht albern, das ist doch wohl nicht nötig. Jeder kann einen Fehler machen. Entscheidend ist doch, daß wir auf unseren eigentlichen Weg zurückfinden. Unsere Aufgabe wird darin bestehen, die Auditoren zu betreuen und anzuleiten, damit wieder intensiv auditiert wird.«

»Ich möchte aber selbst auditieren«, bleibt Sabine stur.

»Natürlich, ich habe dir sogar ein ganz neues E-Meter gekauft, damit du endlich dein eigenes hast.«

Kaum habe ich es ausgesprochen, wirft sich mir Sabine jubelnd an den Hals. Mit dieser Freude, für die ich knapp 7.000 DM bezahlen mußte, habe ich ihre Bedenken ausgeräumt, und sie stimmt zu, in Düsseldorf wieder einen Vertrag zu unterschreiben. Er soll über zweieinhalb Jahre laufen, ein sogenannter Teilzeit-Vertrag.

»Hört mal ihr Lieben,« Beate setzt sich zu uns und lächelt, »es ist so schön, daß ihr beide wieder da seid. Aber ich möchte mit euch etwas Wichtiges besprechen. Unsere Abteilung sechs, die Verbreitungsabteilung, braucht unbedingt mehr Personal. Ich würde dich gerne dort als Feldsekretär einsetzen«, sagt sie zu mir. »Es ist im Prinzip die gleiche Arbeit, die du jetzt schon seit Wochen so erfolgreich machst. Du würdest praktisch eine ganze Abteilung leiten, die deinen Fähigkeiten entspricht. Werbung, Public Relations und den Aufbau neuer Gruppen. Was hältst du davon?«

»Hört sich gut an, das würde ich gerne machen.«

»Prima. Und du, Sabine, könntest eine andere Abteilung leiten, als *Chaplain*, um neue Kurse zu starten und um wieder zu auditieren. Ihr müßtet dafür nur einen Vertrag über fünf Jahre unterschreiben, das wäre alles.«

Warum nicht? Ich fühle mich mit meiner bisherigen

Aufgabe bereits unterfordert, und so kommt mir Beates Angebot gerade recht. Jetzt sind wir volle Stabsmitarbeiter und gehören dem zweiten Beratungsstab an. Der dritte im Bunde ist Thorsten, der seit einigen Monaten Scientologe ist und die Abteilung für den Buchverkauf und das Testcenter leitet. Unsere Vorgesetzte ist eine junge Amerikanerin mit dem Namen Susan. Sie ist klein, mager und hat ein Pickelgesicht, ist aber stets fröhlich und sehr engagiert. Ich selbst habe sogar noch eine Untergebene, die für das Training der freien Mitarbeiter verantwortlich ist. Das ist unsere ganze Abteilung, zuständig für Expansion.

Sabine freundet sich schnell mit der wichtigsten Auditorin der Org an. Karin kam mit Mann und drei Kindern aus München und wohnt jetzt in der obersten Etage, dort, wo früher Beate und Jens gewohnt haben. Die haben jetzt ein Apartment in der Stadt gemietet, denn Jens hat inzwischen wieder einen Job in der Industrie als Manager angenommen.

Karin hilft Sabine, sich wieder mit dem E-Meter vertraut zu machen, nachdem ihr fast zwei Jahre Praxis fehlen. Ab und zu nimmt mich Sabine an die Dosen, um etwas auszuprobieren.

»Ich glaube, ich bin schon lange CLEAR«, sage ich unvermittelt, als ich wieder einmal die Dosen in den Händen halte. Sabine schaut verblüfft auf die Anzeige und sagt: »Okay, das war's.« Sie klappt den Deckel zu und verschwindet plötzlich. Verblüfft schaue ich hinter ihr her, wende mich dann aber wieder meiner Arbeit zu. Seit Wochen suche ich den Kontakt zur Presse, schreibe Artikel, lade Journalisten ein, doch bisher ohne Erfolg. Die Stimmung in der deutschen Presse ist überwiegend gegen uns eingestellt, und auch mein alter Feind Mucha liegt mir schwer im Magen. Er läßt mit seinem Verein nicht davon ab, weiter gegen uns zu hetzen. Immer öfter gibt es Veranstaltungen dieser selbsternannten Aufklärer. Einige habe ich schon besucht, mußte mir aber immer gefallen lassen, daß man mir nicht zuhören will mich nicht zu Wort kommen läßt, wenn ich meinen Standpunkt als Scientologe vertreten möchte. Außerdem werde ich ständig fotografiert, und an meinem Wagen hängen Schmähschriften gegen Scientology.

Sabine legt mir einen gefalteten Zettel auf den Schreibtisch: »Lies das, es ist vom C/S.«

»Was schreibt mir der Fallüberwacher«, murmele ich verblüfft und öffne den Zettel. Es ist nur ein Satz: »Dein nächster Schritt ist das DCSI. Much love, Karin«.

Sabine strahlt mich an: »Und? Weißt du, was das bedeutet?«

»DIANETIK CLEAR *Special Intensiv*. Das heißt, ich muß nach Kopenhagen, um CLEAR abzuschließen?«

Sabine umarmt mich, und wir müssen beide weinen.

»Ich habe es schon so lange gewußt«, stammelt sie. »Ich habe nur darauf gewartet, daß du es auch endlich einmal aussprichst. Ich bin natürlich sofort zu Karin gerannt, zumal ich auch eine wundervolle Anzeige von dir am E-Meter hatte. Besser konnte es gar nicht kommen. Jetzt müssen wir nur dafür sorgen, daß du schnell nach Kopenhagen kannst.«

Ich bin immer noch sprachlos. Jetzt wird mein Traum endlich in Erfüllung gehen.

»Was ist los mit euch?« Beate steht mit gerunzelten Brauen neben uns. Wortlos reiche ich ihr den Zettel. Sie wirft einen kurzen Blick darauf, doch statt einer freundlichen Bemerkung sagt sie nur kurz: »In fünf Minuten ist Mitarbeiterbesprechung.«

Eine etwas freundlichere Reaktion hätte ich schon von

ihr erwartet, aber sie hat viel zu tun und steht unter einem enormen Druck: Das Management in Kopenhagen will mehrere und bessere Ergebnisse sehen, denn die Düsseldorfer Org liegt im europäischen Vergleich ziemlich weit unten in den Statistiken. Nach der Besprechung telefoniert Sabine gleich mit Kopenhagen. »Du sollst so schnell wie möglich hochkommen, am besten noch in dieser Woche. Du bekommst als Mitarbeiter 50 % Rabatt, und wir müssen morgen 2.000 Mark überweisen.«

Das hört sich gut an und doch wieder schlecht. Mit dem Geld dürfte es knapp werden, aber Sabine verspricht, das mit der Bank zu regeln.

Die nächste Schwierigkeit taucht in Gestalt von Beate auf: »Du kannst deinen Posten nicht verlassen«, erklärt sie knapp, »es sei denn, du hast einen qualifizierten Ersatz für deine Arbeit.«

Warum macht sie mir solche Probleme, denke ich unwillig. Sie war doch sonst immer auf meiner Seite. Sie weiß genau, daß ich so schnell keinen qualifizierten Ersatz für mich auftreiben kann, und blockiert damit meine Fahrt nach Kopenhagen. Es ist bereits zwei Uhr in der Nacht, und wie üblich hocken Angela, inzwischen zum Orgsekretär aufgestiegen, Christiane, der Communicator zu L. Ron Hubbard, Sabine und ich zusammen und essen Pizza. Christiane hat außerdem noch einen Beruf als technische Zeichnerin und arbeitet, ähnlich wie Sabine und ich, vom frühen Abend bis in die Nacht hinein in der Org. Irgendwie müssen wir ja unser Stundensoll erfüllen. In der Regel arbeiten wir pro Woche mehr als 70 Stunden und erhalten dafür knapp 150 Mark. Es gab auch schon Wochen, in denen es gerade mal 60 Mark waren. Ich wundere mich ständig, wie Angela damit auskommt, denn sie hat keine andere Arbeit. Sie ist eine der wenigen, die nie etwas anderes gelernt und gemacht hat als Scientology.

Niemand von uns ist jedoch mit der Situation unzufrieden. Alle arbeiten wir mit dem Bewußtsein, zur Elite der Menschheit zu gehören, daß unser Lohn in geistiger Freiheit besteht und daß wir die ersten sein werden, die Rons Brücke zur völligen Freiheit überschreiten werden. Wir haben zwar weder Geld noch Zeit für Auditing, aber die Internationale Führung hat versprochen, daß die weltweit erfolgreichste Organisation zur Belohnung kostenlos von einer Spezialgruppe von Auditoren bis zur Stufe fünf hinaufauditiert wird. Das entspricht einem Gegenwert von einigen hunderttausend Mark, die andere Scientologen wie Bernd oder Adele dafür bezahlen müssen, um diese Stufe zu erreichen. Wir dagegen brauchen nur dafür zu sorgen, dieses vom Management ausgeschriebene Gewinnspiel auch erfolgreich als einer der Sieger abzuschließen. Deshalb arbeiten wir bis tief in die Nacht, leisten freiwillig noch mehr, als der Vertrag uns vorschreibt.

»Beate ist etwas seltsam geworden«, spielt Christiane auf die Entscheidung an, mich nicht so ohne weiteres nach Kopenhagen fahren zu lassen. »Sie zieht sich oft zurück, ist hart geworden und will nur noch Produktion.«

»Sie hat sich verändert«, gebe ich zu, »aber auf ihren Schultern lastet eine große Verantwortung. Ich glaube, man setzt sie vom Management aus ziemlich unter Druck.«

»Den sie dann an uns weitergibt«, ergänzt Christiane.

»Statistikdruck ist laut *Policy* nicht erlaubt, aber das scheint sie nicht zu interessieren. Sie überschreitet ständig ihre Kompetenzen. Sie will sogar mir Befehle geben, dabei hat sie mir als Ron's Communicator überhaupt nichts zu sagen. Ich habe meine eigene Befehlslinie nach Kopenhagen, genau wie Herbert. Auch ihm will sie neuerdings Vorschriften machen.«

Herbert ist der FBO, der *Flag Banking Officer* der Org. Er kontrolliert für das internationale Management den Geldverkehr vor Ort und überprüft, ob die Lizenzgebühren und sonstigen Abgaben auch bezahlt werden. Leute wie Herbert und Christiane werden zwar in der jeweiligen Org rekrutiert, unterstehen aber einer eigenen Führung. Beate darf ihnen in der Tat keine Befehle geben.

Christiane hat noch mehr Anklagen gegen Beate: »Auch du solltest darauf achten, deine Befehle von Susan zu bekommen. Sie ist dein Senior, und nicht Beate. Wenn sie so weitermacht, wird sie alle Befehlslinien zerstören.«

So eine Org ist weit komplizierter aufgebaut als eine Mission. An der Spitze steht Beate als ED, *Executive Director,* und leitet die Org zusammen mit drei weiteren Führungssekretären. Die besondere Stellung des ED besteht aber nur darin, als einzige mit dem Org Manager in Kopenhagen telefonieren zu dürfen. Der Org Manager ist der eigentliche Chef der Gruppe. Aus Kopenhagen kommen die täglichen Befehle und Anweisungen zur Produktion, und Beate muß es bei uns in die richtigen Kanäle leiten. Befehle gehen von oben nach unten, Befolgung von unten nach oben. Kontakte, Abstimmung der Arbeit und Gespräche auf gleicher Ebene sind untersagt. Das allein macht praktisch schon unsere nächtlichen Gespräche zu einer konspirativen Sitzung.

»Wenn du schon auf strikte Einhaltung von Richtlinien achten willst, was ich ja im Grunde nur begrüßen kann, möchte ich dich aber auch darauf aufmerksam machen, daß wir gerade laut Richtlinie eine Verschwörung anzetteln«, halte ich Christiane entgegen. »Angela ist Mitglied des Führungsrates, du bist Kopenhagen unterstellt, und

Sabine und ich gehören zum Beratungsrat. Ein bunte Mischung. Ich schlage vor, daß wir das Problem ordnungsgemäß lösen, so wie Ron es vorgesehen hat. Jeder kann seinem direkten Vorgesetzten einen Bericht schreiben und darum bitten, daß zukünftig Richtlinien eingehalten werden. Wenn es dann noch nicht klappt, kann sich jeder an die Ethikabteilung in Kopenhagen wenden und um Hilfe bitten. Und mein Problem mit Kopenhagen werde ich alleine lösen. Beate erwartet Lösungen und keine Probleme auf ihren Linien.«

Christiane schweigt betreten. Sie weiß, daß ich recht habe.

Ich will Lösungen, keine Probleme! Nun gut, Beate hat mich herausgefordert, und ich werde ihr zeigen, daß ich mich durchsetzen kann. Mein erstes Gesuch, für ein paar Tage meinen Posten verlassen zu dürfen, finde ich umgehend wieder in meinem Eingangskorb. »Not okay« steht darunter. »Wenn ich noch einmal so ein unvollständiges Gesuch bekomme, werde ich darüber einen Ethikbericht schreiben müssen«, sagt Beate knapp im Vorbeigehen.

Fast eine Stunde wühle ich mich durch Richtlinienbriefe, um herauszufinden, wie ich das Problem ordnungsgemäß lösen kann. Die Zeit ist knapp. In Kopenhagen erwartet man mich bereits am nächsten Morgen, und um den Nachtzug zu erwischen, habe ich nur noch zwei Stunden. Wenn ich Glück habe, kann ich bis Sonntagabend fertig sein und für drei Tage meinem Junior Susanne den Posten übertragen. Ich schreibe einen exakten Schlachtplan, stelle ein Arbeitsprogramm auf und formuliere für drei Tage alle zu erledigenden Aufgaben. Die halbe Org fiebert mit, ob ich es auch rechtzeitig schaffe, Beate zu überzeugen. Schließlich habe ich nur noch eine halbe Stunde Zeit und stehe mit meinem nächsten Gesuch vor ihr.

»Leg es in meinen Eingangskorb, ich werde es später bearbeiten«, sagt Beate träge.

»In 30 Minuten geht mein Zug«, erwidere ich standhaft und rühre mich nicht vom Fleck. Vor der Tür wartet Sabine bereits mit Mantel, Schal und Tasche auf mich. Schließlich dreht sich Beate langsam um und sieht mich lange an. Ich halte ihrem Blick ruhig stand, ohne auszuweichen. Sie will eine Machtprobe, sie kann sie haben. Endlich nickt sie.

»Okay, gib her.«

Sie liest aufmerksam mein Gesuch durch und zeichnet es ab. »Gut, du kannst fahren. Viel Glück.«

Der Lautsprecher krächzt, und eine Männerstimme gebietet Aufmerksamkeit. Ein Fanfarenstoß jagt durch die Lautsprecher in alle Zimmer und Übungsräume. Wir alle stehen, und ich weiß, daß sich überall in diesem riesigen Gebäude die Menschen zu meinen Ehren erhoben haben.

»Wir feiern und begrüßen einen neuen CLEAR mit der Nummer 38585, Norbert Potthoff. Wir heißen ihn willkommen und wünschen ihm viel Glück auf seinem Weg über *Die Brücke zur totalen Freiheit.*«

Mein Name und meine Nummer stehen in Kreideschrift auf einer großen Tafel. Carsten, der technische Sekretär, der mich fünf Tage lang durch die CLEAR-Prozedur geleitet hat, umarmt mich. Es ist wie an einem Geburtstag. Dies ist mein neuer Geburtstag. Mein Plan, am dritten Dezember, meinem 36. Geburtstag, fertig zu werden, hat sich leider nicht erfüllt. Aber der fünfte Dezember ist mir auch recht, obwohl ich dadurch meine Freistellung in Düsseldorf um drei Tage überzogen hatte.

Ein zweiter Fanfarenstoß verkündet das Ende der Zeremonie, und schon geht ein jeder seiner gewohnten Arbeit nach, als sei nichts geschehen.

Carsten faßt mich unter und führt mich in sein Büro. »Schön, daß du auch gleich den *Sunshine Rundown* machen willst. Dadurch erhält dein CLEAR-Status noch einen ganz besonderen Glanz.«

Er schiebt mir ein Blatt herüber. »Dies ist die Anweisung.«

Auf dem Blatt steht: *Finde heraus, wer du bist und wo du dich befindest. Viel Spaß dabei, Ron.*

Für diese knappe Anweisung hatte ich gestern noch einen Scheck über 2.500 Mark unterschreiben müssen, aber der CLEAR-Glücksrausch läßt mich auch das noch dankbar hinnehmen. Was zählen schon die Sorgen und Nöte der Vorzeit im Vergleich zur Gegenwart? Mit dem heutigen Tag habe ich die *Brücke* zur Hälfte überschritten, und das Bewußtsein eines CLEAR bedeutet, sich nie wieder verschlechtern zu können. So habe ich es gelernt, und daran will ich mich auch halten.

Carsten beobachtet amüsiert mein Kichern. »Get high on yourself« pflegen Scientologen zu sagen, und ich bin nun völlig *exterior*, kann meinen Körper nach Belieben verlassen, um als Thetan frei im Raum zu schweben, Dinge zu verursachen und alles zu fühlen, was ich fühlen möchte. Ich bin in der Gegenwart, in der Vergangenheit und gleichzeitig auch schon in der Zukunft.

»Ich könnte Rons Anweisung sofort beantworten, aber ich möchte gern noch ein bißchen raus, um es zu genießen.«

»Okay«, sagt Carsten, »wenn du soweit bist, melde dich bei mir. Vor morgen sind deine Unterlagen und Zertifikate nicht fertig, du hast also ausreichend Zeit.«

Zeit ist das kostbarste Geschenk in Scientology! Niemand darf einfach so herumsitzen, nicht einmal, wenn er auf sein nächstes Auditing wartet. Vergnügt trabe ich in die Stadt und suche mir ein hübsches Café. Ein Tisch am Fenster gibt mir den Blick frei auf den Rathausplatz und die vielen Menschen, die so sinnlos hin- und hereilen. Fünf Tage in der Advanced Organisation hatten mir gezeigt, wie wertvoll unsere Arbeit ist. Die einzelnen Untersuchungen meines geistigen Zustandes wurden mit größter Präzision am E-Meter durchgeführt. Nichts überließ man dem Zufall, auch die geringste Unstimmigkeit oder der kleinste Zweifel mußte ausgeräumt werden. Immer wieder wurden meine Angaben sorgfältig überprüft, und ich bekam einen Eindruck von dieser perfekt arbeitenden Organisation, der mich total begeisterte. Hier, auf dieser Ebene, weiß jeder, was er zu tun hat, hier gibt es keine Diskussionen, keinen Machtkampf. Alle Mitarbeiter strahlen, die Auditierten werden zum Strahlen gebracht, und bald wird der ganze Planet strahlen.

Ich nehme mir vor, dazu noch viel mehr beizutragen als bisher.

Ich, Norbert Potthoff, stimme hiermit überein, in ein Arbeitsverhältnis bei der Sea Organisation einzutreten, und erkläre mich im Vollbesitz meiner geistigen Kräfte bereit, ihren Zielen treu zu sein und Ethik auf diesem Planeten und dem Universum zu verwirklichen, und unterstelle mich voll und ohne Vorbehalt der Disziplin, den Gebräuchen und Bedingungen dieser Gruppe und verspreche, dem treu zu sein. Zu diesem Zweck verpflichte ich mich, der Sea Organisation für die nächsten Millionen Jahre zu dienen.

Kopenhagen, Hotel Nordland am 5. Dezember 1984

Feierlich unterschreibe ich meinen neuen Arbeitsvertrag. An meinem letzten Abend im Hotel Nordland stoße ich auf Julia, eine junge Offizierin von der *Commodore Messenger Org*, Rons Eliteeinheit. Aus der CMO sind die fähigsten Führungsoffiziere hervorgegangen, sie ist das Herzstück der gesamten Sea Organisation. Die Messenger, so erzählte mir Beate, bilden Rons ständigen Kontakt zur Heimatgalaxie und wurden von ihm persönlich trainiert, um die Erde zu befreien. Sie kamen schon als Kinder zu ihm, und einer von ihnen, Captain David Miscavige, leitet heute für Ron die Organisation.

Julia ist auf der Rekrutierungstour in Europa, um die Fähigsten der Fähigen für die CMO auszusuchen. In leuchtenden Farben schildert sie mir das Leben in der Sea Org, der Elite, spricht von der guten Moral der Truppe, die den gesamten Planeten klären will. Heute, an dem Tag, an dem ich CLEAR geworden bin, sagte sie, sei genau der richtige Tag, der *Sea Org* beizutreten. »Triff die richtige Entscheidung für die Zukunft.«

Julia umarmt mich kurz, nachdem sie den Vertrag sorgfältig in ihrer Mappe verstaut hat, und fast gerührt betrachte ich die Farben der CMO, blau und gelb. Eine Erinnerung an meine Jugendzeit kommt hoch. Blau und gelb waren auch meine Gruppenfarben bei den Pfadfindern, und das Schicksal hat mich zu den Farben zurückgeführt, auf die ich damals schon heilige Eide und ewige Treue geschworen hatte. War das ein Zufall?

Ich weiß, daß es jetzt kein Zurück mehr gibt, ich habe mich für immer an die Sea Org gebunden, und ich bin glücklich.

10

Im Zentrum der Macht

Du wirst die Verbreitungsabteilung leiten

»Wir haben eine großartige Neuigkeit. Norbert hat in Kopenhagen den Status eines CLEAR abgeschlossen.«

Gerade rechtzeitig zum abendlichen *Roll call* komme ich in Düsseldorf an. Endlich kann ich Sabine wieder in die Arme schließen, und auch die anderen belassen es nicht beim Klatschen, sondern gratulieren mir herzlich.

»Du weißt, die Postulate eines CLEARS gehen besonders leicht in Erfüllung.« Beate lächelt mich zärtlich an und bittet mich, in ihrem Büro Platz zu nehmen.

»Du warst zuerst verärgert, als ich dich daran hindern wollte, nach Kopenhagen zu fahren. Aber dann hast du dich durchgesetzt, und ich bin sehr stolz auf dich. Ich dachte, wenn es dir gelingt, meinen Widerstand zu überwinden, dann hast du tatsächlich OT-Fähigkeiten und würdest auch sicher als CLEAR zurückkommen.«

In der Tat, ich war immer noch ein wenig über ihre Haltung verstimmt. Aber ich bin auch froh, daß sie kein Wort darüber verliert, daß ich drei Tage länger weggeblieben bin, als geplant.

»Du sagtest vorhin, du würdest nun mehr Verantwortung übernehmen«, fährt Beate lächelnd fort. Ihre Augen lassen mich nicht los, bohren sich tief in mein

Inneres, und wieder habe ich das Gefühl, ihr keinen meiner Gedanken verheimlichen zu können.

»Susan wird morgen nach Kopenhagen fahren. Sie will zurück in die USA. Ich möchte, daß du ihren Posten übernimmst. Du wirst die Verbreitungsabteilung leiten.«

»Ich habe einen Vertrag bei der Sea Org unterschrieben.«

»Das ist mir bekannt«, entgegnet Beate gelassen. »Ich bin nicht die einzige, die dich genau beobachtet, und ich bin stolz auf deinen Entschluß. Aber bevor du nach Los Angeles gehst, hast du hier noch eine Aufgabe zu erfüllen.«

Mir stockt der Atem. Schon in Kopenhagen hatte mich eine Ahnung bevorstehender Veränderungen beschlichen. Die vielen Uniformierten aus den USA, die Präsenz von Macht und Entschlossenheit, hatten widersprüchliche Gefühle in mir ausgelöst. Ich spielte nicht mehr selbst, sondern ich wurde gespielt. Man hatte Pläne mit mir, und alles was ich tat, schien in diese Pläne zu passen.

Beate bestätigt meine Ahnungen sofort: »Deine Arbeit in den letzten Monaten entsprach genau der internationalen Strategie. Du hast ständig neue Gruppen aufgebaut, ohne zu ahnen, daß dies eine wichtige Grundlage des Plans CLEAR GERMANY ist. Diese Arbeit mußt du hier abschließen, ehe dich dein Weg nach Los Angeles führt.«

»Ich wollte den Menschen nur helfen, selbstbewußt als Scientologen leben zu können. Von einem Strategieplan hatte ich keine Ahnung«, antworte ich verblüfft.

Beate lächelt erneut wissend: »Einem fähigen Thetan wie dir braucht man keine Befehle zu geben, der weiß von alleine, was als nächstes zu tun ist. Deshalb bist du auch so außergewöhnlich wertvoll.«

Es bleibt eine merkwürdige Unruhe in mir, obwohl ich mich in Beates Nähe immer so wunderbar geborgen fühle.

Irgend etwas scheint zu fehlen. Diese Pläne, so verlockend sie auch sein mögen, so sehr ich mir auch wünsche, all dies zu tun, bleiben unvollständig. Was ist es nur? Und wieder einmal liest sie meine Gedanken.

»Du denkst an Sabine. Du fragst dich, wie sie in all dies hineinpaßt.«

Richtig, habe ich tatsächlich vergessen, daß ich verheiratet bin? Ich habe Sabine noch nicht einmal darüber informiert, daß ich einen Vertrag bei der Sea Org unterschrieben habe. Wie wird sie darauf reagieren? Es kann nicht nur, es wird unsere Trennung bedeuten, das ist mir in diesem Augenblick klar.

»Weißt du«, fährt Beate mit träumerischem Blick fort, »wir, die verstanden haben, daß wir immer nur eine kurze Zeit in einem bestimmten Körper zu Hause sind, führen dadurch ganz andere Beziehungen. Wir sind durch unsere Ziele und Aufgaben verbunden, nicht durch unsere Körper. Jens und ich wissen es schon lange, und du beginnst, es zu begreifen.«

Ihr Blick fällt noch tiefer in mich hinein, und wie in einer Auditing-Sitzung beginnt mein Blut zu rauschen. Äußerlich völlig ruhig und starr, explodieren in meinem Innern Lichtkaskaden. Diese eher unattraktive und unerotische Frau löst in mir eine fast intergalaktisch zu nennende Lust aus, körperlos, aber von unglaublich erotischer Faszination. Bin ich noch in der Gegenwart, in der Vergangenheit oder in der Zukunft?

Sanft dringt Beates Stimme zu mir durch: »Im nächsten Leben werden wir ein Paar sein.«

Nur mit Mühe finde ich zu mir zurück, kann kaum verarbeiten, was ich gerade vernommen habe. Beate geleitet mich zum Mitarbeitertreffen. Alle Mitarbeiter sind bereits versammelt, schauen erwartungsvoll auf Beate, die mich mit ganz nach vorne nimmt. Ich sehe die Gesichter und erkenne dennoch kaum Einzelheiten. Nur mit Mühe entdecke ich Sabines vertrautes Gesicht unter ihnen. Eine steile Falte steht auf ihrer Stirn. Sieht Beate es auch? »Hallo zusammen«, begrüßt sie mit gewohnt fester Stimme die Versammlung. »Ich habe euch einiges mitzuteilen. Norbert wird ab sofort die Verbreitungsabteilung übernehmen. Und du, Susan«, wendet sie sich an die Verdutzte, »fährst sofort nach Kopenhagen. Dein Zug geht in 20 Minuten. Beeil dich, damit du ihn nicht versäumst.«

Niemand rührt sich, kein Blick begleitet Susan, als sie wie ein geprügelter Hund den Raum verläßt. Einzig Inge geht hinter ihr her, um ihr das Fahrgeld auszuhändigen.

Angela ist nach dem Treffen sofort bei mir und küßt mich überschwenglich: »Willkommen im Führungsrat. Jetzt habe ich endlich Unterstützung gegen Beate. Ich konnte mich gegen sie allein nicht durchsetzen, denn Susan sagte ja zu allem, was Beate vorschlug, immer nur Ja und Amen.«

PES, *Public Executive Secretary*, lautet nun mein Titel, und damit übernehme ich die wichtigste Abteilung der Org. Auf Hubbards *Org Board* hat der PES eine ganz besondere Funktion. Er muß mit der Öffentlichkeit Kontakt aufnehmen, dafür sorgen, daß die Leute in Scharen in die Org strömen. Sabine, Thorsten und Susanne werden jetzt zwar von mir geleitet, aber mit Susans Weggang ist die Abteilung noch kleiner geworden.

Susan hat mir eine Menge Papier auf ihrem Schreibtisch hinterlassen, das meiste davon sind unerledigte Programme. Schaue ich auf die Daten und festgesetzten Zeiten, die weit überschritten sind, bekomme ich eine leise Ahnung davon, warum sie jetzt in Kopenhagen ist. Na gut, sie wollte schon länger weg von hier, zurück in die Heimat. Zu diesem Zeitpunkt bin ich mir noch sicher, daß Kopenhagen nur eine Zwischenstation auf ihrem Weg zurück in die Staaten ist . . .

»Alfred ist am Apparat, er ist PES Europe«, erklärt Angela kurz.

»Hey, Norbert«, dröhnt es durch das Telefon. Alfred Kupfermann ist Schweizer und mein direkter Vorgesetzter in Kopenhagen. »Du bist jetzt neu auf dem Posten, und Beate sagte mir schon, du wärest sehr fähig. Wenn du irgendein Problem hast, kannst du mich immer anrufen. Mach erst einmal nichts anderes, als Bücher zu verkaufen, Kurse zu starten und neue Leute einzustellen. Die Abteilung in Düsseldorf ist einfach zu klein, du mußt als erstes expandieren. Ich schicke dir heute nacht per Telex ein Programm, auf dem du arbeiten kannst. Brauchst du sonst noch irgend etwas von mir?«

»Im Augenblick noch nicht, ich muß erst einmal einen Überblick bekommen. Ich werde mich aber bei dir melden, okay.«

Unser erstes Gespräch ist kurz, weil ich kaum eine Ahnung habe, was alles zu erledigen ist.

Was hat sich verändert, seit ich die Abteilung leite? Der gravierendste Unterschied besteht erst einmal darin, daß dreimal soviel Papier wie früher in meinem Eingangskorb liegt. Als Untersekretär hatte ich täglich einen überschaubaren kleinen Stapel von Post, Strategieanweisungen, Arbeitsprogrammen und Telexen zu bearbeiten. Nun, da ich drei Abteilungen zu leiten habe, hat sich alles vervielfacht. Durch den Personalmangel kann ich außerdem meinen alten Posten nicht neu besetzen, sondern bin gezwungen, ihn mitzuverwalten. »Held from above«, von oben gehalten, heißt es im Jargon. Schnell merke ich, wie die Macht verteilt ist. So kumpelhaft, wie Susan die Arbeit angepackt hat, läßt sich gar nichts bewegen. Das Papier CLEAR GERMANY beschäftigt mich unentwegt. Wenn wir die Dinge zum Guten wenden wollen, brauchen wir mehr Einfluß in der Gesellschaft. Mit Thorsten, Sabine und mir ist es nicht zu schaffen. Als erstes brauche ich tatsächlich mehr Personal. Und dann? Nun, schließlich hat Ron der Verbreitungsabteilung ein ganzes Buch mit Anweisungen geliefert. Band sechs zu beherrschen ist der Schlüssel zum Erfolg. Aber wo kann ich den Hebel als erstes ansetzen?

»Zu dritt schaffen wir es nicht, wir brauchen neue Leute.« Thorsten und Sabine schauen mich erwartungsvoll an.

»Schafft mir jeden Public her, damit wir sehen können, wer für uns arbeiten kann.«

Thorsten ist als Untersekretär zuständig für den Buchverkauf und das Testcenter. Zu ihm sage ich: »Du kaufst den Münchnern so viele Buchbestellungen wie möglich ab. Da sie die Anzeigen schalten, müssen wir uns natürlich auch an den Kosten beteiligen. Aber selbst wenn wir dadurch am Buchverkauf nichts verdienen, bekommen wir doch wenigstens neue Adressen, die wir kontakten können. Im übrigen habe ich gesehen, daß wir kaum Testbögen auf Vorrat haben. Du bestellst sofort einige Kartons bei NEW ERA in Kopenhagen. Jonas' Bruder hat mir erzählt, daß er ein Computerprogramm für die Testauswertung entwickelt hat. Damit geht zehnmal schneller. Stell fest, was das Ding kostet, und schreib eine Kauforder. Du hast bis morgen Zeit.« Ich gebe ihm das ganze schriftlich, denn mündliche Anweisungen sind verboten.

Sabine leitet die zweite Unterabteilung, ist zuständig für Einstiegskurse und Betreuung. Diese Position heißt *Chaplain* und dort hat sie die Aufgabe, Verstimmungen zu beseitigen und abgesprungene Studenten zurückzuholen. »Du besorgst dir eine Liste aller Anfänger der letzten zwölf Monate. Überprüfe, wer nicht richtig vorankommt, und finde heraus, warum. Jeder, der einen Kurs angefangen und nicht beendet hat, bekommt von dir einen Brief. Kümmer dich um die Leute, frag, was sie brauchen. Ich will, daß Bewegung ins Spiel kommt. Solange wir keinen eigenen Kursraum für die Anfänger haben, möchte ich, daß du die Neulinge persönlich betreust. Nun kommt die wichtigste Aufgabe: Alle selbständigen Scientologen, Geschäftsleute und Manager müssen zusammengerufen werden. Das macht ihr gemeinsam. In zwei Wochen will ich einen Vortrag für sie halten über die Rolle des Scientologen im Leben. Ich will sie alle hier haben, Samper, Stevenson, Bach-Rasche, Neumann und wie sie alle heißen.«

Auf diesen Vortrag freue ich mich ganz besonders. Die Erinnerung an Bernd Samper, wie halbherzig und unqualifiziert er mit der Technologie umgegangen ist, sitzt noch tief in mir drin. Nun bin ich sein Vorgesetzter und kann ihn zwingen, die Technologie korrekt einzusetzen. Er ist zwar schon ein OT und ich nur ein CLEAR, aber ich sitze jetzt in der echten Hierarchie, während er als OT in einer Org überhaupt nichts zu sagen hat. Meine Arbeit macht mir ungeheuren Spaß, denn von hier aus kann ich wirklich etwas bewegen. Ich habe mir einen Zeitrahmen von sechs bis acht Monaten gesteckt, die ich in Düsseldorf arbeiten will. Danach soll mich mein Weg nach Los Angeles führen, zur wichtigsten Organisation überhaupt, der CMO, Rons alter *Commodore Messenger Org*. Bis dahin will ich den Laden so richtig in Schwung bringen, und auf das Treffen mit meinen Wirtschaftsscientologen freue ich mich besonders.

»Ihr wißt, was Ethik heißt«, beginne ich kämpferisch meinen Vortrag, »das Entfernen von Gegenabsichten und das

Entfernen von Fremdabsichten. Wenn wir unser Werkzeug Ethik richtig einsetzen, werden wir alle gewinnen. Wir alle arbeiten hart, meist 70 bis 80 Stunden die Woche, aber ohne eine funktionierende Technologie verpufft zuviel von unserer Energie. Scientology hat diese Technologie. Aber solange z. B. CLEAR und OT nur euer persönliches Spielzeug bleibt und ihr diese Möglichkeiten nicht weitergebt oder zu selten auch im täglichen Leben nutzt, könnt ihr zwar die höchsten Stufen erreichen, aber ihr werdet nie etwas wirklich bewegt haben.«

Mein Vortrag fällt mir leichter, als ich dachte. Ich muß mir nur ein paar Führungsanweisungen von Ron vornehmen und sie geschickt zusammenfassen. Bernd Samper versucht, mir ständig auszuweichen, will eine Führung von außen nicht akzeptieren. Ich habe Befehle aus Los Angeles bekommen, dafür zu sorgen, daß alle Scientologen, die die Scientology-Technologie beruflich nutzen, dafür auch Lizenzgebühren zahlen müssen. Das *World Institute of Scientology Enterprises*, kurz WISE genannt, will alle Wirtschaftsscientologen unter einem Dach zusammenfassen, um die Arbeit zu koordinieren. Zum Glück ist Bernd der einzige, der sich sträubt. Mit Jens Lohse habe ich einen kooperativen Mitstreiter gefunden, der von meinem Vortrag über die Rolle des Scientologen im Leben sehr angetan ist. Der Verband Engagierter Manager, VEM, wurde schließlich gegründet, um die scientologische Ethik in der Wirtschaft zu verbreiten. Aber so ganz bekomme ich sie nicht zu fassen. Sie sind einfach zu oft in FLAG und damit außerhalb meiner Reichweite als PES. Trotzdem, ein Anfang ist gemacht.

Aber das ist nicht der einzige Fortschritt. Düsseldorf taucht immer öfter in den Erfolgsstatistiken auf. Wir stellen neues Personal ein, verkaufen mehr Bücher, schicken immer mehr neue Leute auf Kurse.

Die harten Regeln von Scientology lerne auch ich selbst auf immer neue Art und Weise kennen. Am Mittwochabend vergesse ich, drei neue Kursstarts sofort nach Kopenhagen zu melden. Dafür gibt es extra eine sogenannte Hot Line, die mich sofort mit dem obersten Management verbindet. Alfred schnauzt mich am nächsten Tag böse an, ich hätte den Scientologen in Kopenhagen einen Gewinn vorenthalten. Gewinne und Erfolge müssen täglich gemeldet werden, die Abschlußstatistik wird an jedem Donnerstag um 14 Uhr durchgegeben.

Aber auch Probleme mit Mucha, seiner APG und dem Jugendamt tauchen auf. Wir werden scharf beobachtet.

»Könnt ihr irgend etwas für Heide tun?«

Thorsten sitzt mit rotem Kopf hilflos vor mir. Seine Freundin Heide ist noch minderjährig, und das Jugendamt Düsseldorf ist sehr penibel. Heides Eltern haben Kontakt mit Mucha von der APG und wollen nicht, daß ihre Tochter für Scientology arbeitet. Sie wohnt bei Thorsten, aber er fürchtet, daß die Eltern sie vom Jugendamt abholen lassen könnten. Seine Eltern wollen jedenfalls wegen Heide keinen Ärger haben.

Hilfsbereit wie immer, macht Sabine einen Vorschlag: »Heide kann eine Weile bei uns in Krefeld wohnen. Wir geben ihr einen Vertrag als Praktikantin in der Agentur, damit ihre Eltern beruhigt sind. Wir bilden sie zur Werbekauffrau aus, und dann kann sie, sobald sie volljährig ist, in der Org für uns weiterarbeiten.«

Noch habe ich es nicht übers Herz gebracht, die Agentur ganz zu schließen. Einerseits brauche ich sie als funktionierende Einrichtung, um die Werbung für die Org vorzubereiten, wo ich sie aus Platzmangel nicht durchführen könnte, andererseits sind wir noch auf ein paar zusätzliche Einnahmen angewiesen.

»Na ja«, werfe ich ein, »versuchen können wir es ja, aber versprecht euch nicht zuviel davon.«

Heide kommt mit uns nach Krefeld, und Sabine gelingt es tatsächlich, die Eltern erst einmal zu beruhigen. Aber es dauert nicht lange, da bekomme ich das untrügliche Gefühl, beobachtet zu werden. In Hauseingängen auf der anderen Straßenseite stehen dunkle Gestalten und beobachten das Atelier.

Manchmal habe ich den Eindruck, heimlich fotografiert zu werden. Nach einigen Tagen teile ich meine Beobachtungen den anderen mit.

»Paß auf, Heide, wenn irgend etwas komisch läuft, dann schlag dich so schnell wie möglich zu unserem Seegrundstück durch – meine Eltern haben dort ein Wochenendhaus. Hier ist der Schlüssel und eine Beschreibung, wie du dorthin kommst. Du kannst dort schlafen, und wir bringen dir etwas zu essen raus. Wenn du das Atelier durch die Hintertür über den Hof verläßt, kommst du in einer Seitenstraße raus. Von dort aus erreichst du unbemerkt die Innenstadt und die Buslinien.«

Wir arbeiten ihren Fluchtweg aus und sind erst einmal beruhigt. Wir wollen uns gerade fertig machen, um nach Düsseldorf zu fahren, als es an der Tür klingelt.

Ahnungslos öffne ich die Tür. Ein junger Mann im Parka zeigt mir einen Dienstausweis: »Kriminalpolizei, kann ich sie einmal kurz sprechen?«

»Sicher«, sage ich freundlich und trete zur Seite, um ihn hereinzulassen. Im nächsten Augenblick stürmen, wie aus dem Nichts aufgetaucht, etwa zwölf Männer durch die schmale Eingangstür. Mir dämmert, was hier abläuft, und ich brülle laut nach hinten: »Lauf, Heide, hau ab!« Die Horde der Polizisten jagt schnell durch das gesamte Atelier, doch die Wendeltreppe zu den unteren Räumen ist eng, und der erste Polizist stürzt fluchend zu Boden. Krei-

197

schen und Toben aus den unteren Räumen läßt bereits ahnen, daß es Heide nicht geschafft hat. Man zerrt sie die Wendeltreppe herauf, und bleich müssen Sabine und ich zusehen, wie die Ordnungsmacht zuschlägt. Man will sie fesseln, was ich aber noch verhindern kann.

»Mach dir keine Sorgen, Heide, es wird schon gut ausgehen. In zwei Monaten bist du volljährig, und dann kannst du machen, was du willst.«

In Düsseldorf angekommen, schreiben wir sofort Berichte über den Vorfall. Beate steht bleich daneben und ist erst einmal ratlos. »Wir müssen München informieren. Jörn Lechner von der OSA muß sich sofort um den Fall kümmern, damit wir in Ruhe weiterproduzieren können.« Die OSA, das *Office for Special Affairs*, ist die Nachfolgeorganisation des Guardien Office.

Thorsten reagiert ziemlich gleichgültig auf den Vorfall. Er hatte Heides Abwesenheit genutzt, um sich eine neue Freundin zuzulegen. Das einzig Positive dabei ist, daß diese einen Mitarbeitervertrag unterschrieben hat und unsere Abteilung dadurch weiter wächst. Nach einigen Tagen erzählt uns Thorsten, daß man Heide in einem Zentrum in Essen untergebracht hat. Wir fürchten, daß man sie dort deprogrammieren wird, aber wir können im Moment nichts mehr für Heide tun. Die Produktion geht vor, und so gerät die Affäre schnell in Vergessenheit.

»Gewonnen, wir haben gewonnen!« Jubelnd tanze ich mit Sabine durch die Wohnung. Der Brief des Familiengerichts bestätigt mir, daß ich endlich wieder meine Kinder sehen darf. Ein langer, zäher Prozeß ist damit nun doch erfolgreich zu Ende gegangen. Dies ist nicht nur ein Triumph für mich, sondern auch für Scientology. Die Richter hatten ein Gutachten über mich und meine Exfrau in Auftrag gegeben und es bestätigte das, was schon das erste Gutachten festgestellt hatte. Beide kamen zu dem Schluß, daß ich keinerlei Anzeichen von Verhaltensauffälligkeiten aufwies. Man bescheinigte mir hohe Intelligenz, Feinfühligkeit, gutes Urteilsvermögen, soziales Engagement und Kreativität. Nach Xenu und dem intergalaktischen Krieg hatte mich schließlich niemand gefragt. Das Gericht legte daraufhin fest, daß mein Besuchsrecht wieder einzusetzen ist, wenn auch die ersten Male unter Aufsicht eines Psychologen. Ich war außer mir vor Freude.

»Nächste Woche ist es soweit. Nach fast drei Jahren werde ich Sandra und Helen wiedersehen! Sie sind bestimmt unheimlich groß geworden, fast erwachsen, aber ich bin sicher, daß sie mich nicht vergessen haben.«

Sabine nickt: »Und wenn es doch zu Störungen kommt, kannst du die Probleme ja wegauditieren, nicht wahr?«

Entschieden lehne ich eine solche Lösung ab. »Du weißt, daß ich sogar zugestimmt habe, Scientology notfalls zu verlassen, wenn es um das Wohl der Kinder geht. Das steht sogar im Gutachten. Sie sollen später selbst entscheiden, ob sie Scientology machen wollen oder nicht. Ich werde sie niemals zu einer Überzeugung zwingen. Deshalb habe ich sie im übrigen auch nicht taufen lassen.«

Sabine sieht mich entsetzt an. »Was für ein Vergleich! Glaubst du wirklich, du könntest jetzt noch einfach aussteigen wie aus einem Kegelklub? Hier sind deine Freunde, nur hier findest du optimales Überleben. Du kannst nicht einfach die Brücke zur totalen Freiheit verlassen, egal um wen es geht.«

»Warten wir ab. Wir werden sehen, was geschieht, dann kann ich mich immer noch entscheiden.«

»Hallo Sandra, hallo Helen.« In Begleitung des Psychologen Maier betrete ich das Spielzimmer der Beratungsstelle, wo die erste Begegnung mit meinen Töchtern unter seiner Aufsicht stattfinden soll. Sandra grinst mich schief an, während Helen, eifrig über ein Spiel gebeugt, keinerlei Notiz von mir nimmt. Meine Stimmung sinkt schlagartig auf den Nullpunkt, als ich auch noch in Cordulas eisiges und ablehnendes Gesicht blicke, doch entschlossen beuge ich mich zu Helen hinab und gebe ihr einen Kuß. Sie schaut mich neugierig an, wendet sich jedoch rasch wieder ihrem Spiel zu. Sandra wehrt sich nicht gegen die kurze Umarmung, kommt mir jedoch auch nicht entgegen. Auch Cordula preßt nur mühsam ein knappes Hallo heraus.

Was habe ich erwartet? Daß mir meine Kinder jubelnd um den Hals fallen? Sicher nicht, aber mit so viel Ablehnung habe ich auch nicht gerechnet. Als erste meldet sich dann Sandra zu Wort und versetzt mir einen Schock: »Mein wunderbarer Vater ist jetzt ein CLEAR. Möchtest du da mit uns Normalmenschen überhaupt noch etwas zu tun haben?«

Ich wundere mich, wieviel Sarkasmus und Zynismus dieses zehnjährige Mädchen schon in seine Stimme legen kann.

Langsam schaue ich von Herrn Maier zu Cordula. Mit kaum verhaltenem Zorn sage ich: »Wir hatten schon vor Monaten vereinbart, daß die Kinder mit Scientology nicht behelligt werden sollen. Woher weiß Sandra, daß ich CLEAR bin? Du hast also nicht damit aufgehört, die Kinder gegen mich aufzuhetzen. Du willst so das Urteil unterlaufen und meine Beziehung zu Sandra und Helen unmöglich machen.«

Der Psychologe merkt, daß sich die Lage bedrohlich zuspitzt und zieht uns beide schnell aus dem Raum: »Das wollen wir nicht vor den Kindern besprechen.«

»Die Kinder sollen ruhig wissen, was für einen Vater sie haben«, rechtfertigt sich Cordula sofort. Maier mischt sich nervös ein und mahnt uns zur Ruhe, doch mir schwillt langsam der Kamm. Mir drei Jahre der Trennung aufzuzwingen war schon hart genug, aber diese Zeit auch noch zu nutzen, um die Kinder gegen mich aufzuwiegeln ist mehr, als ich ertragen kann. Eine Zeile aus einem alten Bob-Dylan-Lied kommt mir in den Sinn, und mit meinem Hang zum Pathos herrsche ich sie an: »Even Jesus would never forgive what you've done – nicht einmal Jesus würde verzeihen, was du getan hast.«

Wütend verlasse ich die Beratungsstelle. Unter diesen Umständen überhaupt noch in Erwägung zu ziehen, den Kindern zuliebe Scientology zu verlassen, erweist sich als völlig überflüssig. Verbittert trete ich den Heimweg an. Mir ist klar, daß ich die Kinder nur in einen endlosen Konflikt stürzen würde, wenn ich auf meinem Besuchsrecht bestünde. Es ist wohl besser, sie zukünftig in Ruhe zu lassen.

Wie besessen stürze ich mich noch tiefer in die Arbeit in der Org. Trauer, Zorn und Mitgefühl sind überlebensfeindliche Emotionen, sagt Ron. Einzig Produktivität ist die angemessene Emotion für den gesunden Thetan. Und die Erfolge bleiben nicht aus. Höhere Buchverkäufe, zahlreiche neue Studenten und aktive Scientologen sind Beweise meiner Produktivität. Meine Erfolge in Düsseldorf führen mich immer öfter nach Kopenhagen zum Training, denn nur die Erfolgreichen werden in Scientology belohnt.

11

Vom Aufsteiger zum Aussteiger

Wer die totale Freiheit will, muß totale Disziplin akzeptieren

Der MAA, *master at arms,* wie die Ethikoffiziere in der Sea Org heißen, ist eine alte Frau. Seltsam, es gibt nur wenige alte Menschen in Scientology. Vielleicht wandern sie alle ab nach Clearwater oder Los Angeles. Mein Weg wird mich ja auch in ein paar Monaten in die USA führen.

»Take the cans please.«

Die Aufforderung des MAA scheucht meine Gedanken fort, und ich nehme die Weißblechdosen in die Hand. Konzentration, damit es keine fehlerhafte Anzeige gibt. Trotz meiner Gelassenheit frage ich mich doch immer wieder, was für Reaktionen am E-Meter erscheinen. Können sie wirklich den Strom meiner Gedanken messen? Beim Auditing beantworte ich seelenruhig die Fragen, die mir gestellt werden. Ich erzähle, was mir dazu einfällt, und der Auditor notiert es sorgfältig. Aber nun erlebe ich immer wieder diese Sicherheitsüberprüfungen. Man läßt mich im Ungewissen darüber, wie die Nadel auf die einzelnen Fragen hin ausschlägt. Gerne würde ich einmal bewußt lügen, um zu überprüfen, ob es bemerkt wird.

»*Haben Sie etwas von einer Scientology-Organisation gestohlen?*«

»*Sind Sie nur hier, um kostenlos Auditing zu bekommen?*«

»Beabsichtigen Sie, wenn Sie erst einmal trainiert sind, diese Organisation wieder zu verlassen?«

Etwa 50 Fragen werden vorgelesen, und der MAA notiert eifrig jeden Nadelausschlag. Kann ich überhaupt am E-Meter lügen?

»Du kommst aus Düsseldorf?« Nicole ist der *Cramming-Offizier.* »Cramming ist eine Belohnung, ist die beste Methode, dir die Richtlinien von Ron zu übermitteln, die du im Augenblick brauchst, um weiter erfolgreich zu arbeiten«, versichert sie mir gleich. »Hier kommen nur die Besten hin, und ich hoffe, du weißt das zu schätzen. Wir erwarten, daß du dich auf deine Aufgabe voll konzentrierst. Wie du weißt, werden wir wieder verstärkt angegriffen. Ron hat unsere Feinde schon vor vielen Jahren enttarnt und Nachforschungen über sie angestellt. Du wirst heute diese Papiere studieren. Sie tragen den Namen *Roll-Back-Papiere* und sind streng geheim. Sie enthalten alle Daten über die Methoden der Infiltration von Scientology und die Namen unserer wichtigsten Feinde. Deshalb unterschreibst du mir eine Erklärung, daß du niemandem davon berichten wirst, was du gelesen hast. Die Strafe beträgt 85.000 Dollar, wenn du dich nicht daran hältst. Hast du das verstanden?«

Ich suche mir einen Platz im Studierraum und wende mich neugierig den Unterlagen zu, die Nicole aus einem verschlossenen Schrank herausgeholt hat.

»Langsam aber sicher erteilen wir den Gottlosen eine Lektion. Sie sieht so aus: Wir sind keine Vollzugsbeamten. Aber: Wir interessieren uns für die strafbaren Handlungen jener Leute, die danach trachten, uns zu stoppen. Wenn sie sich der Scientology in den Weg stellen, werden wir sofort nach ihren strafbaren Handlungen schauen — und werden

sie finden und bloßlegen. Wenn sie uns aber in Ruhe lassen,
werde wir sie in Ruhe lassen. Das ist sehr einfach und leicht
zu verstehen. Und hüten Sie sich davor, unsere Fähigkeiten,
das auch auszuführen, zu unterschätzen.«

Die Anweisungen, die ich studieren muß, werden immer härter, und immer öfter ist von Geld und Macht die Rede, von Endzeitstimmung, von Spionage und Gegenspionage, von Krieg. »Wir befinden uns im Krieg.« Damals, als ich diese Worte zum ersten Mal von Peter hörte, habe ich fast noch spöttisch gelacht. Dieses Lachen vergeht mir von Tag zu Tag mehr.

»Mach Geld, mach mehr Geld, sorge dafür, daß andere
produzieren und Geld machen«, lese ich mit Staunen. Wo ist die Leichtigkeit, die Freude geblieben, mit der ich vor Jahren Scientologe geworden war?

»Norbert.«

Jemand zupft von hinten an meinem Ärmel. Es ist Pause, und ich stehe nachdenklich auf dem Hof, versuche in 15 Minuten so viele Zigaretten wie möglich zu rauchen. Wenn ich unter Anspannung stehe, fällt mir das Rauchverbot im Kursraum immer besonders schwer. Rasch drehe ich mich um und starre verblüfft in Susans Gesicht.

»Susan, was machst du denn hier?« rufe ich überrascht.

»Still, komm mit. Man darf mich nicht mit dir sehen.«

Sie zieht mich rasch hinter eine Mauer, so daß wir den Blicken der anderen auf dem Hof entschwunden sind. Ich umarme sie gerührt und stelle fest, daß sie noch magerer als früher ist. Überhaupt, sie sieht entsetzlich aus. Ihre Hautfarbe ist fast grau, die Wangen stark eingefallen. Der Blick flackert, als sie mich ansieht. »Was ist los mit dir? Ich wähnte dich längst zu Hause, in Orange County.«

Susan beginnt zu weinen, und unter Tränen erzählt sie

mir ihr Leid. Man schickte sie damals nach Kopenhagen, aber dort geriet sie sofort ins RPF, in das Rehabilitierungslager. In einem alten Heizungskeller fristete sie dort mit anderen Schwerverbrechern ein kümmerliches Leben mit Sprechverbot, Schlafentzug und schlechter Ernährung. Beate hatte sie zum schweren Ethikfall erklärt, und da sie gar nicht wußte, was sie überhaupt verbrochen haben sollte, hatte ihr Widerstand gegen diese Behandlung sie tiefer und tiefer in die Strafmaßnahmen hineingezogen.

Erschüttert lausche ich ihren Schilderungen. Ist das etwa Ethik, wenn man Menschen das Rückgrat bricht, sie erniedrigt und quält? »Warum haust du nicht einfach ab?«

»Was soll ich denn machen? Wenn ich hier abhaue, kriege ich nie wieder eine Chance. Wenn der Ethikoffizier sagt, ich bin ein Ethikfall, und die Anzeigen am E-Meter es bestätigen, wird er schon recht haben. Ich weiß ja auch nicht, was alles auf meiner Zeitspur geschehen ist. Ron sagt, die Technologie funktioniert und wird uns schützen.«

»Wie kann ich dir helfen? Brauchst du Geld?« frage ich ziemlich ratlos. Wenn Susan mit diesen Maßnahmen übereinstimmt, kann ich nichts für sie tun. Jeder Thetan weiß, was für ihn richtig ist. Mein Blick auf die Uhr zeigt das Ende der Pause. Wenn ich mich nicht beeile, wird es einen Verweis geben. Rasch drücke ich Susan ein paar Scheine in die Hand. »Sieh zu, daß du morgen wieder hier sein kannst. Dann besprechen wir, was wir tun können.«

Nachdenklich eile ich in den Kursraum. Was um Himmels willen macht man hier mit den Menschen? Das also nennen die Rehabilitierungsprojekt! Aber Susan ist schließlich damit einverstanden. Ein Wunsch nach Klarheit und Gerechtigkeit breitet sich in mir aus, und ich will genau daran festhalten.

Das Training läuft schlecht, ich kann mich nicht richtig

konzentrieren. »Fehler, zuwenig Absicht«, sagt mein Trainingspartner. »Fehler, zu unentschlossen.« Fehler, Fehler, Fehler. Wie soll ich ihn kontrollieren, ihn führen, wenn ich die Kontrolle über mich selbst verloren habe? Die Gedanken an Susan lassen mich nicht los.

Leider suche ich sie am nächsten Tag vergebens. Hatte man uns beobachtet und eventuell einen Bericht darüber geschrieben, daß Susan ihr Sprechverbot gebrochen hat?

Dunkle Erinnerungen an ein Wahrheitsministerium, die allgegenwärtige Kontrolle eines militaristischen Systems kommen in mir hoch. Es ist lange Zeit her, daß ich davon gelesen habe, irgendwann in meiner Jugend, als wir uns mit dem Faschismus auseinandergesetzt haben. Mir wird mulmig zumute. Aber ich, ein überzeugter Antifaschist, kann doch nicht, ohne es zu merken, in ein solches System hineingeraten sein!

Die Uniformierten beginnen, mich zu nerven.

»Nun tu nicht so, als hättest du noch nie einen uniformierten Scientologen gesehen.«

Sabine versucht, mich zu beruhigen, als ich ihr von Kopenhagen und meinen vielen Beobachtungen erzähle. Natürlich hat Sabine recht, aber mein kritisches Gefühl bin ich dabei nie ganz losgeworden. Trotz Auditing habe ich immer noch ein tiefes Mißtrauen gegen das Militär und Uniformen behalten.

»Soll ich dich darauf auditieren? Vielleicht ist etwas auf deiner Zeitspur, und wir können das auflösen.«

Sabine läßt nicht locker. Wie soll ich ihr meinen Unmut erklären? Es sind gar nicht so sehr die Uniformen, die mich irritieren, sondern es ist eher ein bestimmtes Verhalten, das damit einhergeht. Es ist die zunehmende Disziplin, die nicht nur bedingungslos gefordert, sondern einfach über uns gestülpt wird wie eine Glocke. Diese vielen Halbwüchsigen, fast noch Kinder, die in Kopenhagen herumlaufen und Befehle brüllen, machen mir fast schon angst. Je höher ich in der Hierarchie aufsteige, desto mehr blinder Fanatismus begegnet mir.

In meinem Eingangskorb entdecke ich zuunterst plötzlich ein merkwürdiges Papier aus der *Freien Zone*. Jemand wettert gegen die »Kirchenführung«, bezichtigt sie des Verrats. Das deckt sich merkwürdigerweise mit Beates Schilderungen, nur die Sichtweise und Bewertung dieser Vorfälle ist eine ganz andere.

Wer schmuggelt mir diese Unterlagen in den Korb, wer kann daran interessiert sein, mich zu verunsichern? Möglicherweise ist es auch nur ein Test, um meine Gesinnungstreue zu überprüfen. Entschlossen übergebe ich das Blatt Beate.

»Ach, jetzt versucht man es auch bei dir«, sagt sie lapidar und packt es auf einen Stapel.

»Haben wir einen Feind in der Org, jemand, der heimlich für die andere Seite arbeitet?« frage ich vorsichtig.

»Das versuche ich gerade herauszubekommen. Ich werde mit jedem einzelnen hier ein *Roll back* durchführen. Ich will wissen, wer von uns damals vor 75 Millionen Jahren, vor der *Feuerwand*, auf welcher Seite gestanden hat.«

Ich werde blaß. Schon wieder spricht sie von der geheimnisvollen Feuerwand, vom intergalaktischen Krieg, der die Thetanen in drei feindliche Lager geteilt hat. Wenn sie jeden einzelnen ans E-Meter nimmt, dann wird sie auch von der immer noch laufenden Verschwörung von Christiane, Angela und Sabine erfahren. Auch ich werde dann mit hineingezogen, weil ich dabeisitze, ohne Berichte darüber zu schreiben, wie es meine Pflicht wäre. Das habe ich nun davon, daß ich die törichten drei Frauen decken will. Doch Beate scheint eine ganz andere Vermutung zu haben und zudem genau zu wissen, welche Gespräche nachts laufen, wenn sie die Org verlassen hat.

»Denk daran, mein Lieber, es ist nie der Offensichtliche. Derjenige, der wirklich dahintersteckt, hält sich geschickt verborgen. Was ihr da nachts macht, finde ich nicht in Ordnung, aber der wirkliche Feind steckt woanders. Und versuch bitte nicht, allen gegenüber loyal zu sein. Die Sache könnte dir aus den Händen gleiten, und dann steckst du plötzlich selbst mitten in einem Ethikverfahren, das der Feind gegen dich anzettelt.«

Mir wird ganz schlecht bei diesem Gedanken. Ich würde dort landen, wo Susan jetzt steckt, im Straflager. Zumindest scheint Beate meine Loyalität ihr gegenüber nicht in Zweifel zu ziehen. Einige Tage ist es etwas ruhiger in der Org, doch dann schlägt die Hysterie erneut zu.

»Wo ist Beate?« Statt einer Antwort deutet Angela nur stumm auf den Buchladen, der ab und zu auch als Auditingzimmer genutzt wird. Rasch zieht sie mich zur Seite und flüstert: »Beate auditiert Paula. Sie macht ein *Roll back*. Sie sind schon seit Stunden zugange. Vorhin kam Paula kurz raus, bleich wie die Wand und völlig verheult. Jetzt ist sie wieder drin, und sie haben die Tür abgeschlossen. Anne-Julie hat schon ein paarmal aus Kopenhagen angerufen und nach Beate verlangt, aber ich kann Paula nicht helfen. Ich fürchte, das gibt noch eine Katastrophe.«

Wie um Angelas Worte zu bestätigen, hören wir Paula laut kreischen, während Beate ihr weiter Anweisungen entgegenbrüllt. Paula ist *Deputy Ed*, in der Hierarchie kommt sie gleich hinter Beate.

»Versuch, Christiane zu erreichen, ich sorge dafür, daß

keine Publics reinkommen«, sage ich rasch und eile ins obere Stockwerk, um zu sehen, wer uns noch helfen könnte. Karin hat sich im *Ivory Tower* eingeschlossen, dem geheimen Raum des Fallüberwachers. Sie darf ich somit auf keinen Fall stören. Mit einem Zettel informiere ich Anna, die Kursleiterin, daß nach Kursschluß keine Studenten ins untere Stockwerk hinein dürfen. Um Manfred, Paulas Freund, brauche ich mich zum Glück nicht kümmern, denn er ist heute nicht da. Als ich wieder nach unten eile, sind die Stimmen noch lauter geworden. Alle Stabsmitarbeiter stehen inzwischen ratlos im Flur und tuscheln.

»Los, alle an die Arbeit«, befehle ich, »*Qual sec* und Angela, wir gehen in mein Büro.«

Edgar, der Qualifications-Sekretär, schaut mich ratlos an. »Los«, herrsche ich ihn an, »was weißt du über *Roll back*, was machen die beiden da?«

Edgar druckst herum: »*Roll back* ist ein Auditing-Verfahren über vergangene Ethikzustände, ich darf dazu nichts sagen.«

»Du meinst sehr vergangene, also frühere Leben, ist es so?«

»Ja, sogar noch vor der *Feuerwand,* also vor OT III unter Umständen. Paula hat OT III noch nicht abgeschlossen, es kann sie umbringen.«

Nur das nicht! Einen Selbstmordfall hatten wir erfolgreich vertuschen können, weil die Polizei nicht wußte, daß die Frau Mitarbeiterin bei uns war. Wenn hier in der Org etwas passieren würde, hätten wir sofort einen riesigen Skandal am Hals. Meine Gedanken arbeiten rasch. Wie können wir die Situation meistern?

»Wen können wir in Kopenhagen anrufen, wer könnte uns helfen?« frage ich Angela.

»Wenn du das jetzt an die große Glocke hängst, haben

wir morgen eine Mission aus Kopenhagen hier«, antwortet sie dumpf. »Die schauen schon mit Argusaugen auf Düsseldorf. Du bist noch der einzige mit guten Statistiken, ich so halbwegs, aber der Rest sieht schlimm aus.«

»Verdammt, begreifst du das nicht«, fahre ich sie unbeherrscht an, »wenn das da nebenan schiefgeht, können wir alle unsere Statistiken vergessen, und zwar für ziemlich lange Zeit.«

Noch immer können wir die aufgeregten Stimmen hören, aber inzwischen merklich leiser. Beate und Paula sind sich im Grunde sehr ähnlich. In Scientology bezeichnet man sie als *tough*, als jemand, der sich durchsetzen kann, egal zu welchem Preis. Sie wirken beide eher zart, haben aber einen unbändigen Willen zur Macht, eiserne Disziplin und eine scharfe, klare Kommandostimme. Sie können schmeicheln, aber auch unerbittlich durchgreifen, wenn sie etwas erreichen wollen. Insgeheim denke ich, daß da zwei gleich starke Gegnerinnen aufeinander einschlagen, und vermutlich wird es unentschieden ausgehen.

Irgendein dunkler Gott muß meine Gedanken gelesen haben. Die verschlossene Tür wird stürmisch entriegelt, und beide Frauen stürzen heraus, jede in eine andere Richtung. Beate stürmt aus der Org, Paula auf die Toilette. Sie bricht zwar vor der Tür zusammen, rappelt sich aber schnell wieder auf. Nach einer Weile kommt sie strahlend heraus und setzt sich auf meinen Schreibtisch.

»Darf ich?« fragt sie und angelt sich eine Zigarette aus meiner Packung. Ihr Gesicht ist zerfurcht, glättet sich aber zusehends. »Und, wie geht's?« fragt sie gelangweilt und inhaliert tief.

Verblüfft schauen wir sie an. »Wie geht es dir?« frage ich besorgt zurück.

»Ach«, antwortet sie gedehnt, »der alten Schlampe habe ich es gegeben. Die ist erledigt!«

Der König ist tot, es lebe der König.

Paulas Worte bestätigen sich nur allzu schnell. Beate wird abkommandiert, sich sofort in den USA zu melden, und Paula übernimmt ihren Posten. Für eine Woche erleben wir ein Paradies von Freundlichkeit und Harmonie, doch bald holt uns die miserable Lage der Org wieder ein. Der Statistikdruck ist größer denn je, und auch die Publics scheinen die schlechte Stimmung langsam zu spüren. Wir kämpfen um jeden Studenten, um jede Mark an neuen Einnahmen, aber die Krise ist unübersehbar. Wenn ich meine Zigaretten offen auf dem Tisch liegen lasse, ist die Packung innerhalb von zehn Minuten geplündert, niemand hat Geld, und wir ernähren uns fast ausschließlich von warmem Wasser, in das wir ein wenig Instant-Fleischbrühe hineinschütten. Düsseldorf-Org rutscht immer tiefer, und selbst mein Elan kommt zum Erliegen. Die Auslagerung meiner Abteilung in eine fußgängerreiche Zone bringt nur kurzfristig Besserung. Eines Tages erscheint Angela bei mir in gedrückter Stimmung und berichtet von sexuellen Exzessen unter der Dusche zwischen Paula und Manfred. Nicht, daß ich ihnen ihre Liebe nicht gönne, aber sie treiben es während der Arbeitszeit.

Zusätzlich belasten mich Briefe, die immer wieder bei uns zu Hause im Briefkasten landen. Sabine vernichtet zwar die meisten, aber etliche bekomme ich doch zu sehen. Es sind immer wieder Informationen aus der sogenannten Freien Zone, und weil ich endlich wissen will, wer hier gegen wen kämpft, beginne ich, sie mit Interesse zu lesen. Natürlich bleibe ich skeptisch, denn man hat mir die Treue zum herrschenden System tief eingepflanzt. Doch trotz meiner Loyalität bleibe ich neugierig. Ich erfahre von Hubbards angeblicher Entmachtung durch junge Offiziere. Urkundenfälschung, Straflager, Verfälschung der Technologie, die Liste der Beschuldigungen ist lang. Natürlich weiß jeder Scientologe, daß Hubbard immer noch da ist. Über die »Linie Nummer Eins« kann ihm jeder einen Brief schreiben und erhält auch persönliche Antwort. Niemand wagt, dies anzuzweifeln, auch wenn ich in Kopenhagen einen Brief an Ron innerhalb von vier Stunden beantwortet bekam. Mein Grinsen dazu hat Sabine mir sehr übel genommen. Ich lasse sie also lieber weiter in dem Glauben, daß es wirklich Ron ist, der ihr antwortet.

Jeden Morgen versuche ich, vor Sabine am Briefkasten zu sein. Wenn Post von der Freien Zone dabei ist, verstecke ich sie sorgfältig, um sie später in Ruhe zu lesen. Man schickt mir geheimes OT-Material, und so erfahre ich Näheres über die geheimnisvolle Feuerwand auf OT III, den intergalaktischen Krieg vor 75 Millionen Jahren, Xenu mit seinen markarbianischen Truppen, der die Herrschaft über alle Thetanen anstrebt, über Yatrus, den genetischen Bösewicht, der die ehemals weiße Bevölkerung der Erde mit schwarzen und gelben Menschen bedroht und in weiteren Genexperimenten Krebs und AIDS auf die Erde geschickt hat. Einzig Elron, der Thetan mit einem guten Gewissen, hat sich dieser Bedrohung entgegengestellt und als L. Ron Hubbard eine Truppe aufgebaut, die Widerstand leistet. Dieses Material ist kaum zu erfassen oder einzuordnen, aber ich behalte dieses Wissen im Hinterkopf. Denn Angelas Befürchtung, daß Kopenhagen eine Mission schicken könnte, um die Vorfälle in Düsseldorf zu untersuchen, bewahrheitet sich leider bald. Nach Beates Abgang konnte Paula das Steuer nicht herumreißen, und so erscheinen eines Tages Eva und Marko, zwei Offiziere der Sea Org, mit dem Auftrag, in Düsseldorf eine Untersuchung über die 3. Partei durchzuführen. Man sucht also noch immer nach dem Verursacher für dieses Chaos. Eva ist knapp neunzehn, Marko sogar noch wesentlich jünger. Eva brüllt trotz ihres zarten Alters die Org zusammen und verschwindet dann für Stunden mit Paula im Ethikbüro. Alle Ethikordner werden einer gewissenhaften Prüfung unterzogen. Ron hat auch hier eine einfache Lösung: Der mit dem dicksten Ethikordner ist der Übeltäter. Nun haben wir uns leider in den letzten Wochen mit einer wahren Flut von gegenseitigen Wissensberichten überzogen, besonders nachdem ich Paula und Manfred an ihre Verantwortung der Org gegenüber erinnert hatte. Wer hat wohl den dicksten Ethikfile?

»Was soll das, kannst du nicht mal was anderes machen?«

Marko läuft weiter neben meinem Schreibtisch auf der Stelle, verzieht dabei keine Miene. Ich bin entsetzt. Seit einer halben Stunde trabt er so, will mich dadurch zu höherer Arbeitsgeschwindigkeit veranlassen. Auch dazu gibt es eine Anweisung von Ron, wie durch das Suggerieren von Geschwindigkeit das Arbeitstempo anderer erhöht werden kann. Fast tut er mir leid, dieser halbwüchsige Italiener, daß er einen derartig nervtötenden Job ausführen muß. Aber Fakt ist, wir haben diese Uniformierten jetzt schon hier in Düsseldorf, und es werden immer mehr, und sie kommen immer öfter. Nein, Mitleid brauche ich mit ihm wohl nicht zu haben, eher mit mir selbst. Denn er wird über jede meiner Reaktionen einen Bericht schreiben, mich für jeden Fehler, den er an mir zu entdecken glaubt, ans Messer liefern. Ich bin der einzige in der Org, dem man so einen Knaben zur Seite gestellt hat, seit die Mission vor zwei Tagen eine Untersuchung eingeleitet hat.

Zum Glück kann ich der Hektik entgehen, indem ich in meinem Buchladen der Abteilung sechs außerhalb der Org arbeite. Eva, kaum älter als Marko, sitzt drüben in der Org und arbeitet Statistiken und Berichte durch, stellt Fragen und versucht, die faule Stelle ausfindig zu machen. Bekomme ich diese Spezialbehandlung, weil ich besonders wertvoll bin oder weil man bereits davon überzeugt ist, daß ich der Störenfried bin? Wütend knalle ich meine Papiere in die Mappe und stehe auf.

»Ich muß jetzt pissen, verstehst du? Soll das auch mit doppelter Geschwindigkeit gehen?«

Marko verzieht keine Miene, aber zumindest läßt er mich allein aufs Klo gehen, bleibt trabend vor der Tür stehen. Mir ist inzwischen die Lust vergangen, ihn weiter zu provozieren, sein Bericht wird auch so sehr umfangreich werden. Nachdem ich die Toilette verlassen habe, befiehlt er mir, sofort in die Org zurückzukehren. Damit mußte ich natürlich rechnen. Eva erwartet mich schon.

»Take the cans, please.«

Eva will mir die Blechdosen in die Hand drücken, um mich am E-Meter weiter auszufragen.

»Ich bin CLEAR, und du stellst mir am E-Meter keine Fragen, klar?«

Eva zuckt kurz zusammen und blickt hilflos an mir vorbei. Sie weiß, daß ich recht habe.

»Du verweigerst Auditing?«

Geschickt legt sie die Schlinge aus, mich doch noch zu fangen. Auditing zu verweigern ist immer ein Zeichen für Schwerverbrechen. Doch ich pariere geschickt: »Dies ist kein Auditing, sondern eine Sicherheitsüberprüfung, und damit verweigere ich auch kein Auditing.«

»Gut, dann wird es eben Paula übernehmen. Sie ist OT und kann dich ans E-Meter nehmen.«

»Oh, nein, auch das geht nicht. Paula ist selbst in die Untersuchung involviert und darf mich nicht beurteilen.«

»Okay, dann machen wir es eben anders!« Eva steht wütend auf und richtet drohend den Finger auf mich. »Du fährst sofort nach Kopenhagen. Dies ist ein Befehl!«

Jetzt hat sie mich in der Falle, diesem Befehl darf ich mich nicht widersetzen. Paula verfolgt hämisch von der Flurecke aus den Vorgang. Wieder einmal Kopenhagen, denke ich resigniert.

»Haben Sie je etwas von einer Scientology-Organisation gestohlen?«

Schon längst denke ich nicht mehr darüber nach, ob es bei solchen Fragen einen Ausschlag am E-Meter gibt oder nicht. Die lange Nachtfahrt nach Kopenhagen steckt mir noch in den Knochen. Auch wenn ich die Überfahrt über den Sund schlafend im Zug verbracht habe, bin ich dennoch alles andere als ausgeruht. Aber als Scientologe habe ich längst gelernt, meinen Körper weitestgehend zu ignorieren und ihn bis an die Grenze der Leistungsfähigkeit und darüber hinaus zu fordern. Kopenhagen, das heißt immer, todmüde aus dem Nachtzug, völlig überdreht durch die Sicherheitsüberprüfung, anschließend in den Kursraum und büffeln bis nachts um elf. Daran bin ich gewöhnt.

»Haben Sie jemals an einer Verschwörung teilgenommen?«

Etwas zuckt in meinem Unterbewußtsein. Als CLEAR habe ich das Privileg, auf keine dieser Fragen antworten zu müssen. Der Ethikoffizier kontrolliert ausschließlich die emotionale Antwort, die am Ausschlag der Nadel abgelesen wird. Diese Routine ist mir vertraut, aber heute tauchen plötzlich andere Fragen auf, Fragen die ich bisher noch nicht kannte. Welche Art von Sicherheitsüberprü-

215

fung wird da heute mit mir durchgeführt? Als ich Düsseldorf verließ, war ich noch voller Zuversicht, daß sich der ganze Irrsinn schnell auflösen würde. Erst während der langen Zugfahrt fielen mir nachträglich einige Besonderheiten auf. Nachdem Eva mir den Befehl erteilt hatte, sofort nach Kopenhagen zu fahren, hatte niemand in der Org mehr mit mir gesprochen. Mein Untersekretär Thorsten hatte mich noch merkwürdig schief angegrinst, sich aber dann schnell wortlos an mir vorbeigedrückt. Ich weiß, daß er scharf auf meinen Posten ist. Auch Angela hatte kein Wort mit mir gewechselt, als sie mir das Fahrgeld aushändigte. Selbst von Sabine konnte ich mich nicht verabschieden. Angeblich befand sie sich in einem Interview mit Eva. Sabine war noch nicht CLEAR, sie konnte man gleich in Düsseldorf behandeln.

Der MAA kritzelt pausenlos etwas auf das Papier, während sie routiniert die Fragen runterliest.

»Haben Sie sich je in einen Machtkampf mit einer vorgesetzten Führungskraft eingelassen?«

»Haben Sie eine Meuterei in der Org verursacht oder unterstützt?«

Natürlich, ein Machtkampf! Hatte ich mich darauf eingelassen? Der Tatbestand der Meuterei ist schon erfüllt, wenn zwei Scientologen gemeinsam eine Bittschrift einreichen. Indem ich die vielen Gespräche zwischen Christiane, Sabine und Angela duldete, habe ich mich zum Mittäter einer Meuterei gemacht. Ich hätte früher hart durchgreifen müssen. Irgendwann ist die Liste fertig, und der MAA schreibt nun etwas auf meinen Durchlaufzettel. Check-in, Check-out, wie immer in Kopenhagen.

»Dein nächster Schritt ist, du gehst zu Ethik. Anne-Julie erwartet dich.«

Nun schwanke ich nicht nur wegen der Müdigkeit. Der

Befehl, direkt zu Ethik zu gehen, trifft mich wie ein Keulenschlag. Aber noch habe ich die Kraft und die Absicht, alles zu erklären und das Durcheinander aufzulösen.

Als ich das Verhörzimmer verlasse, ist gerade Frühstückspause. Offiziere aller Grade und die meisten der Mannschaft befinden sich auf dem Hof, plaudernd in kleinen Gruppen. Die Sonne scheint warm und freundlich, und meine Gedanken beginnen sich wieder zu ordnen. Zu meiner Freude entdecke ich Alfred, den stets munteren PES Europe, meinen Vorgesetzten in Kopenhagen.

»Hey, Alfred, wie geht es?« spreche ich ihn an. Er dreht sich langsam um, kaut an einem Brötchen. Er mustert mich ruhig, als habe er mich noch nie gesehen.

»Du gehst zu Ethik«, sagt er kurz und wendet sich wieder ab, als hätte ich ihn wie ein Bettler belästigt.

Verdammt, befinde ich mich hier in einem Irrenhaus oder in einem falschen Film? Ich gebe es auf, noch irgendein bekanntes Gesicht anzusprechen. Vermutlich werde ich überall die gleiche Reaktion erleben. Ich, vor kurzem noch einer der europäischen Hoffnungsträger, dem alle eine glänzende Karriere voraussagten, stehe hier plötzlich als Ausgestoßener, als persona non grata. Mir bleibt nichts anderes übrig, als die Pause abzuwarten, um dann mit Anne-Julie zu sprechen.

Wenn es, was natürlich für Scientology völlig absurd ist, einen Schönheitswettbewerb gäbe, Anne-Julie würde ihn sicher gewinnen. Diese entzückende und charmante Französin wird nun entscheiden, was mit mir geschieht, zu geschehen hat. Halb verzagt, halb hoffnungsvoll, eile ich zu ihrem Büro. Laute Stimmen zeigen, daß schon jemand vor mir dran ist. Und dann höre ich nur noch Anne-Julies Stimme, laut und schneidend. Danach stürzt eine korpulente Scientologin in Uniform, wie von Furien gejagt, aus dem Zimmer. Am nächsten Waschbecken hält sie an, um sich zu übergeben. Danach schleicht sie schluchzend weiter und verschwindet die Treppe hinab. Erschrocken schaue ich ihr nach. Welche Behandlung erwartet nun mich?

»Hey Norbert, du hast einen Brief für mich?«

Anne-Julie sitzt entspannt hinter ihrem Schreibtisch, als habe es die laute Szene von eben überhaupt nicht gegeben. Mir wird plötzlich bewußt, daß ich, seit ich Düsseldorf verlassen habe, einen Brief bei mir trage, in dem mein eigenes Todesurteil stehen könnte. Eva gab ihn mir mit der Weisung, ihn in Kopenhagen an Ethik weiterzuleiten. Ich ahnungsloser Idiot! Warum sind sie sich alle so sicher, daß wirklich jeder Befehl ausgeführt wird?

Anne-Julie liest den Brief schweigend, dann wendet sie sich mir zu.

»Du weißt, daß in Düsseldorf eine Untersuchung durchgeführt wurde. Nach dem Gesetz der 3. Partei gibt es immer einen Verursacher für Schwierigkeiten, jemand der will, das die Dinge nicht richtig laufen.«

Nickend stimme ich zu. Das Gesetz der 3. Partei klingt sehr logisch, ist aber, wie ich selbst schon festgestellt habe, nur äußerst schwierig durchzuführen. Um einen Verursacher wirklich aufzuspüren, muß man schon sehr genau und intensiv Befragungen bei allen Personen durchführen. Das war in Düsseldorf noch nicht geschehen, also rechnete ich auch noch nicht mit einem Ergebnis.

»Und das Ergebnis ist«, fährt sie unbeirrt fort, »daß du es warst!«

Wie viele Überraschungen muß ich an diesem Morgen

wohl noch ertragen? Alles mögliche hätte ich mir vorstellen können, verschiedenes habe ich erwogen, aber niemals mit diesem Ergebnis gerechnet.

»Unmöglich!« ist das einzige, was ich stammeln kann. Jetzt wird sie schreien, toben, mich fertigmachen, so wie eben die junge Frau. Wie kann ich dem entgehen? Aber erstaunlicherweise bleibt sie ruhig und gelassen. »Du hast selbst in einem Brief an Beate zugegeben, dich an einer Meuterei beteiligt zu haben. Damit hast du dich selbst zu einem Schwerverbrechen bekannt.«

»Aber die anderen . . .« stottere ich hilflos.

»Es geht hier nicht um andere, sondern um deinen Fall. Okay, Norbert. Du hast jetzt zwei Möglichkeiten, und ich will nicht weiter mit dir darüber diskutieren. Entweder du gehst jetzt ins RPF, oder du tust das, was ich dir jetzt auftrage.«

Habe ich eine Wahl? Susans Schilderungen vom Straflager fallen mir ein. Auch die Beschreibungen vom Straflager in Kalifornien, die ich über die Freie Zone erhalten habe. Dort gibt es angeblich ein spezielles Laufprogramm, in dem man die Delinquenten in sengender Sonne den ganzen Tag um zwei Bäume laufen läßt. Ihnen fallen zum Schluß sogar Zähne aus, weil die Körper restlos ausgezehrt sind. Das ist mit Sicherheit keine verlockende Alternative!

»Gut, was soll ich tun?«

Anne-Julie lächelt. »Als erstes möchte ich, daß du deine *Overts* und *Withholds* aufschreibst, und zwar über die dritte Dynamik. Ich erwarte, daß du das gründlich machst, d.h. vor morgen möchte ich dich hier nicht mehr sehen. Danach wirst du eine neue Aufgabe bekommen. Du weißt, wo du jetzt hinzugehen hast?«

Ich nicke nur und mache die Faust in der Tasche.

Dennoch kann ich mir nicht verkneifen zu sagen: »Okay, aber ich komme wieder, und dann will ich wissen, was in Düsseldorf vorgefallen ist. Und ich erwarte Antworten auf meine Fragen.«

Wieder lächelt Anne-Julie, und mit einer Handbewegung bin ich entlassen.

Es bleibt rätselhaft. Sicher, was ich jetzt durchzuführen habe, das sind Ethikmaßnahmen, aber wenn ich tatsächlich als 3. Partei entlarvt worden wäre, dann hätte Anne-Julie mich ohne Alternative sofort ins Straflager schicken müssen. Was also ist in Düsseldorf noch geschehen, nachdem ich abgefahren bin? Ich will es unbedingt herausfinden!

Das Zimmer, in dem die Ethikfälle all ihre Straftaten und Verfehlungen aufschreiben müssen, alle Verbrechen, die man noch nie gebeichtet hat, ist nicht weit entfernt. Die Atmosphäre ist stickig. Etwa 15 Menschen sitzen mit gebeugtem Nacken an den Tischen und schreiben ihre Verbrechen nieder. Ort, Uhrzeit, Geschehen, wer es beinahe herausbekommen und wem man damit geschadet hat. Einige Delinquenten haben bereits ihre Uniformjacken abgelegt. Sie schwitzen entsetzlich und entsprechend stinkt es auch. Hier soll ich bis morgen sitzen? Mir wird übel, dennoch beginne auch ich zu schreiben, nach der von Hubbard festgelegten Verfahrensweise.

3. Dynamik, das ist die Gesellschaft. Welche ist nun gemeint, unsere oder die da draußen, die der Nicht-Scientologen, der Geisteskranken? Die meiste Zeit meines Lebens habe ich natürlich draußen verbracht, als Geisteskranker unter Geisteskranken. Hatte ich auch da schon die Verantwortung, die ich jetzt habe? Klar, ich

bin ein Thetan und muß immer Verantwortung tragen, also auch in meinen früheren Leben. Wenn das so ist, werde ich dann überhaupt bis morgen alles beichten können? Seufzend fange ich an zu schreiben. Beginne bei nicht bezahlten Strafmandaten für Falschparken, lasse Stück für Stück mein Leben rückwärts Revue passieren bis hinein in die Kindheit. Milchgeld, von den ich mir Süßigkeiten gekauft habe, der Griff in die Gottesdienstkollekte, um mein Taschengeld aufzubessern.

Am frühen Nachmittag erlebe ich ein erstes Tief. Ich kann einfach nicht mehr und fluche laut über Ethik und Ethik, frage mich, ob das von Hubbard denn so gewollt sei. Ein junger Offizier starrt mich kritisch an. Dann beginnt er, auf einem Extrablatt etwas zu schreiben. Neugierig beobachte ich ihn. Wieder einer von diesen blutjungen Burschen, die in der Sea Org eine steile Karriere machen wollen. Er erhebt sich und reicht mir ein Blatt, offensichtlich eine Kopie dessen, was er gerade so eifrig aufgeschrieben hat. Fassungslos starre ich ihn an. Da schreibt er doch tatsächlich einen Wissensbericht über meine Flüche, und behauptet ich hätte Hubbard beleidigt. Er sammelt womöglich noch Pluspunkte für sein eigenes Ethikverfahren, indem er andere anschwärzt. Mit dem Original in der Hand rauscht er hinaus und kommt auch nicht wieder. Anne-Julie wird dieses weitere Indiz meines unethischen Verhaltens mit Freude entgegengenommen haben.

Mein erster Versuch, ihr mein persönliches Strafregister zu überreichen, scheitert. Sie jagt mich zurück mit den Worten: »Noch nicht genug.«

Schließlich, als mir gar nichts mehr einfällt, erfinde ich einen Bankraub auf einem fernen Planeten, aus einem meiner früheren Leben. Natürlich frage ich mich innerlich, ob diese »Erfindung« nicht vielleicht doch eine Wahrheit aus meinem Unterbewußtseins sein könnte ... Anne-Julie ist jedenfalls entzückt, und ich darf endlich aufhören.

»Okay, das nächste was du jetzt machst, ist, hier oben den Flur zu wischen und dann fängst du an, die Fenster zu putzen.«

Wieder entläßt mich Anne-Julie lächelnd mit einer Handbewegung. Die Liste mit den Schandtaten meines Lebens steckt sie ohne einen weiteren Blick in eine Mappe. Habe ich die Putzarbeiten wegen des Wissensberichts von gestern zu erledigen, oder gehören sie noch zu dem normalen Programm, das sie für mich vorgesehen hat? Sie verliert kein Wort darüber. Zwei-, dreimal kommt sie über den Gang, als ich die Fenster mit Feuereifer reinige. Plötzlich tippt sie mich an: »Sei in zehn Minuten bei mir.«

Rasch verstaue ich die Putzsachen. Bin ich jetzt durch, oder kommt noch Schlimmeres?

»Ich möchte, daß du jetzt einen Bericht über Sabine schreibst!«

Mir bleibt die Luft weg, aber ohne Umschweife steuert Anne-Julie bereits den nächsten Punkt an.

»Sabine hat eine gute Ausbildung, aber sie ist *long trending downstat*, ihre niedrigen Statistiken beweisen ihren schlechten Ethikzustand. Wir müssen unbedingt herausfinden, warum das so ist. Du kannst uns dabei helfen, indem du alles über sie aufschreibst. Wir müssen das gesamte Ausmaß der Verschwörung aufdecken. Sie wird dann die Chance bekommen, sich im RPF zu rehabilitieren.«

Wieder dieses RPF, diesmal ist Sabine in Gefahr. Das kann ich nicht zulassen. Susans Schilderungen vom Straflager sind mir noch zu lebhaft in Erinnerung, auch wenn Beate es später verharmloste. Meine Frau würde ich nicht ausliefern, niemals.

Anne-Julie registriert meine Weigerung schweigend. Sie schaut mich lange an, doch ich halte ihrem Blick stand. Ich hatte bisher niemals Zweifel an den Grundprinzipien der scientologischen Ethik, doch nun spüre ich, daß man Ethik nicht von sozialer Verantwortung und Mitgefühl trennen kann. Ethik darf nicht einfach nur ein Werkzeug sein, um Menschen zu disziplinieren, wie Ron es immer wieder formuliert. Der Zweck darf nicht die Mittel heiligen, niemals! *Wer die totale Freiheit will, muß die totale Disziplin akzeptieren, oder Scientology wird untergehen.* Wie gedankenlos hatte ich diese Formel immer wieder gelesen.

Schließlich gibt sich Anne-Julie einen Ruck. »Ron sagt, ein Führungsoffizier darf niemals zögern, Einzelpersonen zum Wohle der Gruppe zu opfern, sei es in der Planung, der Ausführung oder in seiner Rechtsprechung.«

Ich nicke, bleibe aber standhaft: »Ich bezweifle, daß in Düsseldorf ein korrektes Verfahren durchgeführt worden ist. Mir ist egal, was du jetzt mit mir machst, aber ich werde darüber einen Bericht schreiben.«

Anne-Julie bleibt ruhig, obwohl ich meine Ankündigung fast schon wie eine Drohung formuliere. Einem Ethikoffizier muß man unter allen Umständen höflich begegnen und alle Forderungen, mögen sie noch so berechtigt sein, als Bitte formulieren. Ich bewege mich also auf sehr dünnem Eis, und ihre nächste Entscheidung könnte für mich das Straflager bedeuten.

»Gut«, sagt sie schließlich, »du machst jetzt die Bela-
stungsformel und gehst zu Alfred. Er hat Aufgaben für
dich.«

Diesmal werde ich ohne Lächeln entlassen. Aber ich
bin vorerst mit heiler Haut davongekommen. Die Bela-
stungsformel bedeutet, ich darf mich mit einer guten Arbeit für die Gruppe rehabilitieren und mich wieder von
der Gruppe aufnehmen lassen. Eine Hürde allerdings
bleibt bestehen: Ich muß mir von den Mitarbeitern durch
Unterschrift bestätigen lassen, daß ich tatsächlich würdig
bin, wieder aufgenommen zu werden. Aber das werde
ich schaffen, davon bin ich überzeugt.

Alfred ist im Vergleich zu gestern morgen wie ausgewechselt. Er grinst mich an, so wie immer. Mir ist vollkommen
klar, was mich erwartet: ein Akt der Wiedergutmachung
und danach die Wiederaufnahme in die Gruppe.

Alfred schiebt mir ein paar Ordner hin: »Hier, Statistiken aller Verbreitungsabteilungen in Europa. Bring sie
mal auf den neuesten Stand. So etwas bleibt bei mir leider oft liegen. Du stehst mit Düsseldorf übrigens nach
wie vor nicht schlecht.«

Er grinst wieder anerkennend und rauscht davon.
Erst am Abend bekomme ich ihn wieder zu Gesicht. Er
grinst noch breiter, als er die fertige Arbeit sieht.

»Schön, Norbert. Ich habe mit deinem ED Paula gesprochen. Du bist ab sofort wieder PES in Düsseldorf.
Und ich erwarte in Zukunft von dir noch bessere Leistungen. Wir haben unsere Strategie umgestellt. Du hast
ja mit WISE bereits einige Erfahrung sammeln können
und kennst die besonderen Schwierigkeiten. Ich bin dir
für deine detaillierten Berichte sehr dankbar. Nicht zuletzt deshalb haben wir WISE ein eigenes Management

gegeben. Die Wirtschaftsscientologen gehören nun nicht mehr zu deinem Aufgabenbereich. Dafür mußt du jetzt *Social-Coordination* forcieren. Wir brauchen mehr Einfluß in der Gesellschaft. Die Strategie lautet: Verunglimpfung der politischen Tradition, das Schüren sozialer Unruhen im Bildungswesen, das Schüren von Mißtrauen gegen Obrigkeit und politische Führung, Zerstörung des Vertrauens in die Medizin, zu Ärzten, Psychologen und Psychiatern. Du machst jetzt noch zwei Tage *Athena Cramming*, aber bevor du morgen auf Cramming gehst, schneidest du dir die langen Haare ab. Das ist ein Befehl!«

12

Auf der Flucht

Der Weg aus dem Labyrinth

»Du schneidest dir die langen Haare ab!«

Ist mein schulterlanges Haar plötzlich anstößig? Erst bin ich verblüfft, dann erschüttert. Zuviel ist in den letzten 48 Stunden auf mich eingestürmt, als daß ich es hätte einordnen oder verarbeiten können. Die Unruhe der letzten Monate bricht auf einen Schlag über mir zusammen. Die Auseinandersetzungen mit dem Management, die gnadenlose Jagd nach vermeintlichen oder tatsächlichen Abweichlern und Abtrünnigen, der immerwährende Aufruf zum heiligen Krieg, das alles hat mich schon zermürbt. Die drohende Gefahr für Sabine, ins Straflager zu wandern, und nun der allerletzte Beweis der gnadenlosen Intoleranz − der Befehl, mir die Haare abzuschneiden. Man verlangt von mir ein Zeichen der vollständigen Unterwerfung.

Mein Verstand arbeitet schnell, wie schon lange nicht mehr. Wenn ich, wie angeordnet, noch zwei Tage in Kopenhagen bleibe, habe ich keine Chance, Sabine zu warnen. Sie ist völlig ahnungslos, und auch für sie hieße es beim Mitarbeitertreffen kommentarlos: Du fährst nach Kopenhagen. Ein knapper Befehl, keine Erklärung, keine Erläuterung. Wenn ich sie retten will, muß ich sofort zurück nach Düsseldorf. Kurz nach elf geht der letzte

Zug nach Deutschland. Mir bleiben noch 50 Minuten. Aber zur gleichen Zeit geht auch der Zug von Düsseldorf nach Kopenhagen. Wenn Sabine nun diesen Zug besteigt, während ich ihr entgegeneile? Nicht auszudenken! Ich treffe Anne-Julie auf dem Hof.

»Mein Ethikprogramm ist abgeschlossen, und ich muß zurück nach Düsseldorf. Cramming werde ich beim nächsten Mal nachholen«, verspreche ich ihr scheinheilig.

»Wenn du jetzt gehst, ist das ein *Blow*, das ist dir klar, oder?« Anne-Julie versperrt mir den Ausgang, warnt mich vor einem weiteren Schwerverbrechen, einer Flucht aus der Sea Organisation.

Mein Blick wandert über den Hof zum großen Eingangstor des Führungshauptquartiers an der Teglgaardstrade. Einige junge Offiziere lungern in der Nähe herum, und sie würden mich ohne viel Federlesens packen, wenn Anne-Julie den Befehl dazu gäbe. »HCO, schaff Ordnung« heißt der kurze Befehl, und dann muß jeder zupacken, der diesen Befehl hört.

Selbst wenn es mir gelänge, aus dem Tor herauszukommen, wäre es fraglich, wer dann den langen Lauf zum Bahnhof gewinnen würde. Ich habe nur eine Chance, ich muß es so einrichten, daß ich praktisch in letzter Sekunde auf den Zug springen kann.

Fast demütig weiche ich vor Anne-Julie zurück, die nichts weiter sagen muß: Das Ethikprogramm, das sie mir vor drei Tagen aufgebürdet hat, ist noch nicht abgeschlossen, das Cramming gehört noch dazu, und einen Zyklus nicht abzuschließen, bedeutet erneut, ein Schwerverbrechen zu begehen. Die Regeln der Sea Org sind hart und gnadenlos. Wie oft ich in den letzten Tagen das Wort *High crime* zu hören oder zu lesen bekam, kann ich gar nicht mehr zählen. Nur eines weiß ich jetzt: Es war ein paar Mal zu oft.

Anne-Julie schaut mir stirnrunzelnd nach, als ich ins Gebäude zurückgehe. Ich darf sie nicht mißtrauisch machen, denn mein Entschluß abzuhauen, steht nun fest.

Im Gang komme ich am Schwarzen Brett vorbei. Es ist gespickt mit Ethikerklärungen. Wenn ich meinen Plan durchführe, dann wird morgen auch mein Name dort stehen, weltweit zur Fahndung ausgeschrieben. Sabine hat es vor ein paar Monaten geahnt, vorausgesehen, daß es genauso kommen würde. Ich selbst habe gelernt, die Querulanten, die am Schwarzen Brett aufgeführt werden, als Verbrecher einzustufen. Nun, da ich Gefahr laufe, selbst als Querulant eingestuft zu werden, empfinde ich plötzlich Mitleid und Sympathie für sie. Sie mochten, ähnlich wie ich jetzt, erkannt haben, daß sie von einem machtgierigen System ausgebeutet und instrumentalisiert worden sind.

Wir waren aufrichtig bis zur Selbstzerstörung, weil wir immer noch an das Gute im Menschen glauben wollten. Erst jetzt erkenne ich mit aller Klarheit den Widersinn dieses Systems, das sich anschickt, die eigenen Kinder zu fressen. Menschen wie Beate oder Susan erduldeten geradezu dankbar jede Form der Erniedrigung, der Unterwerfung, um sich zu rehabilitieren. Soll das die Freiheit sein, die uns Hubbard versprochen hat? Würde, Freiheit, Selbstbestimmung, alle Worte scheinen sich plötzlich ins Gegenteil verkehrt zu haben. *Freiheit ist Sklaverei.* Wo hatte ich diesen Satz gelesen? Es ist viele Jahre her, die Erinnerung liegt verschüttet unter unzähligen Anweisungen der Gegenwart. Wer die totale Freiheit will, muß die totale Disziplin akzeptieren, lautet Hubbards Befehl, ein Befehl, den ich jetzt nicht mehr ausführen werde.

Ich habe Glück. Es ist die Zeit der Führungssitzung, und alle Mannschaftsteile, Offiziere und Studenten, sitzen irgendwo zur Tagesabschlußbesprechung. Ich müßte mich jetzt sowohl zur Besprechung als auch ins Cramming setzen, aber weil ich offiziell erst für den nächsten Morgen dort angemeldet bin, wird mich niemand vermissen. Dies ist das Loch, durch das ich hinausschlüpfen kann, der Weg aus dem Labyrinth.

Das Doppelflügeltor ist leicht zu öffnen, indem ich die Verriegelung des Seitenflügels hochziehe. Ein Druck, und beide Flügel schwingen auf. Die Teglgaardstraede liegt dunkel und menschenleer vor mir. Bis zum Bahnhof brauche ich nur sieben bis acht Minuten, wenn ich laufe. Vorsichtshalber nehme ich den Weg außen um den Tivoli herum. Das ist zwar etwas weiter, aber so komme ich nicht in Gefahr, zufällig noch einem der Guardiens in die Arme zu laufen, die zwischen dem Nordland und der Advanced Organisation patrouillieren. Ein Restrisiko, Guardiens vor dem Bahnhof, muß ich in Kauf nehmen. Leider bin ich auch durch meine langen Haare nicht nur auffällig, sondern auch sehr leicht wiederzuerkennen.

Auf dem Bahnsteig ziehe ich den Kopf ein und husche an einigen Scientologen vorbei. Sie sind leicht an ihren E-Meter-Koffern zu identifizieren. Es sind zahlende Kunden, die sich wieder auf den Heimweg machen, aber wohl nicht zur Führung gehören.

Als sich der Zug mit einem Ruck in Bewegung setzt, löse ich mich mit einem Schlag von Kopenhagen und dem Scientology-Management. Angst und das schnelle Laufen haben mir die Luft genommen, und ich brauche einige Zeit, bis ich wieder ruhig atmen kann.

»Haben Sie etwas zu verzollen?«

Der junge Grenzschutzbeamte sieht mich forschend an. Paradox: Da steht eine Ordnungsmacht in Uniform vor mir und ich bin erleichtert — während ich gerade vor einer anderen Ordnungsmacht in Uniform geflohen bin. Ich bin wieder auf deutschem Boden, aber bin ich damit schon in Sicherheit? Soll ich mich diesem Beamten anvertrauen, ihn um Schutz bitten? Mir fällt Brigitte ein, Anyway Barfuß, die damals das Guardiens in Deutschland leitete. Sie erzählte mir, daß sie an der dänischen Grenze verhaftet und in eine psychiatrische Anstalt verschleppt worden sei.

Nein, auch mein Vertrauen in diese Ordnungsmacht ist grundlegend erschüttert. Zu bitter war meine Erfahrung mit deutschen Gerichten, als es damals um mein Grundrecht ging, meine Kinder sehen zu dürfen. Auch Heides Verhaftung kommt mir in Erinnerung, als zwölf Polizisten mein Atelier in Krefeld gestürmt haben, um ein siebzehnjähriges Mädchen zu fangen.

»Nein, ich habe nichts zu verzollen.«

Mit einem freundlichen Gruß schließt der Beamte die Tür, und ich bin wieder allein. Sofort ist die Angst wieder da. Nicht nur die Angst vor Verfolgung. Es ist leicht vorstellbar, daß sich mit mir im Zug noch ein Dutzend anderer Scientologen befindet. Aber sie können unmöglich wissen, daß ich mich auf der Flucht befinde. Es ist auch die Angst davor, nicht zu wissen, ob meine Entscheidung überhaupt richtig ist. Was soll ich tun, wenn ich Düsseldorf erreiche?

»Schön, daß du wieder da bist!« Angela fällt mir um den Hals. »Wir wußten, daß du dich durchsetzen würdest.«

Angewidert schiebe ich sie weg.

»Du wußtest, was mich in Kopenhagen erwartet und

hast mich mit keinem Wort gewarnt. Es war nicht das erste Mal, daß ich für dich und die Org die Kohlen aus dem Feuer holen mußte, aber es war mit Sicherheit das letzte Mal.«

Angela zuckt hilflos die Achseln: »Was sollte ich denn tun? Ich hatte ja auch nur meine Befehle, an die ich mich halten mußte. Außerdem war ich völlig sicher, daß du unschuldig bist«, strahlt sie mich mit kindlicher Einfalt an. »Und du weißt doch, daß uns die Technologie schützt.«

Gelangweilt winke ich ab, habe keine Lust, mit ihr über die Technologie zu diskutieren. Eine Technologie, die keinen Platz für Zivilcourage bietet, ist in meinen Augen völlig wertlos.

»Wo ist Paula?« will ich wissen.

Angela hüpft schon wieder vor Begeisterung: »Stell dir vor, Paula bekam gestern die Order, nach Kopenhagen zu fahren. Ich leite jetzt die Org, und Anne-Julie hat mir gesagt, du übernimmst ab sofort wieder deinen Posten. Auch Manfred mußte hoch. Wir haben wieder alles unter Kontrolle.«

Etwas unsicher schaue ich Angela an. Haben die in Kopenhagen letztlich doch verstanden, wer hinter den ganzen Unruhen steckt? Nicht Sabine mußte hoch, sondern Manfred und Paula.

»Okay, dann bist du jetzt der ED, dann muß ich es eben dir sagen. Ich werde meinen Posten nicht übernehmen, ich werde aussteigen. Sabine und ich werden nach Krefeld zurückgehen und unser Leben wieder in ordentliche Bahnen lenken.«

Angela schaut mich erschrocken an: »Das verstehe ich nicht. Du bist doch voll rehabilitiert, und auch Sabine bekommt kein Ethikverfahren.«

Nachdenklich schaue ich sie an. Ein Mädchen noch, das ihre Lehre abgebrochen hat, um als Scientologin zu arbeiten. Sie hat nie etwas anderes gelernt, als in diesem System zu befehlen und zu gehorchen. Für sie gibt es kein Leben ohne Scientology, allein der Gedanke ist für sie unvorstellbar.

»Anyway«, verfalle ich bereits wieder in den Slang, »mein Entschluß steht fest. Man hat mir ein paarmal zu oft vor das Knie getreten. Scientology ist in der Hand machtgieriger Offiziere, und ich weiß nicht, ob Ron damit überhaupt noch einverstanden ist. Jetzt brauche ich jetzt erst einmal Abstand und Ruhe, um alles zu verarbeiten.«

Thorsten schaut mich mit rotem Gesicht an, als ich mein Büro betrete. Hastig räumt er seine Sachen von meinem Schreibtisch. Genußvoll lasse ich ihn noch ein wenig zappeln, warte, bis er seinen eigenen Schreibtisch wieder eingenommen hat.

»Du hast dich ja schnell mit meinem Posten angefreundet«, sage ich anzüglich.

Er schluckt verlegen und meint unterwürfig: »Das wurde so angeordnet. Ich bin ja auch der Meinung, daß du der bessere PES bist.«

»Tja, Macht ist verführerisch, nicht wahr?« Langsam setze ich mich auf meinen Stuhl und suche meine privaten Sachen zusammen. Thorsten beobachtet mich aus zusammengekniffenen Augen und weiß die Situation nicht einzuschätzen. Geräuschvoll schließe ich meinen Schreibtisch, nachdem ich meine Tasche gepackt habe, und stehe mit einem entschlossenen Ruck auf.

»So mein Lieber, jetzt kannst du dich wieder hier

hinsetzen. Ab heute bist du wieder der PES. Ich gehe!«

Thorsten starrt mir mit offenem Mund nach, als ich mein Büro verlasse.

Wie verabredet, erwartet mich Sabine bereits mit gepackter Tasche auf dem Flur. Sie hat sich ebenfalls entschlossen, die Org mit mir zu verlassen, nachdem ich sie über die Vorfälle in Kopenhagen informiert hatte. Und so lassen wir gemeinsam all die Menschen hinter uns zurück, die wir für unsere Freunde gehalten haben. Was wird uns nun die Zukunft bringen?

»Verflixt, warum haben wir kein Licht?«

Mit ausgesprochen schlechter Laune komme ich von einem erfolglosen Gespräch bei der Bank zurück und stehe im dunklen Atelier.

»Man hat uns gerade den Strom abgestellt — die Telefonanlage ist auch tot!«

Sabine sieht mich aus verweinten Augen hilflos an. Es ist Freitagnachmittag, und bis Montag können wir nun nichts tun. »Die suchen sich immer den richtigen Zeitpunkt, um einen lahmzulegen. So ein Mist!« fluche ich.

Der Schreibtisch ist voll mit Papieren, die geordnet und gesichtet werden müssen. Die letzten Monate, fast ein ganzes Jahr, seit wir in Düsseldorf die Arbeitsverträge unterschrieben hatten, haben wir wohl völlig kopflos gelebt. Mit voller Wucht trifft uns nun die Wirklichkeit mit unbezahlten Rechnungen, leeren Bankkonten, Schulden und einer miserablen Auftragslage. Wenn wir das Steuer noch einmal herumreißen wollen, dann müssen wir Tag und Nacht arbeiten. Doch um zu arbeiten, brauchen wir neue Kunden, ich aber stoße überall auf

Reserviertheit oder offene Ablehnung. Eine Stadt wie Krefeld kann ein Dorf sein, wenn es um die Verbreitung von Gerüchten geht. Über uns bricht unvermittelt die Nacht herein.

13

Vorwärts, wir müssen zurück

Gehen Sie an die Öffentlichkeit

»Ich finde das auch nicht richtig, was die mit euch gemacht haben.«

Adele setzt sich und beobachtet amüsiert, wie ich zwei Kerzen auf dem Schreibtisch entzünde.

»Sehr stimmungsvoll, schließlich haben wir ja auch schon November.«

Mit etwas trockenem Hals erkläre ich: »Das hat weniger mit der Stimmung zu tun als mit der knallharten Realität. Wir haben seit August keinen Strom mehr. Das Telefon ist zum Glück seit zwei Wochen wieder angeschlossen, sonst hättet ihr uns gar nicht erreichen können.«

Adele und Rolf schauen uns entsetzt an. Sabine reagiert wie immer in den letzten Wochen. Mit roten Augen rennt sie aus dem Zimmer.

»Da scheinen wir ja gerade im rechten Moment zu kommen«, sagt Adele mit einem strahlenden Lächeln.

Ich kenne Adele seit meinen ersten Tagen in Scientology. Als erfolgreiche Geschäftsfrau hat sie sich an jedem Wochenende in Düsseldorf auditieren lassen und wurde dadurch, wie sie immer wieder betonte, noch erfolgreicher. Ihr Markenzeichen war ihr lautes Lachen, gleichgültig, zu welchem Anlaß. Selbst das Auditing konnte es ihr nicht austreiben. Sie war der erste CLEAR der Düsseldorfer Mission, und mit ihrem Geld, das sie mit vollen Händen für Auditing ausgab, schuf sie die wirtschaftliche Grundlage für Jens und Beate. Im Center lernte sie auch den Immobilienmakler Rolf kennen und lieben. Sie heirateten dann ein paar Wochen vor uns. Eigentlich war eine scientologische Doppelhochzeit geplant, aber durch den damaligen Ärger mit Sabines Mutter waren diese Pläne geplatzt. Rolf war Sabines erster PC nach ihrem Aufenthalt in Kopenhagen, und sie hingen sehr aneinander.

»Vielleicht können wir euch helfen«, fährt Adele fort. »Nachdem ich OT VII abgeschlossen hatte, machte ich ein neues Postulat. Ich wollte Künstlern helfen, sich zu rehabilitieren, ihnen Raum geben, ungestört zu arbeiten. Deshalb werde ich jetzt ein *Scientology-Celebrity-Center* eröffnen und möchte euch bitten, mir dabei zu helfen.«

Helfen, denke ich bitter. In den letzten Monaten waren wir überall auf Ablehnung gestoßen, niemand wollte uns und unsere Dienste. Sabines Eltern hatten sich zwar bereit erklärt, einen Neuanfang zu finanzieren, dies aber mit vielen Bedingungen verknüpft. Wir mußten sogar unterschreiben, keine scientologischen Kurse mehr zu besuchen, bloß gegen ihre Forderung öffentlich gegen Scientology aufzutreten, konnten wir uns wehren.

»Das wird kaum möglich sein«, entgegne ich nachdenklich. »Wir tauschen ständig Wissensberichte mit der Org aus; unsere Ausbildung soll nachträglich bezahlt werden. Man verlangt einige zehntausend Mark und solange die nicht bezahlt sind, gelten wir als Ethikfälle.«

Adele winkt ab. »Mach dir keine Sorgen. Darum werde ich mich kümmern. Im Augenblick brauche ich dringend jemanden, der mir die Räume einrichtet, Teppichboden verlegt, dekoriert und was alles so anfällt. Du wirst natürlich von mir dafür bezahlt, und ich glaube, ihr könnt das Geld dringend brauchen.«

Da hat sie zweifellos recht. Im Augenblick leben wir überwiegend von dem Gitarrenunterricht, den Sabine erteilt, aber das ist nicht viel.

Sabine ist zwar wieder zurückgekommen sagt aber zu all dem nichts, schaut eher hilflos von einem zum anderen. Erst als Adele und Rolf wieder weg sind, äußert sie sich: »Ich möchte nicht, daß du diese Arbeit übernimmst. Ich habe ein ungutes Gefühl dabei.«

»Ach was, ungute Gefühle bringen uns jetzt nicht weiter. Wir brauchen dringend Geld, und selbst wenn ich das neue Center einrichte, habe ich mit dem Rest doch nichts zu tun.«

Der fünfte Dezember ist ein verflixter Tag. An diesem Tag wurde vor Jahren das Center in Düsseldorf eröffnet, später wurde ich an diesem Tag CLEAR, und nun ist die Eröffnung des Celebrity-Centers. Sabine ist die nervöse Spannung deutlich anzusehen, als wir nach Düsseldorf fahren. Wir werden nach langer Zeit wieder unsere Freunde treffen, aber auch unsere Feinde.

Paula ist nach ihrer Zeit in Kopenhagen, die sie vermutlich im Straflager verbringen mußte, wieder in Düsseldorf aufgetaucht und hat erneut die Leitung der Org übernommen. Seitdem tauschen wir böse Briefe miteinander aus. Offiziell ist es zwar nichts anderes als die legale Übermittlung von Wissensberichten, aber wer will auf Anhieb entscheiden, ob ihre Anschuldigungen auf Wissen oder auf Unterstellungen basieren. Sie hat mir gegenüber zwei entscheidende Vorteile: Sie ist kein Ethikfall, und sie hat inzwischen OT III abgeschlossen. Damit hat sie die bessere Position. Meine Stärke hingegen ist die genauere Kenntnis von Richtlinienbriefen, und damit versuche ich, sie kleinzukriegen.

Ob ich will oder nicht, noch immer schlage ich mich mit Hubbards Anweisungen und dem Management herum, obwohl ich mich davon trennen wollte.

Sabine scheint dem Eröffnungsabend mit gemischten Gefühlen entgegenzusehen. Sie sagt kaum ein Wort, während wir durch die Dunkelheit nach Düsseldorf fahren. Die Königsallee ist weihnachtlich geschmückt, und mit dem ansehnlichen Scheck für meine Arbeit in der Tasche sieht das Weihnachtsfest nicht ganz so finster aus. Leider reicht das Geld noch nicht, um den Strom wieder einschalten zu lassen, aber zum Glück läuft wenigstens die Heizung, so daß wir nicht auch noch frieren müssen.

Wir mischen uns unter die Gäste und sind erst einmal guter Dinge. Vor Mitternacht werden die Scientologen aus der Org nicht auftauchen, denn Produktion geht vor.

Als Sabine zu einem längeren Gespräch in Adeles Büro verschwindet, ahne ich noch nichts Böses. Erst als sie mit völlig verändertem Gesicht wieder auftaucht, werde ich stutzig. Sie hat wieder diesen seltsamen Auditorenblick, der in den letzten Monaten ganz verschwunden war.

Aufgeregt ergreift sie meinen Arm und zieht mich in eine Ecke: »Adele hat mir ein tolles Angebot gemacht. Ich kann ab sofort wieder auditieren. Sie hat alles mit Kopenhagen geregelt, hat meine Schulden bezahlt, und auch du kannst sofort als PES arbeiten. Adele braucht gute Leute.«

Mag sein, daß ich in einem Anflug von Naivität die Gefahr unseres erneuten Kontakts mit Scientology sträflich unterschätzt habe, aber mit einer solchen Entwicklung konnte ich wirklich nicht rechnen. Und wie so oft: Sabines strahlende Haltung, ihre Zufriedenheit, endlich wieder auditieren zu können, bricht meinen Widerstand.

Nur in einem Punkt bleibe ich stur: Als Verbreitungsoffizier werde ich keinesfalls wieder arbeiten. Mein Ziel ist die Kunst und sonst nichts. Als Angela, Christiane, Paula und all die anderen aus der Org auftauchen, wird meine Widerstand nur noch größer. Mit diesen Menschen möchte ich nichts mehr zu tun haben.

Mit einem flauen Gefühl im Bauch fahre ich schließlich nach Hause. Irgend etwas scheint sich auf böse Weise zu wiederholen.

»Weißt du schon, daß du heute nach Kopenhagen fährst?« Sabine kneift mir vor Übermut in den Arm. »Ich fahre jetzt nach Hause und packe dir ein paar Sachen. Geh schon mal in Adeles Büro, dort wartet eine Überraschung auf dich.«

Völlig sprachlos lasse ich mich in das Büro schieben.

»Hallo mein Lieber, wie geht es dir?« Beate umarmt mich lange und drückt mich an sich.

Sie sieht blendend aus, die dunkle Uniform der Sea Org steht ihr ausgezeichnet, paßt zu ihrer hellen Haut. Fast ein Jahr habe ich sie nicht mehr gesehen – seit sie die Leitung der Org abgegeben hat, um der Sea Org beizutreten. Jens war ihr ein paar Monate später gefolgt, nachdem er sich eine Zeitlang erfolglos als Wirtschaftsmanager versucht hatte. Ich wollte Sabine eigentlich nur vom Center abholen und bin überrascht, nun auf Beate zu treffen.

»Na mein Lieber, da bist du sprachlos, nicht war? Wir haben gerade beschlossen, dich mit nach Kopenhagen zu nehmen. Ich brauche dich dort für eine Buchkampagne.«

»Ich kann nicht einfach nach Kopenhagen fahren, wie stellt ihr euch das vor?«

Es ist unglaublich: Adele, Beate und Sabine stellen mich einfach vor vollendete Tatsachen, ohne auch nur im mindesten daran zu denken, daß ich mich vielleicht weigern könnte.

Beate winkt ab: »Du hast einen Vertrag bei der Sea Org unterschrieben, und es wird Zeit, daß du ihn erfüllst. Es darf für dich keine weiteren Verzögerungen mehr geben. Du darfst mit deinen Schwierigkeiten nicht länger übereinstimmen. Ich stelle gerade ein Team zusammen, um NEW-ERA-PUBLICATION in Deutschland aufzubauen. Wir wollen fünf Prozent des Buchmarktes erobern, und dabei brauche ich deine Hilfe.«

Schon wieder braucht jemand meine Hilfe, und trotz aller Vorbehalte bin ich gerührt über Beates Zuneigung und moralische Unterstützung. Wenn sie damals in Düsseldorf geblieben wäre, hätte es sicher nicht ein derartiges Chaos gegeben.

Zu Beate hatte ich immer schon ein ganz besonderes Band, und so kommt es, wie es kommen mußte – zwei Stunden später sitze ich mit ihr im Zug nach Kopenhagen. Beate hat ein Schlafwagenabteil bestellt, und so können wir ausgeruht unser Ziel erreichen. Während ich einschlafe, spüre ich plötzlich ihre Umarmung. Es ist eine lange, orgiastische Umarmung, die mich in innige Zärtlichkeit entführt. Verstört fahre ich hoch und sehe

240

Beate auf der anderen Seite des Abteils schlafen. Ich habe nur geträumt, aber mit einer solchen Intensität, daß ich Schuldgefühle bekomme. Mir fällt ein, wie Beate mir den Heiratsantrag für das nächste Leben gemacht hat, aber in diesem Leben bin ich mit Sabine verheiratet, und daran soll sich auch nichts ändern.

Der Weg in Kopenhagen führt uns vorbei an der Jernbanegade in einen weiter entfernteren Stadtteil Kopenhagens. NEW ERA liegt in der Nähe des königlichen Schlosses in der Store Kongensade und ist wie viele andere Gebäude von Scientology ein großes Gebäudegeviert. Seit meinem ersten kurzen Besuch vor vier Jahren hat sich viel verändert. Der Eingangsbereich ist renoviert und für einen Verlag sehr repräsentativ gestaltet worden. Er wird beherrscht von einem fast drei Meter großen Monster: Terl, der Psychlo aus Rons Science-fiction-Roman »Kampf um die Erde«. Um an dessen Promotionkampagne zu arbeiten, hat mich Beate mit nach Kopenhagen genommen. »Kampf um die Erde« soll in einigen Monaten auf dem deutschen Buchmarkt erscheinen und nach dem Willen der Führung eine Revolution auslösen.

Ein großer Ausstellungsraum zur linken Seite des Eingangs zeigt die vielen Bücher von L. Ron Hubbard. Für einen einzigen Schriftsteller wurde ein ganzer Verlagsriese aufgebaut, der sich nun anschickt, den deutschen Buchmarkt zu erobern. Es geht voran in der Welt von Scientology, das erkenne ich auch an den teuren und professionellen Verlagsprospekten. Alle Gebäudeteile summen trotz der frühen Stunde bereits vor Aktivität.

Beate führt mich durch das Gebäude. Wir durchqueren das Sales-Büro und stoßen auf Nicole, die unter ihrem Schreibtisch schläft. Sie stammt ebenfalls aus Krefeld und ist — wie ich — von Neumann angeworben worden. Sie ist Salesmanagerin und entschuldigt sich langatmig bei Beate, daß sie vor Erschöpfung auf dem Boden eingeschlafen ist.

Beate wechselt ein paar kurze Worte mit ihr, die ich nicht verstehe, aber Nicole zuckt wie unter einem Hieb zusammen. Ich habe kaum Zeit, Mitleid für sie zu empfinden, denn schon geht es weiter in ein anderes Stockwerk. Moderne Büros zeigen auch hier den Wandel.

Endlich landen wir beim Chief-Executive, und Beate stellt mich Jacques vor. Ein smarter Franzose, hemdsärmelig und ganz Geschäftsmann. Er fragt nach meinen Kenntnissen und Fähigkeiten und ist entzückt, einen Werbeprofi vor sich zu haben.

»Die Kampagne ist ins Stocken geraten, wir brauchen mehr Leute, die den deutschen Markt kennen und eine professionelle Promotiontour mit Terl organisieren können.«

Er ignoriert mich jetzt und redet heftig auf Beate ein.

»Wir hatten Pech mit zwei Mitarbeitern, die wieder ausgestiegen sind«, rechtfertigt sie sich lahm. »Als Ersatz habe ich Norbert mitgebracht. Er kennt den deutschen Büchermarkt ganz genau.«

Na ja, das ist zwar etwas übertrieben, aber ich bin mir sicher, daß ich mich recht schnell einarbeiten kann. »Ich will keine Probleme, sondern Lösungen«, erklärt Jacques etwas milder gestimmt und schaut wieder neugierig zu mir. »Du kannst auch fotografieren, mit einer Studiokamera und so?«

Ich nicke stolz und verweise auf meine Ausbildung als Werbefotograf.

»Anzeigen, Layout, Schriftsatz?«

Jedesmal nicke ich, und er macht sich eifrig Notizen. »Bring ihn rauf in die Werbeabteilung, zeig ihm, was er machen soll, und heute abend will ich Ergebnisse sehen.«

Wir sind entlassen. Druck und Geschwindigkeit sind in der Sea Org noch weit höher, als ich erwartet habe. Kaum einer geht, fast alle eilen in einer Art Dauerlauf über die Flure. Die Werbeabteilung ist im obersten Stock, und auch Beate hat auf dem Weg dorthin ihr Schrittempo merklich erhöht. Wir kommen in einen langen Saal, in dem etwa 20 Designerarbeitsplätze eingerichtet sind. Die fünf für NEW ERA DEUTSCHLAND sind alle nicht besetzt. Auf den zweiten Blick entdecke ich eine gewisse Verwahrlosung. Unbrauchbare, wackelige Reißschienen, fehlende Lineale und Winkel, verstopfte und unbrauchbare Tuschefüller.

Beate überläßt mich der Obhut eines jungen Franzosen, der ein grauenvolles Englisch spricht. Aber er wirkt sympathisch und zeigt mir erst einmal die wichtigsten Einrichtungen. Orientierungsformel, schauen, wo man sich befindet, heißt das in scientologisch. Danach sitze ich am Zeichentisch und mache meine Non-Ex, die nächste wichtige Formel. Ich bin neu, niemand kennt mich, also existiere ich auch nicht. Ich muß mich bekannt machen, um meine Nicht-Existenz abzuschließen. In kürzester Zeit stecke ich wieder bis über beide Ohren in lang trainierter scientologischer Routine.

»Wo ist Ralf Schirmer?« frage ich Antoine und erfahre, daß er inzwischen in den USA arbeitet, aber als Verbindungsoffizier immer wieder nach Kopenhagen kommt. Er wird für morgen erwartet, und ich freue mich auf ihn. Ralf stammt aus der Münchner Org und zeigte mir damals bei meinem ersten Besuch NEW ERA.

Beate kommt zurück: »Wie schnell kannst du Anzeigen gestalten? Wir haben hier Vorlagen aus Amerika und England. Kannst du das bis heute abend hinbekommen?«

Flüchtig schaue ich die Blätter durch, die sie mir auf den Schreibtisch gelegt hat. »Kein Problem. Nenn mir eine Uhrzeit.«

»Bis neun?«

»Okay, ich muß nur noch die Rapidographen reinigen, dann kann es losgehen.«

Schade, das ich nicht aus Krefeld mein Werkzeug mitgebracht habe. Wenn Sabine in ein paar Tagen kommt, muß sie mir wenigstens einen vernünftigen Winkel mitbringen. Ich freue mich schon auf Sabine, und es war auch meine einzige Bedingung, daß wir gemeinsam ihren Geburtstag feiern können.

Beate hatte sofort zugestimmt, die Fahrt zu bezahlen. Inzwischen weiß ich auch, warum. Die Szene bei Jacques ist mir noch in guter Erinnerung. Sie mußte so schnell wie möglich eine Lösung präsentieren, und deshalb war es ihr auch so wichtig, daß ich unter allen Umständen sofort mit nach Kopenhagen gefahren bin.

Irgendwann tippt mir Antoine auf die Schulter. »Essen«, sagt er und macht dabei eine typische Handbewegung. Er hat schon gemerkt, daß ich ihn kaum verstehe. Verdutzt schaue ich auf die Uhr. Die Zeit ist wie im Flug vergangen, und nun merke ich erst, daß ich tatsächlich Hunger habe.

Beim Mittagessen treffe ich Beate wieder, die hastig ihr Essen runterschlingt.

»Wo werde ich eigentlich schlafen?« frage ich und setze mich zu ihr.

»Frag Antoine, er wird dir alles zeigen. Wir sehen uns gleich beim *Roll Call*, ich muß jetzt los.«

Roll Call. In dieser Dimension hatte ich es noch nie erlebt. Alle Mannschaftsteile aus allen Abteilungen treffen sich nach den großen Pausen, das heißt nach dem Mittagessen und nach dem Abendessen, zum Appell. Ob Frauen oder Männer, es heißt nur Mister.

»Mr. Lohse.«

»Ey, Sir, up.« Beate brüllt zurück, und ihr »up« bedeutet, daß ihre Statistik im Moment oben ist. Vermutlich deshalb, weil sie mich rekrutiert hat. Als Antoine an der Reihe ist, brüllt er »down«. Seine Statistik ist unten, was zur Folge hat, daß er nicht abends um 23 Uhr Feierabend machen kann.

Antoine schwitzt bis um 2 Uhr in der Nacht über seinen Arbeiten, und so lange muß ich auf ihn warten, denn er soll mir ja zeigen, wo ich schlafen kann. Inzwischen arbeite ich nach der langen Fahrt von Düsseldorf nach Kopenhagen auch schon 17 Stunden, ohne Abendessen. Niemand hatte mir gesagt, wo die Mitarbeiter ihr Abendessen bekommen, und so saß ich plötzlich allein in der Werbeabteilung. Gewohnt, auch ohne Essen auszukommen, fehlten mir eher die Zigaretten.

Am Ende dieses langen Tages schleiche ich hinter Antoine die Treppen hinauf. Unterm Dach sind die Schlafräume der Mitarbeiter untergebracht, und übler Gestank schlägt uns entgegen, als wir eintreten. Die meisten schlafen bereits, und so bewegt sich Antoine flüsternd von Bett zu Bett, um eine freie Schlafkoje für mich ausfindig zu machen. Im Halbdunkel erkenne ich doppelstöckige Betten in langen Reihen. Mit Laken und Decken versuchen einzelne etwas wie Privat- oder Intimsphäre herzustellen — aber die Trostlosigkeit dieses

Schlafsaales ist unübersehbar. Ich habe wenig Zeit, mir darüber Gedanken zu machen. Ich sehne mich einfach nach einem Bett, um zu schlafen. Schließlich findet Antoine unter Murren und Protesten einzelner Schläfer ein Bett, das offensichtlich frei ist.

»Ich wecke dich morgen früh«, flüstert er. »Frühstück ist im Sea-Org-Hotel, ich nehme dich mit.«

Erschöpft falle ich schließlich in einen, tiefen und traumlosen Schlaf.

Antoine rüttelt an meiner Schulter und ich merke, daß ich, ohne mich auszuziehen, die Nacht verbracht habe.

Schlaftrunken setze ich mich auf und schaue auf meine Uhr. »Schnell«, sagt er, »wir haben nur wenig Zeit.« Zwei Duschen und zwei Toiletten für etwa 80 Männer führen zu einem gewaltigen Engpaß. Auf das Duschen kann ich ja verzichten, aber der Andrang vor den Toiletten wird zur Geduldsprobe.

Ein kalter und frostiger Morgen erwartet uns. Antoine und ich traben mit vielen anderen an einem Kanal entlang. In der Nacht hat es ein wenig geschneit, und ich erinnere mich an einen Prospekt mit dem Titel »Romantisches Kopenhagen«. Für diese Jahreszeit im Norden bin ich völlig falsch angezogen – ich werde Sabine bitten müssen, mir noch eine warme Jacke mitzubringen. Ich bin viel zu müde, um mir diesen Teil der Stadt anzusehen, versuche, mir nur einzuprägen, wann und wo ich abzubiegen habe, um nicht die Orientierung zu verlieren.

Wir begegnen einer Gruppe von Kindern, die unter der Aufsicht von Sea-Org-Offizieren in die Stadt gehen.

»Wir haben hier neben dem Hotel unseren Kindergarten«, erklärt mir Antoine.

»Bist du verheiratet?« frage ich ihn neugierig.

»Nein, aber ich denke darüber nach. Wir hätten dann ein Einzelzimmer.«

Endlich erreichen wir die Wärme des Frühstücksraums. Das Sea-Org-Hotel unterscheidet sich nicht wesentlich vom Nordland, und solange ich ausreichend Kaffee bekomme, würde ich über kein Frühstück der Welt meckern.

Im Trab geht es zurück zu NEW ERA, und nun bin ich mir sicher, den Weg auch allein zu finden.

Der Hof ist voll mit Mitarbeitern, die sich stampfend und händeschlagend Kälte und Müdigkeit aus den Gliedern klopfen. Also auch *Roll Call* am Morgen, doch ohne »High« oder »Up«.

»All hands action«, brüllt der Offizier, und alles trabt in die Druckerei. Willig lasse ich mich mittreiben, habe keine Ahnung, was nun gefordert wird.

»All hands action« – so finde ich schnell heraus – wird angeordnet, wenn es irgendwo einen entscheidenden Produktionsrückstand gibt. Dann müssen alle anpacken, um diesen Rückstand aufzuarbeiten. Für eine Stunde sind wir damit beschäftigt, an langen Tischen ausgelegte Druckblätter zusammenzutragen. Ein Blick darauf zeigt mir, daß es sich um Studienmaterial für den Reinigungs-Rundown auf Finnisch handelt. Nicht schlecht, denke ich, wenn die Finnen von uns lernen, was man mit Sauna alles bewirken kann.

Zeichnen, fotografieren, Fotosatz herstellen – die Tage vergehen wie im Flug. Niemand zwingt mich weiterzuarbeiten, aber ich habe mir einfach angewöhnt, nicht vor zwei in der Nacht aufzuhören. Vielleicht will ich auch die Unterkunft unter dem Dach nicht bewußt, bei vollen Kräften sehen, diese erbärmliche, stinkende Unterkunft für 80 Menschen. Auf die lange Schlangen vor den Toiletten und Duschen habe ich gelernt zu verzichten, indem ich nach dem Erwachen wie gehetzt durch das Gebäude laufe, um irgendwo eine freie Toilette zu finden.

Beate sehe ich nur selten. Meist liegt nach einer Pause ein Stapel Papier mit Anweisungen auf meinem Tisch, immer mit der gleichen Floskel: Much love, Beate.

»Du hast morgen einen freien Tag«, sagt sie mir schließlich beim *Roll Call.* »Hier ist ein Schlüssel und die Adresse, wo ihr schlafen könnt. Es ist nicht weit von hier. Das Haus gehört der Sea Org.«

Morgen frei, das heißt, ich kann Sabine vom Bahnhof abholen und mit ihr Geburtstag feiern. Die nächsten Tage brauche ich nicht mehr im Schlafsaal zu verbringen, sondern ich werde ein eigenes Zimmer mit Sabine haben.

Schon früh bin ich am Bahnhof. Meine Sehnsucht ist groß, und ich kann es kaum erwarten, daß endlich der Zug aus Deutschland einläuft. Sabine wird mir Zirkelkasten, Tuschfüller und Lineale mitbringen, einige Dinge, die ich unbedingt für meine Arbeit brauche. Es ist noch kälter geworden, und ich hoffe, daß sie auch eine warme Jacke dabei hat.

»Es ist so schön, dich wiederzusehen«, Sabine hält mich fest, als sei ich von einer Weltreise zurückgekehrt, dabei waren es doch nur ein paar Tage, die wir uns nicht gesehen hatten.

Außerhalb der Sea-Org-Verpflegung ist Dänemark ziemlich teuer, aber wir leisten uns ein luxuriöses Frühstück in einer Gaststätte mit Blick auf den Kopenhagener Bahnhof. Bin ich tatsächlich einmal bei Nacht und

Nebel von dort aus Kopenhagen abgehauen? Noch nie hatte ich die Muße, mir diesen Bahnhof einmal in Ruhe anzuschauen. Immer in Eile eine Ankunft, immer in Eile eine Abfahrt. Ich halte Sabines Hand und bin einfach glücklich.

»Eigentlich wollte ich dir endlich einen richtigen Ehering schenken, aber wieder einmal hat das Geld dafür nicht gereicht — um ehrlich zu sein, ich habe überhaupt kein Geld mehr.«

Sabine hatte damals für zehn Mark zwei Blechringe gekauft, als wir heiraten wollten. Während unserer erfolgreichen Zeit waren wir nie auf die Idee gekommen, sie in wertvollere Ringe umzutauschen, und so war es bei diesen ersten Ringen geblieben.

»Ich habe weder richtige Ringe für uns, noch habe ich überhaupt ein Geschenk zu deinem Geburtstag. Das einzige, was ich heute habe, ist ein freier Tag.«

Sabine küßt mich zärtlich: »Ein wenig Geld habe ich mitgebracht. Mach dir keine Sorgen, das wichtigste ist doch, daß wir zusammen sind.«

»Was machen wir jetzt?« frage ich, und Lust auf ihre Nähe läßt meine Stimme unsicher klingen. »Sollen wir uns endlich einmal Kopenhagen ansehen, oder möchtest du erst auf unser Zimmer?«

»Auf dem Weg zu unserem Zimmer können wir uns sicher auch Kopenhagen ansehen«, gibt Sabine vielsagend zurück.

Niemand hat das Recht, im Machtbereich der Sea Org einfach nur so herumzusitzen. Die Kontrolloffiziere, die wie wachsame Hunde durch das Gebäude schleichen, immer auf der Suche nach einer Out-Ethik-Situation, auf der Suche nach Nichtproduktion, haben längst ein stirnrunzelndes Auge auf Sabine geworfen. Noch hat sich niemand dicht genug herangewagt, aber ich kann ihren heißen Atem schon spüren.

»Ich glaube, wir müssen dir irgendeine Beschäftigung geben«, sage ich leise zu Sabine, »sonst bekommst du noch ein *Pink sheet*.«

»Erinnere mich nur nicht daran«, erwidert Sabine lachend, »ich kann mich noch gut an meinen ersten Schock in Kopenhagen erinnern. Mein Gott, was war ich damals noch naiv.«

»Also, tipp dieses Zeug hier in den Computer. Ich brauche das heute nachmittag für eine Präsentation.«

Sabine setzt sich an den Rechner. Tippen hat sie gelernt, und so kann sie mich etwas unterstützen. Plötzlich schwebt Beate herein. Sabines Anwesenheit scheint für sie die normalste Angelegenheit der Welt zu sein. Nach einem kurzen Blick auf meine Arbeit wendet sie sich an Sabine: »Gut, daß du da bist. Ich brauche deine Unterstützung, sofort.«

Sabine zuckt die Achseln und erhebt sich wortlos. »Wir sehen uns wohl zum Mittagessen«, sagte sie, und schon sind die beiden weg. Das ist die Sea Org!

Das ist die Sea Org. Sabine, Beate und ich sitzen zum Frühstück in der Offiziersmesse. Statt einer riesigen Pfanne mit Rührei und Speck, aus der sich jeder bedient, bekommt jeder seine eigene Portion mit Rührei und Schinken zubereitet. Der Kaffee ist zwar nicht besser, aber die Atmosphäre ist eindeutig gepflegter.

»Wie ihr wißt, fahre ich übermorgen nach Deutschland zurück«, beginnt Beate. »In der Nähe von Frankfurt habe ich ein großes Büro gemietet und werde von dort aus eine große Promotion-Tour durch Deutschland starten. Ich zähle auf eure Unterstützung. Du kannst morgen deine Arbeit hier abbrechen«, wendet sie sich an mich. »Das wichtigste ist jetzt, daß du mir Ideen lieferst, wie wir den ›Kampf um die Erde‹ in allen Orgs und Missionen etablieren. Das Niveau der Menschheit ist weiter nach unten gegangen. Ron will, daß wir »Kampf um die Erde« praktisch unterhalb von DIANETIK plazieren. Die Botschaft muß noch einfacher formuliert werden, sagt Ron. In den Vereinigten Staaten werden Schauspieler ausgebildet, um über das Medium Film auf DIANETIK vorzubereiten. Ihr wißt, daß John Travolta und viele andere zu uns gehören und daß wir alle für das gleiche Ziel arbeiten müssen.«

Beates Stimme wird immer beschwörender, und atemlos lauschen wir ihren Ausführungen.

»Geht also zurück nach Krefeld. Ich werde mich in Kürze melden und mit euch weitere Pläne besprechen. Du kannst dir morgen deinen Sold abholen, ich habe das für dich geregelt.«

Beate steht auf und umarmt uns zum Abschied. Ich weiß nicht warum, aber ihre Wirkung auf mich beginnt nachzulassen. Noch einmal konnte der unheimliche Sog mich nach Kopenhagen locken, doch durch die Arbeit bei NEW ERA habe ich die Freude an meinem Beruf zurückgewonnen − und immer deutlicher gemerkt, daß ich diese Arbeit liebe, sie aber nicht in einem System wie Scientology ausführen möchte.

Je weiter uns der Zug von Kopenhagen fortbringt, um so klarer werden meine Gedanken. Wie ein Workaholic hatte ich mich blind in die Arbeit gestürzt, fühlte mich nur Beate verpflichtet und übersah geflissentlich alles, was um mich herum geschah. Nur um nichts sehen zu müssen, hatte ich bis tief in die Nacht gearbeitet, fiel dann blind ins Bett, hastete blind zurück an meinen Zeichentisch. Ich muß endlich aufhören, mich selbst zu belügen. In diesem System sind wir alle nur Rädchen.

»Nie wieder Sea Org!« Mit mindestens drei Ausrufezeichen versehen, schreie ich es über die Reeling des Fährschiffes nach Dänemark zurück. Das schäumende Wasser antwortet mir nicht, aber ich brauche auch keine Antwort mehr. Ich will sie in mir selbst finden und nicht mehr in den dicken roten und grünen Büchern der Scientology-Organisation. Ich kann es mir nicht erklären, aber der große Leistungsdruck der letzten drei Wochen, als ich zu Beginn mit alter Leidenschaft wieder Scientologe wurde, hat mir am Ende doch Grenzen aufgezeigt. Sabine lacht mit mir, und es ist auch gleichgültig, daß ich mein gesamtes Werkzeug bei NEW ERA vergessen habe. Zirkelkasten und Lineale sind zu ersetzen, kosten nicht annähernd so viel, wie eine Stunde Auditing für 700 Mark.

»Wir werden jetzt Kunst machen, nichts anderes als Kunst, verstehst du? Ich werde malen, und du wirst musizieren.«

Während einer langen Zugfahrt zurück nach Deutschland schmieden wir Pläne für eine neue Zukunft.

»Ron ist tot.«

Sabine schaut mich entsetzt an, als ich ihr die Neuigkeit mitteile. »Ich habe es unterwegs im Radio gehört, aber ich wollte es nicht glauben.«

»Doch, es ist wahr. Ich habe gerade mit Beate telefoniert, sie hat es bestätigt. Sie beschwört uns, sofort nach Frankfurt zu kommen. Die GOOD NEWS-Kampagne soll sofort gestartet werden.«

Sabine schaut mich entsetzt an. »Auf keinen Fall fahre

ich jetzt nach Frankfurt. Ich habe vier Auditingfälle in Düsseldorf zu betreuen, die ich gerade jetzt nicht im Stich lassen kann. Wenn du fahren willst, ist das deine Sache.«

»Ich habe Beate versprochen, diese Kampagne noch zu machen, und du kennst mich als einen Menschen, der sein Versprechen einhält, soweit es irgendwie möglich ist. Danach ist aber endgültig Schluß, und ich erwarte, daß auch du deine Arbeit in Düsseldorf langsam abschließt.«

Für Beate habe ich eine umfangreiche Kampagne mit »Guten Nachrichten« zusammengestellt. Kernstück ist eine fiktive Nachrichtensendung aus dem Jahre Eins der scientologischen Machtübernahme in Deutschland. Ein scientologisches Deutschland, gesund, ehrlich und produktiv. Diese Kampagne will ich ihr noch übergeben und dann endgültig Schluß machen. Ich kann nur hoffen, daß auch Sabine in Düsseldorf rechtzeitig einen Schlußstrich ziehen will.

»Was ist los?«

Ich hatte nach meinem kurzen Trip nach Frankfurt erwartet, Sabine am Bahnhof zu sehen, und nun hockt sie am Boden mit verweinten Augen in der Ecke. Es ist dunkel, und ich sehe sie nur schemenhaft im Licht der Laternen.

»Meine Mutter hat wieder Terror gemacht«, stammelt sie mühsam. »Zwei Stunden stand sie vor dem Fenster, schrie, ich solle sie reinlassen. Sie beschimpfte dich als Verbrecher. Ach, es war einfach schrecklich.«

»Zieh dich an. Wir fahren jetzt sofort nach Kempen zu Matthias. So kann es nicht weitergehen.«

Sabine starrt mich verständnislos an.

»Frag jetzt nicht, ich erkläre dir alles unterwegs.«

Sabine folgt mir widerspruchslos. Sie wirkt wie paralysiert, steht unter Schock. Immer wieder kommen diese Phasen und immer hängen sie mit Scientology zusammen, das weiß ich. Irgend etwas scheint vor Jahren in ihr zerbrochen oder empfindlich gestört worden zu sein. Es begann damals mit Beate, die das Ganze als *psychotic break* abtat. Klar, daß wir als Scientologen keinen Arzt aufsuchen durften.

»Das bekommen wir mit Auditing wieder hin«, sagte Beate. Nur hatte sich dann niemand um Sabine gekümmert, und mir wurde verboten, überhaupt darauf einzugehen. Ziemlich hilflos hatte ich wochenlang Sabines Weinkrämpfen zugeschaut, ohne ihr helfen zu können.

»Wir ziehen jetzt einen Schlußstrich, wie wir es ja längst geplant haben. Frankfurt war ein einziges Desaster. Beate hat uns beide vollständig verplant. Ich soll dich verlassen und nach Frankfurt kommen, aber ich habe nicht die geringste Lust, eine Ehe zu führen, wie sie es tut. Wir gehören zusammen und können nicht irgendwo getrennt auf der Erde leben. Ich weiß nicht wie, aber sie hat mich all die Jahre hypnotisiert und sie wollte es wieder tun.«

Sabine reagiert mit keiner Silbe. Ich weiß nicht, ob sie irgend etwas von dem versteht, was ich ihr erzähle. Dennoch fahre ich unbeirrt fort: »Wir werden nicht in Krefeld bleiben. Du mußt weg von deinen Eltern, wir müssen weg von Scientology. Niemand soll wissen, wo wir sind. Matthias hat uns angeboten, auf den Bauernhof zu ziehen. Wir werden ihn jetzt fragen, ob er uns noch nimmt.«

Nach dem gemeinsamen Reinigungs-Rundown hatte mir Matthias angeboten, zu ihm auf den Bauernhof nach Kempen zu ziehen. Ich könnte mir dort einen alten Kuh-

stall und Getreideboden zu einem Wohnhaus mit großzügigen Arbeits- und Ausstellungsräumen umbauen.
Damals scheiterten die Pläne an den Kosten und unserer
Orientierung an Scientology.

»Klar doch, das ist überhaupt kein Problem. Wenn ihr
keine Angst vor Arbeit habt, dann könnt ihr euch oben
einrichten.« Matthias grinst uns freundlich an und gibt
uns Kaffee. »Und über die Miete macht euch mal keine
Sorgen. Seht zu, daß ihr euch einrichtet und wieder auf
die Beine kommt, dann sehen wir weiter.«

Matthias' unkomplizierte Herzlichkeit tut gut. Er legt
den Arm um Sabine und tröstet sie: »Na, Kleine, das
kriegen wir schon hin. Und wegen Eva macht euch mal
keine Sorgen. Die wird euch schon nicht verraten.«

Bis auf den Reinigungs-Rundown hatte Matthias
nichts mehr mit Scientology zu tun. Eva hingegen war
nach wie vor als Scientologin aktiv, und ein einziger Wissenbericht von ihr würde unsere Flucht zunichte machen.

Einrichten, das war leicht gesagt. Den Kuhstall und
den Getreideboden hatte ich nur noch vage in Erinnerung, und als wir den Boden betreten, muß ich doch
meinen ganzen Mut zusammennehmen. Es riecht nach
Altöl, gemischt mit den Ammoniakausdünstungen aus
dem Pferdestall. Die Halle ist sehr groß, aber vollgepackt
mit alten Automotoren, Getrieben und Karosserieteilen.
Die ehemaligen Schlafräume der Knechte sind bis unter
die Decke vollgepackt mit Wahlplakaten einer Partei.
Die Decke ist eingestürzt, und der Verfall des Gebäudes
unübersehbar.

»Die Plakate liegen hier zur Miete, wir können sie
aber nach draußen in die Wagenhalle packen«, meint
Matthias. Klar, die müssen als erstes raus, denn hier soll

die Wohnung entstehen. Aus der Halle wird dann ein Atelier und Ausstellungsraum werden. Davon hatte ich schon immer geträumt, als Künstler auf einem Bauernhof zu leben. Die Vision spukt schnell in den schillernsten Farben in meinem Kopf herum, und damit kommt auch der Mut zurück, Unmögliches möglich zu machen. Wir haben zwar kein Geld, aber im Augenblick ist es erst einmal wichtiger, überhaupt ein Dach über dem Kopf zu haben, auch wenn es löchrig ist. Es wird eine neue Zukunft geben, davon bin ich überzeugt.

Das Bett neben mir ist leer. Sabine ist bereits aufgestanden. Bis in den frühen Morgen hatte ich bei Kerzenlicht Pläne geschrieben und Zeichnungen angefertigt. Uns bleiben nur noch knapp zwei Wochen, den Umzug vorzubereiten und durchzuführen. Da muß die Planung bis ins Detail stimmen. Aus dem antrainierten Reflex heraus hatte ich *battle plan*, Schlachtplan, über meine Aufzeichnungen geschrieben, so wie ich es von Scientology gewohnt war. Schnell hatte ich es auch wieder durchgestrichen, denn dies ist nicht Scientology, sondern der Auszug in die Freiheit. Ein neues Leben liegt nun vor uns. Ich rufe nach Sabine, bekomme aber keine Antwort. Seltsam.

Oben auf dem Schreibtisch finde ich einen Zettel: »Liebes, bin nach Düsseldorf. Adele braucht mich. Much love, Sabine.«

Verdammt! Wütend werfe ich den Zettel in den Papierkorb. Hat sie denn immer noch nicht verstanden, um was es geht? Auch ohne Sabines Unterstützung arbeite ich verbissen weiter. Mein Patenonkel leiht mir einen Transporter und gibt mir einige hundert Pappkartons. Bis zum Abend ist bereits ein großer Teil meiner glorreichen Vergangenheit als Designer in Kartons verpackt.

Als Sabine kommt, blickt sie schweigend auf den Verpackungsturm, aber ich habe keine Lust, meinen Ärger zu äußern. So schweigen wir beide. Am morgen vereinbaren wir, daß sie mich zum Hof fährt und abends dort wieder abholt.

Ab und zu hilft mir Sabine, aber nur durch Matthias' Unterstützung schaffe ich tatsächlich den gesamten Umzug innerhalb von vierzehn Tagen. Natürlich können wir dort noch nicht wohnen, und so erhalten wir in der Zwischenzeit ein Zimmer im Bauernhaus. Eva besteht aber darauf, nicht lange mit uns unter einem Dach zu wohnen. Ihr ist natürlich klar, daß wir schwere Ethikfälle sind und sie jeden Kontakt mit uns zu meiden hat. Mir ist es auch lieber, so schnell wie möglich in eigenen Wänden zu leben.

Mit Matthias' Hilfe sammle ich bei verschiedenen seiner Freunde Steine, Zement und Holz ein. Damit gelingt es, bis zum Ende des Frühjahrs wenigstens die kleinen Wohnräume herzurichten. Sabine fährt immer noch regelmäßig nach Düsseldorf, und ich kann sie auch nicht davon überzeugen, damit aufzuhören. Im Gegenteil, sie fährt immer öfter und bleibt immer länger aus, schließlich sogar für mehrere Tage. Die Unordnung und die Menge an harter, körperlicher Arbeit jagen ihr Angst ein, während ihr die vertraute Ordnung in Scientology dagegen wie das Paradies erscheint. Ich bin ratlos.

»Ich war nicht in PT.«

»Verdammt, hör jetzt mit dieser Sprache auf! Ob du in der Gegenwart warst oder nicht ist mir jetzt ziemlich egal. Das Auto ist Schrott, und ich bin es leid, daß wegen Scientology immer alles zerstört wird. Ich hoffe, der Unfall hat dich wachgerüttelt, und deine blutende Nase erinnert dich daran, daß wir etwas anderes geplant haben.

Ich hätte dich verlieren können. Dies war eine letzte Warnung, es nicht auf die Spitze zu treiben, glaube es mir.«

Sabine betrachtet mich mit gläsernem Blick, scheint weder meinem Zorn noch meiner Argumentation folgen zu können. Zärtlich nehme ich sie in den Arm. Sie steht wohl unter Schock und braucht erst einmal Geborgenheit. Das Auto war zwar unser letzter wertvoller Besitz, aber was ist schon ein Auto? Sie lebt und ist nicht zu Schaden gekommen, das ist das wichtigste. Ohne Auto wird sie außerdem nicht mehr so leicht nach Düsseldorf kommen. Das Schicksal hat uns ein Zeichen gegeben. Sabine bleibt seltsam steif. Wie eine leblose Puppe halte ich sie im Arm.

»Sicher, mein Autounfall war ein weiteres Zeichen, eine Warnung, mich endlich zu entscheiden. Niemand kann halb drin und halb draußen sein. Erinnerst du dich, wie ich damals fast blind wurde, als ich den ersten Vertrag unterschrieb, und nicht sicher war, ob es der richtige Weg ist?«

»Klar, dein Unterbewußtsein hat dich gewarnt. Es war damals schon die falsche Entscheidung.«

»Nein. Es ist meine Wahrheit, und du kannst mich nicht davon abbringen. Solange wir nicht total zu unserer Entscheidung stehen, kann es keine Weiterentwicklung geben. Ich habe heute nach dem Unfall sofort einen neuen Arbeitsvertrag unterschrieben und am E-Meter hatte ich prompt eine schwebende Nadel.«

Mir bleibt fast die Sprache weg. »Adele hat dir genauso den Kopf verdreht wie mir damals Beate. Merkst du das denn nicht?« brülle ich sie an.

Sabine schüttelt entschieden den Kopf. »Du hast mir nichts mehr zu sagen, du bist nicht mehr mein Senior. Ich habe mich viel zu lange von dir beeinflussen lassen.«

»Und wie willst du jeden Tag nach Düsseldorf kommen?«

»Auch das ist bereits geregelt. Die Woche über werde ich in Düsseldorf bleiben. Am Sonntag abend nimmt mich Eva dann mit zum Hof. Den freien Tag am Montag werde ich dann bei dir sein.«

Verzweifelt schüttele ich den Kopf. Hört dieser Irrsinn denn niemals auf? Ich kann sie ja nicht anketten, nur um sie von Düsseldorf fernzuhalten. Stumm schleiche ich die Treppe hinab. Irgendwo in der Scheune hat Matthias einen Kasten Bier stehen. Trotz der Dunkelheit finde ich ihn und trinke mich in einen unruhigen Schlaf hinein.

Ich mache gute Miene zum bösen Spiel, hoffe aber immer noch, Sabine umstimmen zu können. Nur sind die Chancen schlecht verteilt. Mir bleibt nur ein einziger Tag, um mit Sabine ins Gespräch zu kommen, während sie sechs Tage in der Woche unter scientologischem Einfluß steht. Adele erweist sich als unüberwindbares Hindernis. Sabine glaubt an diese Frau, so wie ich all die Jahre an Beate geglaubt habe. Und Sabine glaubt an den Erfolg von Scientology.

»Wir haben jetzt ein *City Office* in der Eifel bei Günther Helmsek«, erklärt sie stolz.

»Was heißt *City Office*?« Ich bleibe eher gelangweilt.

»Adele ist ungeheuer aktiv«, schwärmt sie weiter. »Sie will auch Gerhard Wolf vom Circus Farfalle zurück auf unsere Linien holen. Sie hat schon eine ganze Vorstellung nur für Scientologen bei ihm geplant. Stell dir vor, wie das wirken wird, wenn solche Berühmtheiten für Scientology eintreten.«

»Da fehlen euch nur noch ein Showmaster und der Trainer der Nationalmannschaft«, antworte ich trocken.

»Warum nicht?« Sabine lächelt. »Wir haben ein spezielles Programm für Sportler und Prominente entwickelt. Einen bekannten Fußballtrainer haben wir schon. Gestern habe ich ihn auditiert. In den Vereinigten Staaten ist es ganz normal, daß Schauspieler, Prominente und Sportler von uns auditiert werden. Wenn Tom Cruise und John Travolta zu uns gehören, warum sollen wir dann auch nicht deutsche Prominente von unseren hervorragenden Programmen überzeugen können? In Europa werden wir auch bald so weit sein wie drüben in den USA.«

Der Künstler Helmsek ist natürlich ein beliebtes Aushängeschild für die Scientologen in Deutschland, und ich bin neugierig, was sich da in der Eifel abspielt.

»Wir fahren zweimal in der Woche nach Schlösser auf seine Burg«, erzählt Sabine. »Wir haben dort einen Kursraum bei den anderen Malern eingerichtet, und Günther veranstaltet auf seiner Burg in ein paar Tagen für alle Scientologen ein großes Sommerfest. Natürlich sind auch andere herzlich eingeladen, denn wir wollen natürlich möglichst viele neue Menschen von Scientology überzeugen. Du kannst gern mitfahren.«

Das werde ich, denn ich will wissen, was die Scientologen dort aushecken.

Das Sommerfest beginnt sehr fröhlich und ausgelassen. Fast die gesamte Scientology-Prominenz aus ganz Deutschland ist angereist. Mit einem eigenen Fernsehteam wird das Ereignis in Wort und Bild festgehalten, und ich verfolge neugierig die vielen Lobhudeleien in den Interviews. Mich fragt niemand mehr nach meiner Meinung, denn mein Band zu ihnen ist nur noch sehr dünn, besteht vielleicht auch nur noch deshalb, weil ich meine Frau nicht verlieren möchte. Meine beginnende kritische Haltung ist leicht in meinem Gesicht abzulesen, und so manches Mal streift mich ein nachdenklicher Blick eines vorbeigehenden Scientologen. Auf meinem Gesicht sind wieder nachdenkliche Falten zu sehen, meine Stirn hat nicht mehr die merkwürdige Glätte, um meinen Mund spielt nicht mehr das glückselige Lächeln. *Bad indicators*, nennen es die Scientologen. Die schlechten Anzeichen sind immer sofort zu erkennen. In Scientology kann man sich kaum tarnen.

Es sind auch viele Nicht-Scientologen anwesend. So finde ich trotz meiner Außenseiterposition Gesprächspartner und versäume es auch nicht, einige kritische Gedanken zu äußern. Die Quittung dafür bekomme ich spät in der Nacht auf der Heimfahrt.

»Adele hat angeordnet, daß du ab sofort das *Celebrity Center* nicht mehr betreten darfst.« Sabine sagt es kühl und ohne eine Spur von Mitgefühl. Neben mir sitzt plötzlich eine Fremde.

»Solange du deine negative Haltung nicht aufgibst, werde ich im übrigen in Düsseldorf bleiben«, erklärt sie kategorisch.

»Du wirst nicht einmal am Wochenende kommen?«

»Nein«, sagt sie knapp, »nicht, solange du dich nicht änderst.«

»Du hast einen Vertrag unterschrieben, und wir werden das jetzt handhaben.« Jens Lohse hat mich angerufen und um ein Gespräch gebeten. Er erscheint auf dem Bauernhof in Begleitung eines weiteren SEA-ORG-Offiziers, beide adrett in Uniform. Wenn ich gewußt hätte, daß er diesen Idioten mitbringt, wäre das Gespräch erst gar nicht zustande gekommen. Um unserer alten Freundschaft willen hatte ich zugestimmt, weil ich immer noch die Hoffnung hege, Sabine zur Rückkehr bewegen zu können. Nun sitze ich vor diesen Offizieren, die nach dem Motto Zuckerbrot und Peitsche vorgehen.

Jens beugt sich gütig lächelnd vor, versucht, den scharfen Ton seines Kollegen zu mildern.

»Ich hatte gestern ein langes Gespräch mit Sabine. Sie wäre durchaus damit einverstanden, wenn du mit uns nach Amerika gehst. Noch hast du gute Freunde, und wir haben eine Amnestie für dich ausgehandelt. Dein Fall wird komplett aufgerollt, du bekommst eine neue Chance.«

Jens sieht trotz seiner adretten Sea-Org-Uniform ziemlich erschöpft aus, auch wenn er weiter sein Kaninchenlächeln zeigt.

»Wo ist Beate?« frage ich ihn unvermittelt. »Wie läuft es denn so in eurer Ehe?«

Er zuckt nur kurz, aber ich kenne ihn lange genug, um es zu bemerken. Ein Top-Scientologe, Herr über Raum, Zeit, Energie und Materie, zeigt Wirkung?

»Beate arbeitet für NEW ERA und ich für die CMO. Unsere Ehe ist nicht nach herkömmlichen Maßstäben zu bewerten.«

Fast hätte ich losgelacht und ihm erzählt, wie Beate mir einen Heiratsantrag fürs nächste Leben gemacht hat. Aber ich bleibe ruhig, denn sicher würde er auch das akzeptieren, so erfolgreich, wie sie ihn gedrillt haben.

Jens redet weiter: »Was willst du hier denn noch? Du hast doch längst bewiesen, daß du als Designer und Künstler dein Metier beherrschst. Es wird Zeit, daß du endlich ein größeres Spiel spielst, deine Fähigkeiten dort einsetzt, wo sie wirklich Anerkennung finden.«

». . . andernfalls wirst du endgültig abstürzen und deine Frau muß sich unwiderruflich von dir trennen«, fügt der andere Offizier drohend hinzu. »Wir kennen genügend Beispiele, wo Scientologen im Elend umkamen, nur weil sie ihr eigenes kleines Spiel spielen wollten.«

»Langsam«, besänftigt Jens, »wir bekommen das schon hin. Norbert ist klug genug, um die Konsequenzen richtig einzuschätzen. Schließlich lebt er sogar auf dem Hof einer Scientologin, und da wird er keinen Fehler machen wollen. Wir sind ja morgen noch da und können in Ruhe alles weitere besprechen.«

Sie stolpern die dunkle Treppe hinab. In meiner Wut wünsche ich fast, sie mögen sich dort den Hals brechen. »Entschuldigung, ich habe da noch kein Licht angeschlossen«, rufe ich ihnen sarkastisch hinterher.

Sie werden morgen wiederkommen! Sie kamen heute nicht mit Schlagstöcken, aber sie haben die Gewalt in anderer Form zurückgelassen: Meine Angst soll mich mürbe machen. Sie drohen mir mit Trennung von Sabine, mit einem ungewissen Schicksal, das mich ereilen wird, und nun auch noch damit, mich hier vom Hof verjagen zu lassen. War es ein Fehler, bei Matthias unterzuschlüpfen, dessen Frau aktive Scientologin ist? Vermutlich, aber welche Alternative hatte ich denn Anfang des Jahres gehabt?

Niemand kann halb drin, halb draußen sein? Es wird Zeit für eine ehrliche Standortbestimmung. Ich kann mein Selbstbewußtsein nicht länger davon abhängig machen, wie ich zu diesem System Scientology stehe. Ich muß meinen eigenen Wert wiederentdecken, unabhängig von irgendeinem System dieser Welt. Ich will Bilder malen, Geschichten schreiben, will sehen, was ich kann, und dabei nicht auf eine Statistik schielen oder auf eine schwebende Nadel am E-Meter.

Noch immer akzeptiere ich Scientology als eine andere Art, sein Leben zu gestalten, aber mein Leben muß ich in meine eigenen Hände nehmen — selbst auf die Gefahr hin, Sabine erst einmal zu verlieren, denn unsere Liebe wird am Ende einfach stärker sein, davon bin ich überzeugt.

Aufgewühlt, zornig und voller Angst stürme ich mit meinem Hund in die Nacht. Ich brauche einen langen Spaziergang, um meinen Kopf frei zu bekommen!

Die Besucher waren unverrichteter Dinge wieder abgezogen, sie konnten mich nicht überzeugen. Matthias macht zwar anschließend ein besorgtes Gesicht, aber er verspricht mir weiter Schutz vor seiner Frau und Scientology, zumal das Weihnachtsfest vor der Tür steht.

Weihnachten, das Fest der Liebe, erlebe ich zum ersten Mal in meinem Leben ohne die Menschen, die ich liebe. Meine Kinder habe ich seit Jahren nicht mehr gesehen, und nun ist auch noch Sabine endgültig gegangen. Sie wird sich an die Befehle halten. Das hat sie bereits an meinem Geburtstag bewiesen, und das wird sie auch morgen tun, wenn überall im Land die Kerzen am Weihnachtsbaum angezündet werden. Matthias wird hochkommen, das hat er versprochen, aber Eva hat bereits verboten, daß ich das Bauernhaus betrete. Den Schlüssel hat man mir abgenommen und seitdem wasche ich mich im Pferdestall. Eine Toilette gibt es nicht.

Jens hat ganze Arbeit geleistet. Ich habe erst gar keinen Weihnachtsbaum aufgestellt, für wen auch?

Es ist kalt und das Thermometer ist auf minus zwölf Grad gesunken. Meine Halle bietet kaum Schutz vor der Kälte. Mein Blick nach oben zeigt mir die langen Reihen von Dachpfannen, die noch mit Dämmstoff isoliert werden müssen. Der kalte Nachtwind treibt weiße Schwaden durch alle Ritzen. Im Sommer war die Hitze unerträglich gewesen, und nun bibbere ich vor Kälte. Ich hätte früher mit der Isolierung anfangen müssen, aber mir fehlte das Geld, um genügend Material zu kaufen. Wieder geht mein Blick nach oben.

»Du wirst abstürzen, wenn du da raufkletterst!« hatte Jens mich gewarnt. Nein, ich werde mich hinaufschwingen!

Mit jedem Hammerschlag werde ich zeigen, daß ich lebe, daß ich bereit bin um mein Leben, um meine Zukunft zu kämpfen.

Ich klettere das Baugerüst hinauf. Lieber arbeiten, als das endlose Rad der Gedanken weiter im Kopf drehen zu lassen. Es stört mich nicht, daß es bereits fast Mitternacht ist. Die Arbeitsbühne liegt bei zirka vier Metern auf den schweren Balken, um aber bis in den First zu kommen, muß ich weitere drei Meter die Leiter hinauf. Ich bin absolut schwindelfrei und habe keine Probleme, schwierige Arbeiten über Kopf auszuführen. Seit Wochen turne ich in dieser Höhe herum und befestige eine Isolierung nach der anderen. Um so überraschter bin ich, als mich plötzlich ein leichter Schwindel befällt, ein Gefühl, keinen festen Halt mehr unter den Füßen zu haben . . .

Der laute Pfeifton mahnt mich, endlich die Augen zu öffnen, den Wecker abzustellen und aufzustehen. Doch es will nicht so recht gelingen, und langsam begreife ich, daß dieses Pfeifen nicht von einem Wecker stammt, sondern in meinem Kopf ist. Arme, Beine und Hände bleiben seltsam fern, und auch die Augenlieder sind schwer wie Blei. Zweifellos bin ich wach, jedoch völlig orientierungslos. Der Körper scheint nicht zu existieren oder nicht meinem Willen zu gehorchen. Ich fühle einfach nichts. Einzig der Pfeifton ist ein Signal irgendeiner Wirklichkeit. Aber welcher?

Kaum abzuschätzen, wie lange ich so liege, auf den Ton horche und dabei versuche, wenigstens ein Auge zu öffnen. In einem dunklen Raum ohne Zeit erscheint irgendwann ein leichter Lichtschimmer, und dann bilden sich aus einem verschwommenen Halbdunkel langsam Konturen. Meine Augen bewegen sich nur träge mit einem engen, festgelegten Blickwinkel wie bei einer elektronischen Überwachungskamera. Ohne besondere Anteilnahme registriere ich mich von Ferne auf dem Boden liegend, in seltsam verkrümmter Haltung. Um mich herum liegen die Trümmer des Baugerüstes. Meinen Körper kann ich nicht fühlen, und der Versuch, irgendeine Bewegung durchzuführen, bleibt erfolglos. Einzig meine Augen tasten sich weiter durch den Raum, melden visuelle Eindrücke eines Szenarios, das ich mir nicht erklären kann. Unmittelbar vor meinem Gesicht ragt in merkwürdigem Winkel meine rechte Hand aus dem Ärmel der Jacke.

Heute ist Weihnachten! denke ich plötzlich. Dieser erste klare Gedanke ist angesichts meiner Lage an Absurdität kaum zu überbieten, aber es ist der erste Schritt zurück in die Wirklichkeit.

Der Gedanke an das Weihnachtsfest schafft mir einen ersten Orientierungspunkt, von dem aus ich mich langsam weitertasten kann. Meine Gedanken gehen zum letzten greifbaren Ausgangspunkt zurück.

Ich stieg auf das Baugerüst, um Isolierplatten unter das Dach zu nageln, obwohl es bereits fast Mitternacht war. Bei dieser Erinnerung angelangt, betrachte ich die dünnen weißen Schwaden, die der Wind durch die

Dachbalken bläst. Die Temperaturen waren in den letzten Tagen ständig gesunken, und ich schätze, daß die Quecksilbersäule inzwischen bei etwa minus 15 Grad stehen mußte. Ohne etwas zu fühlen, etwa Schmerz oder Kälte, registriere ich die Gefahr. Ich werde sterben, erfrieren, wenn man mich hier nicht findet. Wenn ich mich schon nicht bewegen kann, so arbeiten wenigstens meine Gedanken, und auch meine Augen gehorchen mir. Vielleicht sogar meine Stimme? Ich werde mich bemerkbar machen müssen. Vorsichtig räuspere ich mich und tatsächlich bilden die Stimmbänder einen Ton. Ermutigt versuche ich einen Satz: »Ich liege auf dem Boden.«

Es gelingt. Meine Stimme funktioniert. Ich muß notfalls mit mir selbst reden oder singen, um nicht einzuschlafen oder zurück in die Ohnmacht zu fallen, denn instinktiv weiß ich, daß ich nur so am Leben bleiben kann. Wenn ich nur wüßte, wie spät es inzwischen ist. Meine Armbanduhr befindet sich am linken Arm, den ich bisher noch nicht sehen konnte. Außerhalb des Blickwinkels. Die rechte Hand ist zertrümmert, aber solange ich mich nicht bewegen kann, ist es ohne Bedeutung. Möglicherweise gibt es gar keinen linken Arm mehr?

Der Pfeifton in meinem Kopf ist in einen Summton übergegangen, von einem Ansatz von Schmerz begleitet. Irgend etwas sticht mir in den Rücken. Sticht in den Rücken? Da fühle ich etwas! Fast jubelnd registriere ich zurückkehrende Gefühle. Ein kurzer, stechender Schmerz in der Schläfe läßt mich aufstöhnen. Im Reflex presse ich meine Hand dagegen, und verwundert betrachte ich nun die blutverschmierte Hand. Der linke Arm hat sich wie von selbst bewegt, und fast im gleichen Moment fühle ich Beine und Füße, die eisige Kälte im

Raum und Schmerzen im Schädel, der Hüfte und der rechten Hand. Der Kopf läßt sich heben, die Lähmung ist verschwunden. Stöhnend lasse ich mich zurücksinken und versuche, meine Gedanken weiter zu ordnen. Was war geschehen?

Ein Blick auf meine Uhr zeigt, daß ich etwa 15 Minuten ohnmächtig gewesen sein muß. Eine ernstzunehmende Zeitspanne, wie mir in Erinnerung an ein paar medizinische Kenntnisse aus meiner Ersatzdienstzeit im Krankenhaus klar wird. Mein Kopf liegt in einer Blutlache, eine Hand ist zertrümmert, und weitere Verletzungen lassen sich nur ahnen. Vorsichtig bette ich mir die verletzte Hand auf die Brust. Ich mußte versuchen, eine etwas bequemere Stellung zu finden, denn offensichtlich drückt ein zersplitterter Balken in meinen Rücken. Obwohl ich die Beine nun wieder fühlen kann, lassen sie sich nicht bewegen. Auch Becken und Hüfte reagieren auf jeden Versuch, eine andere Position einzunehmen, mit heftigem Schmerz. Ein Oberschenkelhalsbruch oder gar ein Beckenbruch? Nach einigen Versuchen mit zusammengebissenen Zähnen habe ich mich dann doch soweit vom Balken weggeschoben, daß ich einigermaßen bequem liege. Was soll ich bloß tun?

Auch ohne über die Schwere der Verletzungen genau Bescheid zu wissen, kann ich mir leicht ausrechnen, daß ich in akuter Lebensgefahr schwebe. Unfallschock und Kälte würden über kurz oder lang den Kreislauf zusammenbrechen lassen. Wenn mich niemand findet, werde ich den Morgen nicht erleben. Aber wie soll ich jetzt mitten in der Nacht Hilfe herholen? Wird man mich hören, wenn ich schreie? Eine vage Chance besteht darin, daß Matthias noch nicht zu Bett gegangen ist.

Dann säße er noch im Fernsehzimmer, und das liegt nicht weit von mir entfernt an der Ecke zu meinem Getreideboden.

Ich nehme meine ganze Kraft zusammen und schreie, so laut ich kann, um Hilfe. Angestrengt horche ich auf irgendein Geräusch, doch nur mein Hund winselt leise als Antwort hinter der Tür zum Wohnraum. Seine Wärme könnte mich vielleicht retten. Ein zweiter Versuch, noch lauter. Wenn Matthias bereits zu Bett gegangen ist, habe ich keine Chance mehr. Das Schlafzimmer liegt ganz am anderen Ende des Bauernhauses, und bis dahin wird meine Stimme wohl kaum tragen.

Klappt da die Hoftür, höre ich Schritte? Tatsächlich, es ist Matthias. Er öffnet die Tür — ich bin gerettet.

Helfer schnallten mich auf eine Trage, und irgendwann liege ich auf einem kalten Röntgentisch und klappere vor Kälte und durch den Schock mit den Zähnen. Man hatte Mühe, mir die vielen Kleidungsstücke vom Körper zu ziehen. Sollte ich dem Arzt und den Helfern erklären, warum ich angezogen bin, als käme ich von einer arktischen Expedition? Was wußten sie schon von dem jämmerlichen Leben eines verunglückten Scientologen, eines ehemaligen Topmanagers der Scientology-Executive! Nun bin ich nur noch ein Häufchen Elend mit zerbrochenen Knochen und verlorenen Träumen. Irgendwann taucht dann das Gesicht meiner Mutter vor mir auf. Ihre entsetzten Augen lassen mich mit klappernden Zähnen ein schiefes Grinsen versuchen. Sie soll sich keine Sorgen machen, aber ihre erfahrenen Krankenschwesteraugen haben bereits die Röntgenaufnahmen gesehen. Sie weiß, daß es schlecht um ihren Sohn steht. Und sie ahnt auch, wie es zu dieser Katastrophe kam. Ihr Haß auf Scientology ist fast grenzenlos.

Die akustischen Signale der Überwachungsgeräte hüllen mich ein, verhindern jedoch gleichzeitig, daß ich in einen barmherzigen Schlaf falle. Ich liege in einem Bett, gut eingepackt, doch mir ist immer noch entsetzlich kalt. Die verletzten und gebrochenen Knochen in meinem Körper fühlen sich an wie kalte, schartige Eisenstangen. Am Morgen will man mich operieren, aber niemand sagt mir genau, was man operieren muß. Mein Arm ist notdürftig gerichtet und festgebunden, Wirbelsäule und Becken wurden mit Sandsäcken fixiert, damit sich die Knochen nicht verschieben können. Am nächsten Morgen soll ich operiert werden — doch ich habe geflissentlich verschwiegen, daß ich nicht einmal versichert bin. Weihnachten im Krankenhaus, ohne Krankenversicherung, nur mit einer geringen Überlebenschance?

»Stille Nacht, heilige Nacht.«

Von irgendwo schweben die sanften Töne des Weihnachtsliedes herüber. Meine Hand ist eingegipst, nachdem man versucht hat, die Knochentrümmer wieder in die richtige Lage zu bringen. Mein Becken ist in der Mitte durchgebrochen, wird aber weiter nur mit Sandsäcken stabilisiert. »Ruhig liegen bleiben und abwarten«, meinte der Arzt lakonisch.

»Fühlen Sie sich stark genug, um Besuch zu empfangen?« Die Schwester setzt mir eine Spritze und sieht mich forschend an. »Draußen stehen ein paar Leute, die sie sehen wollen. Sie warten schon eine ganze Stunde.«

»Nur herein mit ihnen«, versuche ich munter zu klingen und ziehe mich unter Schmerzen ein Stück höher im Bett. Mutter, Matthias und zuletzt Sabine kommen ins

Zimmer. Mutter wirft Sabine böse Blicke zu, sie haben wohl schon auf dem Flur gestritten.

»Ich muß Norbert allein sprechen«, sagt Sabine hart. »Es wird nicht lange dauern.«

Mutter und Matthias schauen sich betreten an, lassen sich jedoch widerstandslos aus dem Zimmer drängen.

»Nun, mein Lieber, du siehst, was geschieht, wenn du die Brücke zur totalen Freiheit verläßt. Du mußt schnellstens OT III gehen. Du hast eine fallende Statistik. Denk darüber nach. Mit einem Selbstmordversuch wirst du mich nicht zurückgewinnen. Ich bin nicht erpreßbar.«

Ohne ein weiteres Wort verläßt Sabine das Krankenzimmer. Auf dem Flur fallen laute Worte.

Fallende Statistik! In der Tat, ein Fall von sieben Metern, denke ich grimmig.

Noch 13 Wochen kann ich über ihre Worte nachdenken, 13 lange Wochen im Krankenhaus, in denen ich über vieles nachdenke.

»Was werden Sie jetzt tun?« Schwester Uschi schaut mich neugierig und ein wenig mitleidig an. Die ganzen letzten Wochen war ich von ihr und den anderen Schwestern abhängig gewesen, aber sie war die einzige, die sich auch privat mit mir unterhielt. Noch immer habe ich keine Ahnung, wer im Krankenhaus angerufen hatte, um vor mir zu warnen. Irgendwie sprach es sich herum, daß ein Top-Scientologe im Krankenhaus liegt, und von da an machten alle, bis auf Schwester Uschi, einen großen Bogen um mich. Aber ein Top-Scientologe bin ich nun schon lange nicht mehr. Ob ich überhaupt noch ein Scientologe bin, der Frage werde ich nun weiter nachgehen müssen. Es ist Zeit für eine Bilanz, für eine nüchterne Aufarbeitung der letzten Jahre.

Auf zwei Krücken gehe ich hinaus in eine ungewisse Zukunft. Die nächsten Wochen lebe ich bei meinen Eltern, bis ich wieder richtig laufen kann.

Dann fasse ich eines Abends einen Entschluß, leihe mir von meinem Vater den Wagen und fahre nach Düsseldorf.

»Hallo Sabine. Wie geht es dir?«

Sabine zuckt nicht zusammen, als ich sie aus dem Dunkeln heraus anspreche. Sie lächelt mich an, als habe sie mich hier erwartet, als seien wir verabredet. Seit drei Nächten stehe ich in der Dunkelheit auf der Königsallee, um sie abzufangen, aber jedesmal war sie in Begleitung anderer Scientologen.

Heute habe ich endlich Glück. Sie verläßt als letzte das Celebrity-Center.

»Komm, laß uns irgendwo einen Kaffee trinken.« Sie hakt sich so selbstverständlich bei mir unter, als seien wir ein normales Ehepaar. Mein Herz wird schwer, wenn ich daran denke, daß wir ja noch immer verheiratet sind.

Nicht weit entfernt finden wir ein Lokal. »Möchtest du etwas essen?« fragt Sabine. »Ich bezahle auch.«

»Nein danke, ein Kaffee reicht mir«, murmele ich.

Sabine schaut mich liebevoll an: »Erzähl mal, wie geht es dir, was macht dein Arm?« Sie faßt nach meinem zerstörten Handgelenk. »Hast du noch Schmerzen?«

Rasch ziehe ich meinen Arm zurück: »Es geht, ich muß lernen, damit zu leben.«

Aus meiner Jackentasche hole ich ein kleines Buch.

»Weißt du eigentlich noch, was du mir alles geschrieben hast? Schau mal hier: ›Für den reizendsten Mann den ich kenne, meinem lieben Mann, Norbert. Deine Sabine. 4. Mai 1984.‹ Ist das nun alles vorbei, ist das nun alles nicht mehr wahr?«

Sabine sieht mich verträumt an. Sie hat sich verändert, wirkt selbstsicher und unerschrocken, elegant und gepflegt. Das hatte ich mir all die Jahre gewünscht. So mit ihr die Agentur weiter auszubauen oder als Künstlerehepaar zu arbeiten wäre ein Traum. Dafür wäre ich auch bereit, noch vier Jahre auf sie zu warten, bis sie ihren Vertrag in Düsseldorf erfüllt hat.

»Siehst du, ich weiß nicht, welchen Einflüssen du dich ausgesetzt hast, warum du dich vor der Wahrheit zurückziehst. Du könntest sehr viel mehr Verantwortung übernehmen, du hast die Fähigkeit dazu. Aber du läufst nun Gefahr, ein einsamer Wolf zu werden, und du weißt, was Ron dazu sagt.«

Sabine lächelt weiter, zeigt aber damit zunehmend eine beängstigende Regungslosigkeit. Diesem Lächeln fehlt die Anteilnahme und Herzlichkeit, es gilt nicht mir, sondern ihr selbst.

»Mich interessiert nicht sonderlich, was Ron dazu sagt, sondern deine Meinung. Zu deiner Erinnerung kann ich dir noch etwas zeigen.« Ich entrolle eine Zeichnung, die sie vor einigen Jahren von mir gemacht hat. Es zeigt mich inmitten üppigen Blattwerks, als Symbol meiner Kreativität. Statt der Augen zeichnete sie kaleidoskopartige farbige Ringe. »Hast du mich je verstanden? Weißt du noch, was du auf die Rückseite geschrieben hast?« Ich wende das Blatt und lege es vor ihr hin: »›Für das liebe und fähige Wesen, das ich immer gesucht und nun auch gefunden habe. Ich wünsche Dir und mir, daß wir den eingeschlagenen Weg bis an unser Ziel gehen, um uns dann ein neues Ziel zu setzen, und weiter wünsche ich Dir und mir, daß wir viele Menschen glücklich machen, weil das ein wichtiger Teil unseres eigenen Glücks sein wird. Deine Sabine, die Dich liebt und Dich nie verlassen wird.‹«

»Ich möchte dir etwas anvertrauen«, antwortet Sabine nach einer nachdenklichen Pause, »und ich weiß, daß du es verstehen wirst. Beim letzten Auditing habe ich herausgefunden, daß ich in meinem früheren Leben Ron's Mutter gewesen bin. Die Fehler, die ich als Mutter begangen habe, führten dazu, daß Scientology heute so angegriffen wird. Meine Aufgabe ist es nun, dies in Ordnung zu bringen und das ist wichtiger, als um jeden Preis an einer Ehe mit dir festzuhalten.«

Voller Entsetzen stolpere ich in die Nacht hinaus. Das Bild einer lebenden Toten drängt sich mir auf. Es mag absurd sein, Mediziner, Psychologen mögen dafür bessere Erklärungen haben, aber mir kommt kein anderer Vergleich in den Sinn. Ich selbst fühle mich plötzlich wieder ungeheuer lebendig, wie von einem riesigen Druck befreit. Vor knapp einer Stunde war ich noch bereit, Kompromisse einzugehen, einen Weg zu suchen, so viel von Scientology anzuerkennen wie nötig, um Sabine nicht zu verlieren. Dieser Versuch ist jäh gescheitert. Ich bin kein Scientologe mehr!

Nun muß ich wirklich handeln. Ich kehre zurück auf den Bauernhof, und trotz meiner Verletzungen beginne ich wieder mit dem Umbau. Ich muß so schnell wie möglich wieder Bilder malen, Ausstellungen machen und Geld verdienen.

»Ich habe Post für dich aus Düsseldorf.«

Eva steht verschämt lächelnd vor mir und drückt mir ein paar Briefe in die Hand. Auch wenn sie mir den Schlüssel für das Haus abgenommen hat, offenen Widerstand wagt sie nicht. Schließlich war ich einmal ihr Vorgesetzter, und mit meinem Exec-Verhalten kann ich sie immer noch einschüchtern. Mit meinem Befehlston und der Scientology-Sprache habe ich sie stets unter Kontrolle. Sie ist darauf trainiert zu gehorchen, und ich habe in Kopenhagen gelernt, wie man Gehorsam erzwingt — auch wenn es nicht richtig ist, diese Methoden weiter anzuwenden, aber habe ich eine Wahl?

Nach dem letzten Gespräch mit Sabine hat sich in mir Gleichmut ausgebreitet, aber nun weiß ich, daß es die Ruhe vor dem Sturm war. Die Post aus Düsseldorf entpuppt sich als Ethikanweisungen. Man behandelt mich, als sei ich immer noch ein Scientologe.

CELEBRITY-CENTER, DÜSSELDORF

Düsseldorf, den 30.3.1987

AN: SABINE POTTHOFF
AN: NORBERT POTTHOFF

VON: HCO CC DÜSSELDORF

cc: E.File Norbert Potthoff
cc: E.File Sabine Potthoff
cc: PC File Sabine Potthoff
cc: Staff Notice Board

HCO ETHIK ORDER

NORBERT POTTHOFF UND SABINE POTT-
HOFF WERDEN UNTER EINE SEPERATION
ORDER GESTELLT:
SOLANGE SABINE IHR AUDITINGPRO-
GRAMM NICHT ABGESCHLOSSEN HAT,
DÜRFEN BEIDE KEINERLEI KONTAKT
MITEINANDER HABEN.
(Referenz: HCOPL 19. Juli 1965)

Bernd Bauer
E/O hfa CC Düsseldorf

Das klingt erst einmal harmlos, fast tröstend, aber in
Wirklichkeit ist es gerissen. Scientology kann in aller Ruhe, ohne Störung von außen weiter an Sabine herumma-
nipulieren, sie weiter indoktrinieren, bis sie unempfäng-
lich für Zweifel und Kritik geworden ist.

Schweißgebadet wache ich auf. Ich habe noch nie zu
Alpträumen geneigt, aber was gerade an Schreckensbil-
dern und Gestalten durch meinen Traum gejagt ist, läßt
mir das Blut in den Adern gefrieren.
   Es ist drei Uhr in der Nacht, und an Schlaf nicht mehr
zu denken, als mich plötzlich ein Höllenkrach hochreißt.
Mitten in der Halle liegt ein Balken von vier Metern Län-
ge. Gestern hatte ich ihn schräg gegen die Wand gelehnt.
Ich suche fieberhaft nach Erklärungen. Er hätte schräg zur
Seite rutschen können, aber wie konnte er mitten in den

Raum stürzen? Überall sehe ich Gespenster, und auch die kleinsten Geräusche beginnen mich zu erschrecken.

Von Schlafstörungen und Orientierungslosigkeit geplagt, irre ich die nächsten Wochen durch die Räume. Einzig Matthias kommt ab und zu herauf, um mit mir Kaffee zu trinken.

Delia, eine junge Frau, die auf dem Hof ihre Pferde untergebracht hat, versorgt mich mit Essen und Zigaretten. Ihre Anteilnahme und Zuneigung rettet mich vor dem Zusammenbruch. Aber immer wieder überfällt mich ein Zittern, und von Weinkrämpfen geschüttelt, möchte ich lieber sterben, als diese Qual länger aushalten. Oft stehe ich am Schiebetor zum Hof, durch das früher die Getreidesäcke hereingehoben wurden. Würde ich einen zweiten Absturz überleben, womöglich »nur« im Rollstuhl landen?

Meine Eltern, von dem besorgten Matthias informiert, besuchen mich so oft wie möglich, versuchen, mich durch ihre Liebe und Zuwendung zu stabilisieren.

Nach drei Monaten lassen diese entsetzlichen Zustände endlich nach, und mein Lebensmut kehrt langsam zurück. Aber Scientology will mich noch nicht aus den gierigen Klauen lassen. Immer wieder werde ich ans Telefon gerufen. Offiziere aus Kopenhagen, aus Los Angeles, aus Düsseldorf. Ich weigere mich standhaft, Befehle auszuführen, Gespräche zu führen, Sicherheitsüberprüfungen abzuschließen. Was ist los in Scientology, warum ist man so aufgeregt? So wichtig kann ich doch wohl nicht gewesen sein. Ich wage mich fast nur noch nachts hinaus. Draußen stehen manchmal Wagen aus München, aus Hamburg. Bei Eva brennt noch Licht, aber nie bekomme ich eine der huschenden Gestalten zu Gesicht. Ich will sie auch nicht sehen. Manchmal kommt jemand die Treppe herauf, klopft, ruft »Norbert«, aber ich gebe keine Antwort. Nach einer Weile geht es wieder tapp, tapp die Treppe hinunter.

»Schön hast du es hier.« Bruno schaut sich anerkennend um, und Hannelore packt Kaffee und Kuchen aus. Meine Schwiegereltern wollen wissen, wie es mir geht, nachdem ich ihnen vor ein paar Tagen am Telefon erklärt habe, daß ich von Sabine getrennt lebe und nun kein Scientologe mehr sei. Ihre Unsicherheit können sie so schnell nicht ablegen, aber sie geben sich Mühe. Ihre größte Sorge gilt natürlich ihrer Tochter, warum sie immer noch bei Scientology ist und warum ich die Trennung allein vollzogen habe.

Einige Tage nach ihrem Besuch kommt ein Brief aus Düsseldorf von der APG, von Mucha, meinem alten Feind. Nett, freundlich, man könne mir helfen, aus den Fängen der Sekte ganz herauszukommen.

Sekte! Ich lache bitter. Was wissen die schon, welche Qualen der Loslösung ich in den letzten Monaten erlebt habe und wie sie noch heute versuchen, mich unter Druck zu setzen. Die haben doch immer noch keine Ahnung, was in Scientology wirklich los ist, welche Macht sich in Deutschland ausbreitet.

Ist es das, was die Offiziere so nervös macht? Weiß ich mehr über Strategien und Einfluß, als die Öffentlichkeit erfahren darf? Die strategische Planung aus Kopenhagen kommt mir wieder in Erinnerung. Von Tag zu Tag merke ich, wie ich mich wieder stabilisiere, wieder folgerichtig denken kann.

Immer wieder gehe ich meine Zeit in Kopenhagen durch. Der Plan CLEAR DEUTSCHLAND, seine Strategie der systematischen Unterwanderung, das ist nichts anderes als politische Machtpolitik. Offensichtlich will man verhindern, daß ich diese Informationen an die Öffentlichkeit bringe. Ich bin Geheimnisträger, habe Papiere studiert, die kaum ein Scientologe zu Gesicht bekommt.

Die Arbeit im Verlag NEW ERA, der Versuch, den deutschen Buchmarkt zu kontrollieren, hat mir gezeigt, wie breit diese Strategie angelegt ist, und die Informationen, die darüber ab und zu in der deutschen Presse stehen, sind nach wie vor dürftig. Ich muß meinen ehemaligen Feind und Gegner aufsuchen und ihm die Informationen geben, die ich habe.

»Nein, kein normaler Mensch läßt sich auf diesen Blödsinn ein, schon mal gar nicht Geschäftsleute und Manager.« Mucha lehnt sich zurück und stopft seine Pfeife.

»Schön, und was ist mit Samper-Immobilien, dem Verband engagierter Manager, dem Verband engagierter Zahnärzte usw.? Sind das alles keine Geschäftsleute und Manager?« entgegne ich.

Wenn sich kein normaler Mensch auf diesen Blödsinn einläßt, dann muß auch ich in seinen Augen natürlich ein Irrer sein. Lohnt das Wagnis, sich mit ihm auseinanderzusetzen? Womöglich hält er mich sogar noch für einen Spion. Schließlich war ich über Jahre sein erbitterter Gegner. Insofern ist sein Mißtrauen natürlich verständlich, das er mit seiner ganzen Haltung ausdrückt. Ich kann nicht erwarten, hier mit offenen Armen aufgenommen zu werden, aber ein wenig mehr Bereitschaft zuzuhören wäre angenehm.

»Schön, ich mache Ihnen einen Vorschlag«, sagt Mucha scheinbar nachdenklich, aber in Wirklichkeit will er jetzt meine Bereitschaft überprüfen, alles über Scientology preiszugeben, was ich weiß. »Ich kenne viele Journalisten, die an der Sache arbeiten. Wären Sie bereit, mit diesen Leuten zu sprechen?«

Mucha weiß natürlich, daß kein Scientologe mit einem Journalisten sprechen darf. Die Presse gilt als

Hauptgegner, wird als kriminell und unterdrückerisch eingestuft. Jahrelang habe ich allein aus diesem Grund keine einzige Zeitung gelesen.

»Kein Problem«, erkläre ich sicher, »ich bin sehr daran interessiert, die scientologischen Aktivitäten in Politik und Wirtschaft zu enttarnen. Die Öffentlichkeit hat ein Recht darauf zu erfahren, was Scientology wirklich will, und die Menschen sollten wissen, wie ihre Träume, Sehnsüchte und Ängste ausgenutzt worden, um sie über die wahren Ziele von Scientology zu täuschen.«

Mucha nickt zufrieden. Den ersten Test habe ich bestanden, aber er will kein Risiko eingehen, daß sich noch einmal ein Scientologe in den Verein einschleicht. Zum Schluß tauschen wir dann doch noch lachend unsere Erfahrungen aus der damaligen Zeit aus. So erfahre ich nachträglich doch noch, daß damals eine relativ unbekannte Scientologin vom Guardians eingeschleust werden konnte, die allerdings schnell enttarnt wurde.

Meine Gespräche mit den Journalisten zeigten rasch Auswirkungen. Ich hatte mich nun offiziell in das Lager der scientologischen Feinde begeben.

Der Postbote bringt einen Brief von Dr. Seibel. Es ist Jahre her, daß mir dieser Name Freude bereitete. Er war mein Anwalt, als ich noch meine Werbeagentur hatte. Sein Brief kann nichts Gutes bedeuten.

Vor mir liegt Sabines Scheidungsbegehren, und ich weiß, daß ich nichts mehr dagegen unternehmen kann. Nun ist er der Anwalt meiner Frau. Sie muß den Beweis unserer Trennung ihrem Ethikoffizier vorlegen. Durch meinen Kontakt zu Journalisten habe ich mich endgültig zum Feind der Scientology gemacht.

Oktober 1988, Amtsgericht Krefeld. Potthoff versus Potthoff, ein Scheidungsfall unter vielen. Für den Richter, angesichts der steigenden Zahl zerbrechender Beziehungen, eine alltägliche Angelegenheit. Der öffentliche Aushang zeigt, daß er heute viel zu tun haben wird. Der Scheidungsgrund hat heute längst keine Bedeutung mehr. Ein Jahr der Trennung reicht in der Regel aus, um eine Ehe zu scheiden.

Erschwerende Gründe liegen in unserem Fall nicht vor, Sabine und ich haben keine Kinder oder komplizierte Vermögensverhältnisse, die das Trennungsjahr außer Kraft setzen könnten, wenngleich unsere Schuldenverhältnisse reichlich kompliziert sind. Aber die haben wir aus diesem Scheidungsfall ausgeklammert.

Trotzdem habe ich in einem letzten Akt des Aufbegehrens einen eigenen Anwalt genommen und darauf bestanden, daß ich diese Scheidung nicht will, weil Scientology damit einen weiteren Eingriff in unser Sozialsystem vornimmt. Aber ich weiß, daß dies nur ein symbolischer Akt ist, daß ich damit nichts mehr verhindern kann. Sabine wird diese Scheidung mit der gleichen scientologischen Konsequenz durchsetzen, mit der ich vor einigen Jahren die Trennung von Cordula durchsetzte. Wahrscheinlich wird auch sie der festen Überzeugung sein, es aus eigener Entscheidung und Erkenntnis heraus zu tun. Die Trennung vom Unterdrücker, um das eigene Überlebenspotential nicht zu gefährden.

Inzwischen weiß ich, daß Sabine dem gleichen Irrtum verfallen ist, wie ich damals. Wir sind und waren Marionetten des scientologischen Systems. Sie ziehen die Fäden, und dennoch glaubten wir, aus eigener Überzeugung zu handeln.

Der Blick meiner Anwältin geht neugierig zwischen

mir und Sabine hin und her. Ich habe ihr einiges über scientologische Verhaltensweisen erzählt, und ich sehe in ihrem Gesicht deutlich die Überraschung. Sabine wirkt ruhig und entspannt, lächelt freundlich, wenn man sie ansieht, und macht keinesfalls den Eindruck eines armen, geistesgestörten Sektenopfers. Sie ist elegant gekleidet, trägt ausgesuchten Schmuck und tritt auf wie eine erfolgreiche Geschäftsfrau. Adele hat sie für diesen Auftritt gut ausstaffiert. Nein, man kann den Scientologen auf den ersten Blick nicht erkennen. Sie wirkt völlig normal, und doch spielt sich hinter ihrer Stirn das Grauen ab. Der Wahn von Sternenkriegen, Endzeitstimmung, Bewußtseinsspaltung und die feste Überzeugung, zu einer erleuchteten Elite zu gehören, die diese Erde kontrollieren muß. Schau ich an mir selbst herab, könnte der Kontrast kaum größer sein. Ich sehe zwar nicht verwahrlost aus, doch im großen und ganzen schon etwas abgenutzt.

Erst als meine Anwältin mir ein Taschentuch in die Hand drückt, merke ich, wie die Tränen über mein Gesicht laufen. Tränen der Trauer, aber auch Tränen der Erleichterung. Wenn ich jetzt durch die Tür des Gerichtssaals hinausgehe, verlasse ich endlich nach sieben Jahren das Labyrinth von Scientology.

Epilog

Ausbruch aus dem Teufelskreis

Sieben Jahre Scientology — sieben Jahre danach

Sieben Jahre nach diesen Ereignissen beschäftige ich mich immer noch mit den Anweisungen von L. Ron Hubbard und seinem Nachfolger David Miscavige, jedoch mit einem entscheidenden Unterschied: Ich befolge sie nicht, sondern ich analysiere sie. Das Labyrinth habe ich verlassen, aber Scientology hat einen sehr langen Schatten auf mein Leben geworfen. Diese Analyse wurde notwendig, weil ich verstehen wollte, warum ich diesem System hörig wurde und ob sich vielleicht allgemeine Verhaltensweisen des Menschen dabei erkennen lassen.

Nach der Scheidung von Sabine war die Geschichte leider noch nicht zu Ende, denn immer noch lebte ich auf dem Bauernhof der Scientologin Eva, auch wenn mir ihr Ehemann Matthias Schutz zusicherte.

Sabine gab mir mit auf den Weg: Du mußt lernen, zwischen Scientology und Scientologen zu unterscheiden. Das war genau der Konflikt, mit dem ich mich einige Jahre lang herumschlug. Ist es richtig, diese Unterscheidung zu machen, d.h. sind Hubbards Ideen an sich grundlegend gut und ist es nur das Management, das diese Fehler begeht? Nein; ich lernte zu begreifen, daß das System sich genau so verhält, wie Hubbard es wollte.

Die Besuche von Scientologen auf dem Hof rissen nicht ab, und die Beziehung zu Matthias verschlechterte sich langsam, aber unaufhaltsam. Wir wurden beide zum Spielball scientologischer Machtinteressen. Dann verschlechterte sich die Situation dramatisch. Ein scientologischer Geschäftsmann, Inhaber einer Boutiquenkette aus der näheren Umgebung, war ins Schußfeld der Presse geraten. Er argwöhnte meine Beteiligung an dieser Pressekampagne und versuchte, mit 20.000 Mark mein Schweigen zu erkaufen. Ich lehnte ab, und in der Folge begann der Telefonterror, der in Morddrohungen gegen Matthias und seine Kinder gipfelte. Verständlich, daß er nun nicht länger gewillt war, seine Hand schützend über mich zu halten. Vier Jahre Aufbauarbeit endeten mit der erneuten Suche nach einer Wohnung.

Scientology läßt bis heute nicht locker; stört, bespitzelt, fotografiert und betreibt Rufmordkampagnen. Es sind zwar nicht »die Scientologen«, die es machen und in aller Regel solche Maßnahmen als erfunden bezeichnen, aber es handelt sich um eine gut ausgebildete Spezialtruppe. Meine eigene Erfahrung mit dem Guardians-Office hatte ich ja schon ein paar Jahre zuvor gemacht. Inzwischen heißt diese Truppe zwar OSA, *Office for Special Affairs*, aber die Methoden sind die gleichen geblieben. So wie ich damals trainiert wurde, so geht man noch heute gegen Kritiker vor.

Manchmal mag es so scheinen, als sei diese Geschichte eine sehr persönliche, eine sehr individuelle. In Beratungsgesprächen, die ich mit ausstiegswilligen Scientologen durchführe, pflegen diese auch tatsächlich rechtfertigend zu betonen, es sei eben nur mir, aus ganz besonderen Umständen heraus, geschehen. Man will mich als Sonderfall oder gar als dummen Störfall abtun. Scientology sei in Wirklichkeit ganz anders. Die Eltern oder Freunde anderer Scientologen hingegen bestätigen jedoch immer wieder, daß es auch in deren Fall genauso geschehen sei.

Meine Geschichte ist daher, so individuell sie auch erscheinen mag, scientologische Normalität. Daher habe ich mich bemüht, diesen ganz normalen Wahn so authentisch wie möglich zu schildern, auch wenn ich mich dabei oftmals in einem sehr schlechten Licht darstelle. Mich ausschließlich als armes, ausgebeutetes Opfer darzustellen, wäre der Aufklärung nicht dienlich gewesen.

Manchmal mag es auch so scheinen, als sei ich nur über den eigenen Schmerz erst wieder zu Verstand gekommen, als habe ich nur so die Lösung von Scientology vollziehen können. Ein kritischer Mensch fragte einmal bei einem meiner Vorträge, ob ich denn nicht möglicherweise noch immer Scientologe wäre, wenn man mir nicht so übel zugesetzt hätte. Kann sein, daß er mit seiner Vermutung nicht so ganz unrecht hatte. Aber ich möchte dem entgegenhalten, daß ich über eine sehr persönliche und individuelle Situation Mitglied geworden bin.

Mir war rasch klar, daß ich nicht einfach die Tür zu Scientology zuschlagen konnte, um zur Tagesordnung überzugehen. Scientology hatte mein Leben nachhaltig verändert. Jemand, der beispielsweise eine tödliche Krankheit übersteht, sieht für gewöhnlich danach sein Leben mit anderen Augen.

Mein erster Versuch, wieder in der Werbung zu arbeiten, zeigte rasch, wie stark die in Scientology trainierten Manipulationstechniken nachwirkten. Dadurch wurde jedoch meine Neugier geweckt, diese Techniken und die Methoden scientologischer Beeinflussung genauer zu untersuchen. Meine Sprache, so merkte ich damals, und damit auch mein Denken und Fühlen, war immer noch scientologisch geprägt. Ich suchte und fand einen einfachen Weg, mich diesem zu entziehen. Mit Trivialliteratur aus den Genres Science Fiction und Fantasy fand ich zurück zu einer amüsierten Distanz, zu Abenteuerlust und menschlicher Phantasie.

Der nächste Schritt war schwieriger. Scientology hatte meine Bindungsfähigkeit zu anderen Menschen und mein Vertrauen zu mir selbst und zu anderen zerstört. Mißbraucht und gedemütigt, glaubte ich, nun ein absolut wertloser Mensch zu sein, der es nicht verdient, wieder ein normales Mitglied der menschlichen Gesellschaft zu werden. »Einmal Scientologe, immer Scientologe«, bekam ich abschätzend zu hören. Ich erwartete nicht, mit offenen Armen aufgenommen zu werden, aber ich wollte eine Chance und ich lernte, um sie zu kämpfen.

Heute weiß ich, warum sich viele Aussteiger verkriechen und nicht der Öffentlichkeit stellen wollen. Einige selbsternannte Aufklärer schienen Spaß daran zu haben, sich für einen »echten, ehemaligen Scientologen« zu halten. Wie eine absonderliche Erscheinung aus einem Gruselkabinett wird man der Öffentlichkeit vorgeführt oder von den Medien untereinander verliehen. »Gibst du mir deinen Potthoff, leihe ich dir meine Berner.« Es folgt ein weiterer Mißbrauch und unter Umständen eine weitere Ausplünderung.

Aber fairerweise muß gesagt werden, daß die Aufklärungsarbeit im großen und ganzen gut verläuft. Gerade dadurch, daß ich so oft zu Vorträgen eingeladen wurde, war eine schnelle Resozialisierung möglich. Gerade das Interesse und die Anteilnahme der Jüngeren, der Schüler, die mich immer wieder in die Schulen holten, hat mir sehr viel Auftrieb gegeben.

Während ich dieses Buch schrieb und — wenn auch nur im Geiste — dabei noch einmal meinen Weg durch Scientology ging, war die Herausforderung größer, als ich angenommen hatte. Bewußt hatte ich einige Jahre verstreichen lassen, um Ruhe und Abstand zu gewinnen, aber dann erlebte ich in erschütternder Intensität alles noch einmal. Angst, Wut, Ekel, Schweißausbrüche, besonders als ich meine damalige Auditingsitzung beschrieb, begleiteten mich über einige Monate. Aber ich bin mir sicher, daß dieses Buch geschrieben werden mußte.

Ich kann nicht sagen, wie viele Menschen durch meine damalige Arbeit Mitglied bei Scientology geworden sind, aber genausowenig läßt sich abschätzen, wie viele Menschen durch meine Aufklärungsarbeit davon abgehalten werden konnten, dort einzutreten. Mein Buch soll ein weiterer Beitrag zu dieser Arbeit sein. Ich verschweige darin nicht meine eigenen Fehler, Fehleinschätzungen und Schwächen, die mich und andere in Schwierigkeiten brachten, aber es darf auch nicht verschwiegen werden, daß eine moderne Leistungsgesellschaft, wie wir sie heute kennen, in nicht unerheblichem Maße dazu beigetragen hat.

Scientology hält uns einen Spiegel vor, und was wir darin sehen, ist nicht immer angenehm. Scientology ist ein Phänomen der heutigen Gesellschaft, jedoch nicht nur der sogenannten westlichen, sondern der Leistungsgesellschaft in allen Ländern der Erde. Betrachtet man die schwindelerregende Verbreitung in Ost und West, in Süd und Nord, also in den verschiedensten sozialen und kulturellen Gebieten, so muß man sich zwangsläufig auf die Suche nach dem gemeinsamen Nenner machen.

Wenn es also außerhalb von Sprache, Kultur und Religion — die immer in relativ engen und überschaubaren Grenzen zu sehen sind — einen übergreifenden Faktor gibt, dann ist es die Wirtschaft, der Handel und die Machtpolitik. Daumen und Zeigefinger gegeneinandergerieben wird als Geste in fast allen Ländern der Welt, in fast allen Kulturen gleichermaßen verstanden und mit einem verstehenden Lächeln begleitet.

»Pecunia non olet«, Geld stinkt nicht, sagten schon die alten Römer, oder: bei Geld hört bekanntlich die Freundschaft bzw. die Moral auf. Geld und Handel schufen immer schon Freiräume und spezielle Rechte und damit eine Macht, der sich auch die »gekrönten Häupter« beugen mußten; ob bei den Kreuzzügen, der Hanse oder dem heutigen »Imperialismus« der multinationalen Konzerne. Firmenpolitik, die sich beispielsweise gleichermaßen mit unterschiedlichster nationaler Politik in Japan, Indien, Irak, Deutschland und den Vereinigten Staaten auseinandersetzen muß, zielt auf Privilegien ab, die man sich auf Grund eines nicht mehr wegzudenkenden wirtschaftlichen Faktors im jeweiligen Land erstreitet.

Der sagenhafte Aufstieg einer Scientology Church hin zu SCIENTOLOGY INTERNATIONAL ist aufs engste verknüpft mit wirtschaftlichen Erwägungen. Das pseudo-religiöse Leitbild der Gründerjahre wurde erfolgreich ausgewechselt gegen »Management by Scientology«. Man behielt jedoch den Überbau der Religion wegen der damit verbundenen Steuerprivilegien bei. Wo Multis um kleine und kleinste Steuervorteile feilschen mußten, konnte SCIENTOLOGY INTERNATIONAL von vornherein mit der vollständigen Steuerbefreiung operieren. Die kleine und fast schon bedeutungslose Scientology-Sekte Ende der siebziger Jahre wurde so zur Keimzelle einer sich entwickelnden politischen und wirtschaftlichen Macht von weltweitem Ausmaß.

Eines der wichtigsten Ereignisse der jüngeren Vergangenheit im Kampf gegen SCIENTOLOGY INTERNATIONAL war das 1. Wormser Scientology Tribunal am 27. und 28. November 1993. Dieses Tribunal wurde notwendig, um mehr sachgerechte und weniger hysterische Kritik zu formulieren.

Experten aus der gesamten Bundesrepublik formulierten Thesen und Forderungen, die richtungweisend für die nächste Zukunft sein werden. In der allgemeinen Beurteilung stellte man fest:

»SCIENTOLOGY INTERNATIONAL und deren Sektionen WISE (*World Institute of Scientology Enterprises*), ABLE (*Association for Better Living and Education*) und CHURCH sowie deren assoziierte Gruppierungen (z. B. NARCONON, APPLIED SCHOLASTIC, KVPM – **K**ommission für **V**erstöße der **P**sychiatrie gegen **M**enschenrechte – u.a.) mit den zugrunde liegenden Anweisungen von L. Ron Hubbard ist eine totalitäre, antidemokratische Bewegung mit staatsfeindlichen Zielen. Sie ist eine neue Form organisierter Kriminalität.«

Zu ergänzen wäre noch: eine neue Form des politischen Extremismus.

Danksagung

Einer schreibt, viele helfen mit. Aber dieses Buch konnte auch nur deshalb geschrieben werden, weil bereits weit im Vorfeld viele Menschen meinen Weg zurück in die »normale Gesellschaft« erst möglich gemacht haben. An dieser Stelle muß ich ausdrücklich allen meinen Dank aussprechen, die mir dabei geholfen haben. Sie alle einzeln zu nennen, würde den Rahmen sprengen, aber es waren Männer und Frauen, Katholiken und Protestanten, politisch interessierte Menschen aus allen Parteien und gesellschaftlichen Gruppierungen.

Einigen Menschen jedoch gilt mein spezieller Dank: meiner Mutter, die nie die Hoffnung aufgab — sie war wichtiger, als ich es in diesem Buch darstellen konnte; meinem Vater, der zwar mit mir nicht reden wollte, aber mir dennoch viele Ideen mitgab; Matthias, der mir auf der Flucht, ohne zu zögern, ein Dach über dem Kopf gab — seinen späteren Verrat kann ich nachvollziehen —; Delia, die liebevoll versuchte, mir wieder ein Heim zu geben, aber leider scheitern mußte; Inge Meichsner, die in langen, einfühlsamen Interviews meine Schale der Scham geknackt hat; Egmont Koch, der zusammen mit Inge aus den Interviews einen hervorragenden Film über Scientology gemacht hat; Hannelore, die mich in Hamburg einfach aufs Podium setzte; Ursula Caberta,

290

die mich daran erinnerte, wie wichtig das politische und soziale Engagement ist; Prof. Dr. Manfred Abel, der so viele unterschiedliche Sichtweisen zusammenfügen konnte; meiner Tochter Helen, die trotz der schlechten Erfahrung mit ihrem Vater bereit war, mir und uns beiden eine neue Chance zu geben; meiner Tochter Sandra, die mir durch ihre immer noch nicht überwundene Enttäuschung den Anstoß gab, dieses Buch zu schreiben; Norbert Lindemann, stellvertretend für die vielen Pfälzer, die mir geholfen und Pfälzer Katholiken, die meine Aufklärungsarbeit und auch meine Arbeit als Maler immer wieder angekurbelt haben; Christoph Bussen, der mir auf einer Fahrt zwischen Neustadt und Ludwigshafen mit wenigen Worten die Bedeutung des Wortes Gnade deutlich machte; Christof Kühn, der mit der Organisation von zwei Scientology-Tribunalen in Worms eine hervorragende politische Plattform für die Aufklärungsarbeit schuf und auch sonst ein kritischer Freund wurde; Beate Roderigo, die als Psychologin ein wenig Ordnung in meinem Denken und Fühlen vorbereitete und mir die Idee mitgab, sehr differenziert mit dem Thema Scientology umzugehen; Gudrun Menge, die meinen westfälischen Charakter neu belebte; Cordula und Peter Schuch, die nach einem langen, erschöpfenden Beratungsgespräch, ohne es zu wissen, mit dem Kauf eines meiner Bilder den Grundstock für meine neue Zukunft schufen; Daniela, die mir als Maler und meiner Liebe zur Malerei einen neuen Schub verlieh.

Mein ganz besonderer Dank gilt jedoch Bine und Marvin, die mir die Chance gaben, mit ihnen ein Leben in Liebe und Vertrauen zu führen. Das war nach dieser Vorgeschichte wirklich nicht leicht!

Dank auch an den mir unbekannten Scientologen, der

in einer scientologischen Hetzschrift gegen mich und andere Aufklärer über mich schreiben mußte: »Sein Verständnis sittlicher Werte ist mit scientologischen Prinzipien unvereinbar.«

Genau!

Glossar

Scientology-Begriffe. Definitionen aus der Kunstsprache der Scientology.

ABLE
Association for **B**etter **L**iving and **E**ducation, Scientologischer Dachverband für die Unterwanderung der Gesellschaft, z. B.: Verbände, Schulsystem, Polizei etc. Kontrolliert alle Tarnorganisationen auf diesem Machtsektor.

AO
Advanced **O**rganisation. Kontinentale Organisation. Kontrolliert und managt die nationalen Organisationen.

Athena Cramming
Bezeichnung nach dem ehemaligen Schiff der SEA ORG, der ATHENA. Auf ihr wurde ein spezielles Trainingsprogramm durchgeführt, um hochrangige Mitarbeiter für bestimmte Aufgaben zu trainieren. Der Begriff wurde beibehalten, obwohl es das Schiff längst nicht mehr gibt. Athena Cramming erhalten nur erfolgreiche Mitarbeiter, um sie weiter zu fördern und zu motivieren.

Auditing
Dianetik-Auditing/Scientology-Auditing, vom lat. audi-

re = zuhören. Fragetechnik, Mischung aus Verhör, Hypnose, Beichte und verschiedenen Therapieformen. Soll Eindrücke aus dem reaktiven Verstand, wie Mißemotionen, Mißverständnisse und Geburtsängste des Preclears löschen.

Bank
Slangwort der Scientologen für den reaktiven Verstand. Wird auch als Schimpfwort gebraucht für Leute, die in den Augen der Scientologen falsch auf die Organisation reagieren.

Blow
Abhauen, Scientology-Slang, für das unerlaubte Verlassen der Truppe. Gilt als Schwerverbrechen.

Chaplain
Der Name täuscht ein Priesteramt vor. Der Chaplain ist jedoch ein Anhörungsoffizier, der bei Streitigkeiten oder Verstimmungen erst einmal die Wogen glätten soll, bevor der Ethikoffizier eingreift. Der Chaplain kann auch das Sonntagsgespräch (Sunday Service) leiten, um den Buchverkauf durch eine Lesung anzukurbeln.

Checkout
Überprüfung während des Trainings / Studiums, um sicherzustellen, daß die Inhalte des Materials vollständig verstanden und befolgt werden.

Clear
Der geklärte Mensch. Idealziel der dianetischen Verfahren. Der von Ängsten, Mißemotionen und Mißverständnissen befreite Mensch. Ein Mensch, der seinen eigenen reaktiven Verstand nicht mehr besitzt.

CMO

Commodore Messenger Org. Elitetruppe Hubbards, aus der Führungskräfte heranwachsen.

CSI

Church of Scientology International, eine kalifornische gemeinnützige religiöse Körperschaft, Mutterkirche und höchste kirchliche Autorität der »Religion« Scientology.

Dianetik

Von griech. dia = durch und nous = Verstand. Durch den Verstand, den Verstand betreffend. L. Ron Hubbards Vorstellung von einer funktionierenden Therapie. Teilt den Verstand (mind) in einen reaktiven und einen analytischen Teil. Erhebt den Anspruch, den reaktiven Verstand auslöschen und damit den Menschen grundlegend von allen Ängsten und Schmerzen befreien zu können. Dianetik-Auditing (Buch Eins) wird ohne E-Meter durchgeführt und bezieht sich eigentlich nur auf das jetzige Dasein/Leben.

ED

Executive Director. Leitet das Executive Council und ist ranghöchster Offizier einer Organisation. Wird in der Sea Org CO (Commanding Officer) genannt. Mitglied des Executive Council.

E-Meter

Elektro-Meter, Hilfsgerät in der Art eines Lügendetektors, wird beim Auditing der DIANETIK DER NEUEN ÄRA verwendet. Der Preclear hält während der Sitzung zwei Weißblechdosen, durch die ein schwacher Strom geleitet wird. Der Widerstand beim Körperdurchfluß wird gemessen.

Engramm
Auditingbegriff. Per definitionem sind in einem Engramm Eindrücke von Schmerz und Bewußtlosigkeit
eingeschlossen. Engramme sind im reaktiven Verstand
gespeichert und beginnen, nach sogenannten *Seconda-
ries* auf das Leben des Menschen negativ Einfluß zu
nehmen. Sogenannte Ur-Engramme sind das Koitus-
Engramm und das Geburts-Engramm.

Executive Council
Führungsrat. Versammlung der vier ranghöchsten Or-
ganisationssekretäre. Der Führungsrat leitet die jeweilige SC-Organisation.

exterior/Exteriorisation
Bezeichnung für einen Zustand, in dem man sich außerhalb seines Körpers zu befinden wähnt. Es ist der
Thetan, nach scientologischer Überzeugung, der in diesem Zustand den Körper verläßt und etwa einen Meter
(laut Hubbard) hinter dem Kopf schwebt. Ekstatischer
Zustand, der durch Streß erzeugt wird.

FLAG
Heute FLAG LAND BASE. Stützpunkt der Sea Org in
Clearwater/Florida. Oberste Technische Organisation
und Zentrum der Dienstleistungen für die OT-Stufen.
Nur dort werden die oberen OT-Stufen geliefert.

Freie Zone
Scientology-Sammelbewegung der ausgetretenen oder
rausgeworfenen Mitglieder beim Putsch durch Captain
Miscavige. Man praktiziert die gleiche Technologie bei
gleichzeitig vermindertem Machtapparat.

Guardians Office

Wächter-Büro. Eingerichtet zur Abwehr von Feinden und zur Kontrolle der Veröffentlichungen über Scientology in der Presse. Geleitet von Mary Sue Hubbard, dritte Ehefrau von L. Ron Hubbard, bis zu ihrer Verhaftung und Verurteilung wegen Verschwörung gegen die Vereinigten Staaten. Wegen »schlechter« Presse und zur Säuberung von Hubbards Gefolgsleuten 1983 von David Miscavige aufgelöst. Neue Namen: Department 20 und **OSA** = **O**ffice for **S**pecial **A**ffairs.

HCO

Hubbard **C**ommunication **O**ffice. Kommando- und Kontrollzentrale, in der die Fäden einer Organisation zusammenlaufen. Auch zuständig für Anwerbung und Überwachung der Mitarbeiter mit Hilfe des Ethikoffiziers, der die Ethikakten führt und verwaltet.

IAS

International **A**ssociation of **S**cientologists. Offiziell zuständig für Mitgliedschaften. 1984 gegründet, löste es die HASI (**H**ubbard **A**ssociation of **S**cientologists **I**nternational) ab und markiert damit die Wende in der Machtübernahme durch Captain Miscavige. Die Alt-Scientologen der Freien Zone haben die IAS nie anerkannt und bezeichnen sie gern als Kriegsministerium.

I HELP

International **H**ubbard **E**cclesiastic **L**eague of **P**astors. Organisation zum Zusammenschluß aller Auditoren, die nicht als feste Mitarbeiter in einer Organisation arbeiten. Erfolgt über einen Lizenzvertrag.

Junior/Senior
Untergebener/Vorgesetzter

Knetdemo
Knetdemonstration. Mit Knetmasse werden komplexe Befehlsvorgänge dargestellt, um einen größeren Lerneffekt (Gehorsamseffekt) zu erzielen. Man knetet zum Beispiel kleine Figuren und stellt mit ihnen die Hierarchie dar.

KSW
Keeping **S**cientology **W**orking (die Funktionsfähigkeit von Scientology erhalten). Serie von Basisrichtlinienbriefen, die vor jedem größeren Kurs gelesen werden müssen. Mißachtung und Verstöße dagegen sind Schwerverbrechen in Scientology.

Mind
Steuerungseinheit, die der Thetan verwendet, um den Körper zu kontrollieren; *reactive mind* (Unterbewußtsein), *analytical mind* (Bewußtsein) und *somatic mind* (Schmerzbewußtsein). Verstand des Menschen, im Sinnbild einer Computeranlage zu verstehen.

NEW ERA
NEW ERA PUBLICATION. Verlagsorganisation der Scientology mit Hauptsitz in Kopenhagen. In den Vereinigten Staaten heißt dieser Verlag BRIDGE PUBLICATION.

OCA
Oxford **C**apacity **A**nalysis. Pseudo-wissenschaftlicher Persönlichkeitstest der Scientologen. Soll angeblich Stärken und Schwächen eines Menschen ermitteln.

Org

Organisation. Auch Klasse IV-Org genannt. Nationale Niederlassung der Scientology Church. Wird geleitet von einem **ED** (**E**xecutive **D**irector), einem **HES** (**H**ubbard **E**xecutive **S**ecretary), einem **OES** (**O**rg **E**xecutive **S**ecretary) und einem **PES** (**P**ublic **E**xecutive **S**ecretary). Diese vier bilden das *Exec Council*, leiten damit die Organisation und sind direkt dem kontinentalen Büro (**CLO** = **C**ontinental **L**iaison **O**ffice) unterstellt. Sie erhalten von dort die täglichen und wöchentlichen Befehle und Sollzahlen für die Umsätze in Europa und Afrika. Mit Ausnahme von Großbritannien und Italien, die über eigene kontinentale Orgs verfügen, ist dies in Kopenhagen/Dänemark.

OT

Der Zustand nach Clear wird in Scientology **OT** (**O**perierender **T**hetan) genannt. Ehe man ein vollwertiger OT ist, befindet man sich auf der Stufe des Pre-OT, bis OT VIII. Die Stufen danach bis OT XV sind noch nicht freigegeben.

Overts

Schädliche Handlungen, Vergehen und Verbrechen gegen die Gruppe der Scientology.

PES

Public **E**xecutive **S**ecretary. Führungsoffizier, zuständig für Öffentlichkeitsarbeit und Verbreitungsstrategien. Mitglied des Executive Council.

Pink Sheet

Rosa Zettel, auf dem Fehler und Vergehen eines Scientologen notiert werden.

Policy
Richtlinien, Befehle von Hubbard, die ohne Abänderung eingehalten werden müssen. Werden grün auf weißem Papier gedruckt.

Preclear/PC
Der Zu-Klärende (Mensch). Jeder Mensch, der durch Auditing geklärt werden möchte, jemand, der dabei ist, seinen reaktiven Verstand entfernen zu lassen, wird so genannt.

Publics
Bezeichnung für Leute aus der Öffentlichkeit und für alle, die keinen Mitarbeitervertrag haben.

Roll Call
Mitarbeiterappell. Morgens und abends werden beim Appell die Namen der Mitarbeiter aufgerufen, um die pünktliche Anwesenheit sicherzustellen.

RPF
Rehabilitation **P**roject **F**orce = Straflager. Internierung unproduktiver Scientology-Offiziere, um sie zum Gehorsam zu zwingen.

RTC
Religious **T**echnology **C**enter. Eine kalifornische gemeinnützige religiöse Körperschaft, wurde gegründet als Beschützer der Religion Scientology; Eigentümer der Dienstleistungszeichen und Warenzeichen im Zusammenhang mit den Dienstleistungen und Produkten, mit allen Rechten, die mit dem Eigentum verbunden sind. Diese Rechte umfassen das gesamte gesprochene und geschriebene Werk des Amerikaners L. Ron Hubbard, die gesamte Science-

fiction-Literatur eingeschlossen (»Versklavte Seelen«, »Kampf um die Erde«, »Mission Erde« u.a.)

Saint Hill/SH

Saint Hill Manor, alter Landsitz in East Grinstead, Sussex/ England. Wurde von Hubbard einem Maharadscha abgekauft. Dort entwickelte er den kompletten Ausbildungsgang der Auditoren (*Saint Hill Special Briefing Course*). Damit sollte das »Machen« von »Clears« zum Standard werden. Alle Organisationen, die befugt sind, Clears anzuerkennen (*Clear Attest*; heute *Clear Certainty Rundown*), werden seitdem Saint-Hill-Organisationen genannt. Dies sind meist die kontinentalen Organisationen, wie z.B. in Kopenhagen (AOSH EU & AF = **A**dvanced **O**rganisation **S**aint **H**ill, **E**urope and **A**frica). Saint Hill in Sussex ist heute zu einer modernen Burganlage ausgebaut und ist Sitz der IAS.

Scientology

Von lat. scire = wissen und griech. logos = Lehre. Wird übersetzt als Lehre vom Wissen oder wissen, wie man weiß.

Sea Org

Organisation zur See. Nach Hubbards Ausweisung aus England gegründet, als er mit drei kleinen Schiffen über die Weltmeere segelte. Keimzelle des heutigen Scientology-Konzerns. Arbeitsverträge werden in der Sea Org über einige Millionen Jahre abgeschlossen. Motto: REVENIMUS (Wir kommen wieder). Das *Sea Org Member* verpflichtet sich, im nächsten Leben seinen Dienst nach etwa 20 Jahren Urlaub sofort wieder anzutreten. Ein Verlassen der Sea Org (*Blow from Sea Org*) gilt als eines der größten Verbrechen.

Secondary und Lock
Auditingbegriffe. Ein Ereignis mit Trauer und Bewußtlosigkeit »rastet ein Engramm ein«, soll angeblich von da an auf das Verhalten des Menschen negativ einwirken können. Jedes weitere ähnliche Ereignis wird »Lock« genannt, das mit weiteren ähnlichen Ereignissen »Lock-Ketten« bildet.

SOCO
Social Coordination. Vorläufer von ABLE für die Unterwanderung der Gesellschaft.

Squirreln
Scientology-Wort für das Anwenden irgendeiner anderen Praxis als Scientology. Darunter fallen Abänderungen der Scientology-Lehre, Vermischungen mit anderen Praktiken (z.B. moderne Heilkunde, aber auch Beten und Gottesdienste in christlichen Kirchen). Squirreln wird mit allerschwersten Strafen belegt. Reinheit der »Lehre« wird mit KSW erzwungen.

Sunshine Rundown
Ein spezielles Auditingverfahren, das unmittelbar nach dem Erreichen der Stufe CLEAR gegeben wird.

Thetan
Der Gedanke. Bezeichnung für das Leben an sich, ohne Materie, Energie, Raum und Zeit. Als Thetan bezeichnet sich der Scientologe selbst. Sein Ziel ist es, durch (Auf-)Opferung (von Materie, Raum und Zeit) wieder ohne Körper existieren zu können, wie es angeblich vor 75 Billionen Jahren bereits möglich war. Diesen Zustand nennt er OT (**O**perierender **T**hetan).

VEM
Verband Engagierter Manager. Tarnorganisation der Scientology, um scientologisches Gedankengut in den Führungsetagen der deutschen Wirtschaft zu plazieren. Etwa 1984 in Düsseldorf gegründet.

Wirkung gegangen
Slang der Scientologen für jemanden, der sich der Meinung oder Ansichten eines anderen gebeugt hat. Schweres Fehlverhalten, da es das Ziel ist, immer *Ursache* zu sein, das heißt, sich immer und um jeden Preis durchzusetzen.

WISE
World Institute of Scientology Enterprises. Organisation zur Verbreitung von Hubbards Lehre in der Industrie, Wirtschaft und Politik. Schließt scientologisch geführte Unternehmen zu Konsortien zusammen, um z.B. an der Börse zu spekulieren oder große Immobilientransaktionen durchführen zu können. Heute die wohl wichtigste Einnahmequelle des Scientology Konzerns. Untersteht, ähnlich wie die CHURCH, dem RTC. Unternehmer und Geschäftsleute werden durch Lizenzverträge (Abgabenordnung) an WISE gebunden. Die Bindung an WISE ist wichtiger als alle Verpflichtungen dem Staat oder der Gesellschaft gegenüber.

Withhold
Zurückhaltung. Das Verheimlichen eines Vergehens oder Verbrechens (Overt).

Wog Welt
(**WOG** = **W**ealthy **O**riental **G**entleman), Hubbards Bezeichnung für einen stiefelleckenden, buckelnden Normalmenschen.

Lukas

Vier Jahre Hölle und zurück

Lukas hält sich für clever, stark und abgebrüht. Bis er, gerade
15 geworden, in die Klauen einer der mächtigsten
Satanssekten Deutschlands gerät.
Seine erste Lektion: Wer aussteigt, muß sterben.

»Böses ersetzt das Gute, Haß ersetzt die Liebe.« Nach
dieser Ideologie einer Satanssekte lebt Lukas vier Jahre
lang.
Zuerst bleibt er aus Angst dabei, später aus Stolz, einer
solchen Elite-Gruppe anzugehören. Psychoterror, Ekel-
training, Alkohol, Drogen und kriminelle Mutproben
sind ebenso Teil seines Sektenalltags wie Orgien, Opfe-
rungs- und Schändungsrituale. Brutale Strafen sorgen
dafür, daß er sich den grausamen Regeln der Satanisten
bedingungslos beugt.
Aber eines Tages erhält er einen Auftrag, bei dem sich –
trotz jahrelanger Gehirnwäsche – sein Gewissen meldet.
Er schafft es auszusteigen und unterzutauchen. Doch
auch der Weg aus der Hölle ist ein Horrortrip, denn für
die Sekte steht er jetzt auf der Liste der Todgeweihten.

ISBN 3-404-25593-3